国家社科基金后期资助项目研究成果

技术进步与版权制度变迁

唐伶俐 著

国家图书馆出版社

图书在版编目（CIP）数据

技术进步与版权制度变迁/唐伶俐著. —北京：国家图书馆出版社，
2019.9

ISBN 978 - 7 - 5013 - 6777 - 1

Ⅰ.①技…　Ⅱ.①唐…　Ⅲ.①技术革新—关系—版权—著作权
法—研究—中国　Ⅳ.①D923.41

中国版本图书馆 CIP 数据核字（2019）第 099654 号

书　　名	技术进步与版权制度变迁
著　　者	唐伶俐　著
责任编辑	高　爽
封面设计	耕者设计工作室

出版发行	国家图书馆出版社（北京市西城区文津街 7 号　100034）
	（原书目文献出版社　北京图书馆出版社）
	010 - 66114536　63802249　nlcpress@ nlc.cn（邮购）
网　　址	http://www.nlcpress.com
排　　版	凡华（北京）文化传播有限公司
印　　装	北京鲁汇荣彩印刷有限公司
版次印次	2019 年 9 月第 1 版　2019 年 9 月第 1 次印刷

开　　本	710×1000（毫米）　1/16
印　　张	15.75
字　　数	270 千字
书　　号	ISBN 978 - 7 - 5013 - 6777 - 1
定　　价	80.00 元

国家社科基金后期资助项目
出版说明

　　后期资助项目是国家社科基金设立的一类重要项目，旨在鼓励广大社科研究者潜心治学，支持基础研究多出优秀成果。它是经过严格评审，从接近完成的科研成果中遴选立项的。为扩大后期资助项目的影响，更好地推动学术发展，促进成果转化，全国哲学社会科学工作办公室按照"统一设计、统一标识、统一版式、形成系列"的总体要求，组织出版国家社科基金后期资助项目成果。

全国哲学社会科学工作办公室

前　言

在回应技术变革的过程中,知识产权法是极其敏感且复杂的法律领域,技术进步尤其会影响版权法的运作与有效性。从古登堡时期的活字印刷术到数字录音技术、摄影技术、广播、电视、盒式磁带录像机、有线电视、卫星技术与互联网技术、大数据、人工智能、云计算和物联网技术,版权制度总是针对这些新技术不断调整,以应对其引发的挑战。然而,在与技术变革的互动过程中,版权制度却时而推动时而阻碍技术进步,两者之间的关系错综复杂。

本书通过考察 300 多年来版权制度发展与技术变革之间的互动,试图厘清两者之间的关系:一是,在理论层面讨论技术进步与版权制度之间的内在联系和一般规律,以及版权制度应对技术进步的基本方略;二是,在实证层面审视我国版权制度发展现状以及存在的问题,并有针对性地提出完善建议。

本书按照"问题提出—文献综述—理论分析—实证解释及对策分析"的逻辑思路展开研究和论述。第一,针对版权制度的外部环境变化,引出研究背景与研究意义。第二,通过文献资料搜集和研究,梳理了以往研究的思路,指出现有研究之不足,从而明确本书研究的主要方向与内容。第三,考察版权制度发展历史,分别从呈现不同功能的版权制度,分析版权法应对技术进步的具体表现。在分析每一种具体表现时,先介绍相关理论,再结合国内外典型案例予以实证分析和解释。第四,对呈现不同功能的版权制度及其应对技术进步的规律予以归纳,总结版权法应对技术进步的基本方略。第五,结合我国版权法发展现状,评析这些基本方略在我国第三次版权法修订中的运用。

本书有关"技术"的解释,参照的是技术社会塑造论,将技术定义为物理实体或者人工制造物、行为或者过程、技能。有关技术的研究,也主要是针对物理实体或者人工制造物展开，当然研究技术与版权制度的关系时，也离不开对行为、过程和技能的分析。另外，对版权制度的研究，以版权法律制度为重点，包括立法和司法等，对版权保护行业规则研究较少。

本书在吸收借鉴前人已有研究成果基础上，试图实现一些可能的创新。总体而言，创新思路在于融合经济学、社会学、心理学等多方面视角审视版权制度，试图弥补单纯依靠一种理论方法研究版权制度存在的不足。考察版权制度实施效果，包括版权制度合理应对技术进步以及应对失灵或者异化的具体情形，依据实证数据而非主观论断重新审视版权制度基本原理与具体内容，以期有利于完善版权法与技术进步的关系研究。

此外，本书也存在一些不足之处，研究的主要内容是版权保护，没有涉及版权管理和版权运营，而这两部分也是版权制度完善与发展的重要内容。因此，笔者后续将基于本书研究成果，进一步深入研究大数据、云计算、人工智能等新技术环境下深受技术进步影响的产业之版权问题，提出合理利用新技术与版权制度推进产业发展的方案。另外，本书涉及的大数据、云计算、人工智能等新技术，在未来的发展过程中会引发新的版权问题，需要后续追踪研究，及时提出完善版权法的方案，以有效应对技术的变革与发展。

唐伶俐

2019 年 3 月 15 日于武汉

目　　录

图表目录

1 引言

纵观历史,每一次技术变革都会给版权制度带来巨大冲击。以蒸汽机和印刷术为标志的第一次科技革命,推动了版权制度的产生;以发电机和电动机为标志的第二次科技革命,对版权保护范围、保护力度和保护期限都产生了深远影响。尽管如此,在前两次科技革命的浪潮中,传统版权制度在应对新技术环境时,还是比较融洽的。然而,以计算机技术和互联网技术为标志的第三次科技革命的兴起,为传统版权制度带了严峻挑战;尤其是现如今,以人工智能、云计算、大数据和物联网为代表的新一轮技术革命,更是让版权制度的应对措手不及,成为有史以来版权制度面临的影响最为深刻的一次变革,世界各国与国际组织均在积极探索版权制度完善的路径和方法。因此,技术与版权制度的关系是一个十分重要的研究课题。

1.1 研究背景与意义

近年来,人工智能、云计算、大数据和物联网的发展为版权产业①带来了前所未有的机遇和挑战。为了维护自身利益,版权人积极推动版权保护范围扩张,逐步侵蚀公有领域,引发社会公众广泛质疑版权的正当性。在应对新技术环境的过程中,国际社会开始了新一轮的版权制度改革,积极探索版权法应对技术进步的规律。为了充分利用新的机遇、迎接新的挑战、重塑版权的正当性地位、制定合理有效的版权制度,立法者

---

① 本书中版权产业是指所从事的生产经营活动与享有版权的作品有关,并受到版权法律规范的产业,包括核心版权产业、共生版权产业、部分版权产业、边缘版权产业。欧美发达国家通常将其称为创意产业。本书2.2节将会予以详细说明。

有必要正确把握版权法与技术进步的关系。

1.1.1 研究背景

本书的研究背景主要涉及三个方面:第一,新技术为版权产业带来新机遇和挑战;第二,新一轮技术变革使版权正当性广受质疑;第三,国际社会应对技术进步进行新一轮版权制度改革。

(1)新技术为版权产业带来新机遇和挑战

18世纪初,印刷术的广泛运用推动了版权法的产生。自此,版权产业受到法律规制。传统印刷术时期,版权产业主要包括图书出版业。20世纪,随着自动钢琴、电影、电视、广播、影印机、计算机、录像机和互联网等各种新技术和新发明的相继出现,版权产业的范围逐步扩张。考察历史,几乎每一次技术革新都会为版权产业的发展创造新的机遇和挑战。

现阶段,在以人工智能、云计算、大数据和物联网为代表的新一轮技术革命的冲击下,版权产业面临前所未有的机遇和挑战,作品的创作、获取、存储、传播和消费发生了翻天覆地的变化。

首先,新技术为版权产业的发展创造了新的机遇。从作品创作者的角度来看,借助网络平台,作品创作者可以与广大读者、听众直接交流与联系,不仅可以减少因中间商干预而遭受收益损失的可能性以获取更多财富,还可以在无须花费大量资金的情形下超越空间限制广泛宣传作品。从作品生产者的角度来看,作品生产者借助数字技术与网络平台,可以更加高效地生产和传播作品,不仅有助于节约成本,还有助于全面、快速且准确地满足消费者的个人需求。从作品消费者的角度来看,消费者可以自由挑选自己感兴趣的作品,随时随地借助不同平台欣赏购买的作品。从文化发展的角度来看,自由开放的数字与网络环境下,作品的种类更加丰富多样,有助于推动文化多样性发展。

其次,在为版权产业创造机遇的同时,新技术带来的挑战更是史无前例。尤其是随着P2P文件共享技术、数据挖掘技术以及云计算的兴起,网络版权侵权行为呈现出隐蔽程度高、侵权主体众多、侵权范围广的特点,传统版权产业的维权难度加大。不仅如此,未经授权的网站、提供不受限制或者免费获取内容服务的网站增长还进一步阻碍传统版权产业合法服务的发展。数以百万计的作品无法出于保存或者访问之目的被数字化,内容产业商业模式受到限制,其他行业尤其是互联网行业则借助自身技术优势,在新型商业模式产业链占据主导地位。社会公众版权意识淡薄,尤其是对网络与数字环境下的版权问题了解甚少,许多消费者甚至在日常生活中侵犯版权而浑然不觉,或者尽管消费者知晓其行为侵犯版权仍然为之。为了解决版权侵权问题,传统版权产业不仅积极游说政府,针对消费者和盗版内容的提供者采取强有力的执法措施,还借助技术保护措施弥补版权制度无法规范的漏洞。然而,这些反盗版措施并没有达到预期效果,不仅在某些方面阻碍了新技术的发展,甚至还违背了版权法的立法目的。

因此,为了应对这些新的机遇和挑战,立法者制定合理的版权法很有必要。本书在研究版权法应对技术进步的历史基础上,为立法者制定合理的版权法提供建议,确保版权制度既能推动版权人充分开发版权产业新市场,也能促进社会公众充分享受新技术与作品带来的好处。

(2)新一轮技术变革使版权正当性广受质疑

权利本身只有具有正当性才能获得社会公众对权利的尊重,因此,理论界一直致力于阐释版权的正当性理论。自版权法诞生以来,有关版权正当性的理论颇多,其中,影响最大的为自然权利理论、功利主义理论和人格理论。

自然权利理论建立在约翰·洛克的财产劳动学说理论基础上,借助类比版权与财产权的共同点解释版权的正当性。该理论认为版权是一种财产权,是权利人与生俱来的权利,作者处于版权保护的首位,对创作的作品同时享有经济上与精神上的权利,并有权控制他人对作品所有形式的使用①。在 18 世纪初期,版权萌发之时,该理论有力地批判了各种试图否定版权的观点,肯定了作者对其创作的作品付出了劳动,因而对该作品享有权利。以德国、法国为代表的大陆法系国家的版权制度建立在自然权利理论基础上。

功利主义理论,也称为经济学的激励理论。该理论认为赋予版权人对其作品获取报酬的权利有助于激励创作,从而实现社会公共福利,而保护作者的权益只是实现这一目的的手段。在论证版权的正当性时,有学者指出该理论具有一定程度的合理性:版权保护有助于激励作者投资于创作,如果没有版权激励,任何人都有可能复制或者模仿作者创作的

---

① LOCKE J. Two treatises of government[M]. New York:Cambridge University Press,1999:
128.

作品,从而导致作者可能无法获取合理收益①。

　　人格理论起源于欧洲,将人格同财产联系起来,以康德和黑格尔的观点为代表②。基于该理论,版权法赋予作者人格权,包括署名权、发表权、保护作品完整权等。版权的人格理论最早出现在康德于1785年发表的论文中,康德将图书的实物存在形式及其内容进行了区分,认为对于前者,人们享有物权;对于后者,鉴于其是作者向公众说的话,因而作者享有人格权。如果他人在未经作者授权的情形下将作品公之于众,即侵犯作者人格权,需要承担赔偿责任③。后来,约翰・卡什博・布伦奇里发展了康德的人格理论,认为版权的重构首先是人格权,然后才是财产权。吉尔克在1895年编著的《德国私法》中也进一步阐述了人格权的思想。康德及其追随者的理论主要强调作者的人格权,而黑格尔的理论则同时关注人格权和财产权,认为"财产是人格的凝聚",并强调人格权具有不可转让性。

　　考察历史,人格理论主要受到大陆法系国家的追捧,英美法系国家的版权法并没有人格理论基础,所以,长期以来,人格理论的质疑之声不断。此外,随着新技术的发展,版权人推动版权保护范围逐步扩张,自然权利理论和功利主义理论也遭受广泛质疑。在数字与网络环境下,社会各界的质疑之声甚至更加强烈。立法者与司法机构强化版权保护的行动不仅限制了作品的广泛传播,还将公有领域的作品纳入版权保护范围,甚至侵犯公民隐私权、表达自由权等基本人权。从自然权利理论的角度来看,最严重的争议问题在于:作者对作品享有的财产权本不会影响他人享有的财产权,然而,版权保护范围逐步扩张已经侵蚀属于公有领域的信息资源,社会公众自由使用作品的权利也严重受阻。从激励理论的角度来看,不少学者基于实证研究发现作品的创作并不需要版权制度的激励。劳伦斯・莱斯格认为,知识产权制度会扼杀数字时代的创新。数字环境下,版权法不再是创造力的激励制度,只是保护手段④。威

---

① 墨杰斯,迈乃尔,莱姆利,等.新技术时代的知识产权[M].齐筠,张清,彭霞,等,译.北京:中国政法大学出版社,2003:13;波斯纳.法律的经济分析:上册[M].蒋兆康,译.北京:中国大百科全书出版社,1997:40.

② 张耕.民间文学艺术的知识产权保护研究[D].重庆:西南政法大学,2007:40.

③ 雷炳德.著作权法[M].张恩民,译.北京:法律出版社,2005:24.

④ LESSIG L. Remix: making art and commerce thrive in the hybrid economy[M]. New York: Penguin Press, 2008.

廉·帕尔蒂在《如何修复版权》一书中也强调,"版权法不是创造力的基础"①"许多作品的产生都并不是源于强而有力的保护版权的法律之激励"②。卡尔·劳斯迪亚和克里斯托夫·斯布里格曼在《Copy right！模仿如何激发创新》一书中也指出,在某些创造性的活动中,模仿和抄袭对创新的影响很小,而且创作者的创造力并没有因此削减;在另外一些活动中,模仿和抄袭甚至有助于激励创新③。他以时尚界、烹饪界等行业的实证分析为例,指出这些行业在抄袭中蓬勃发展的现象,并认为目前版权法等相关法律制度对抄袭的监管更多的是基于直觉和学术理论,而不是建立在可靠证据的基础上。此外,从激励理论所阐述的版权法的最终目的来看,授予作者版权在于实现社会公共福利,而数字与网络时代的版权制度已经扩张到损害社会公共福利,包括妨碍社会公众对作品的使用、威胁公民基本人权等。

（3）国际社会积极推进新一轮版权制度改革

近年来,为了更好地应对新一轮技术革命带来的机遇和挑战,世界各国、各地区和国际组织的立法者与政策制定者都在积极调整与改革法律制度,以达到推动技术创新,鼓励科学文化研究事业发展,并促进国家经济增长之目的。

2012 年 6 月,加拿大政府完成了全面的版权制度改革,《版权现代化法》④获得通过。该法大部分条款于 2012 年 11 月开始生效,要求网络服务提供者承担"通知—通知"义务的条款于 2015 年 1 月正式生效。欧盟及美国、英国、爱尔兰、澳大利亚正在进行全面且彻底的改革,德国、印度、西班牙和韩国则已经完成或正在开展范围虽小却意义颇大的修法,与此同时,我国也启动了版权法第三次修订工作。此外,国际组织也在积极完善版权制度以应对新技术的发展。

欧盟正在推动"许可欧洲"项目以及侵权程序处理方面的讨论,并于 2012 年 10 月 27 日公布了《2012 年 10 月 25 日欧盟议会与理事会关于

①　PARTY W. How to fix copyright[M]. New York：Oxford University Press,2011：15.

②　PARTY W. How to fix copyright[M]. New York：Oxford University Press,2011：17.

③　劳斯迪亚,斯布里格曼. Copy right！模仿如何激发创新[M]. 老卡,蒋漫,连琏,译. 北京：电子工业出版社,2015：45.

④　ELIZABETH II. Copyright modernization act[EB/OL].［2018 - 06 - 23］. http://laws-lois. justice. gc. ca/eng/annualstat-utes/2012_20/page-1. html.

允许某些孤儿作品使用行为的第 2012/28/EU 号指令》①。2013 年 12 月 5 日,欧盟委员会就欧盟版权规则的审查公开征求意见②,开始针对版权制度各方面的内容进行讨论。2014 年 3 月 20 日,欧盟公布了《2014 年 2 月 26 日欧盟议会和理事会关于版权、有关权以及欧盟内部市场音乐作品网络使用的跨区域许可权的集体管理的第 2014/26/EU 号指令》③。2015 年 8 月 24 日,根据《2015 年欧盟数字单一市场策略》的提议,欧盟委员会就《1993 年 9 月 27 日理事会关于协调某些涉及版权和有关卫星广播和有线转播适用版权的权利的规则的第 93/83/EEC 号指令》的审查公开征求意见④,旨在评估数字环境下适用现有规则是否仍然能够实现最初确立该规则的目的,同时考察该指令中的条款是否应该扩展至包括利用卫星之外的其他形式进行的电视或广播节目的传播以及利用有线之外的其他形式的转播,主要是为了明确指令规则是否应该被用于规范电视和广播节目的网络提供者的行为。

美国国会与版权局均在推动全面且彻底的版权法改革。2013 年 3 月 20 日,美国版权局局长玛丽亚·帕南特在美国众议院司法委员会作证时呼吁,为了制定"下一部伟大的版权法"而全面修订美国版权法⑤。4 月 24 日,众议院司法委员会主席鲍勃·古德莱特正式宣布启动对版权法的全面审查,审查目的在于确定版权法在数字时代是否仍然有助于奖

① The European Parliament and the Council of European Union. Directive 2012/28/EU of the European Parliament and of the Council of 25 October 2012 on certain permitted uses of orphan works[EB/OL]. [2018 – 03 – 10]. Http://eur-lex. europa. eu/LexUriServ/LexUriServ. do?uri = OJ:L:2012:299:0005:0012:EN:PDF.

② The European Commission. Public consultation on the review of EU copyright rules[EB/OL]. [2018 – 03 – 10]. http://ec. europa. eu/internal_market/consultations/2013/copyright-rules/docs/consultation-document_en. pdf.

③ The European Parliament and the Council of European Union. Directive 2014/26/EU of the European Parliament and of the Council of 26 February 2014 on collective management of copyright and related rights and multiterritorial licensing of rights in musical works for online use in the internal market[EB/OL]. [2018 – 03 – 10]. Http://www. wipo. int/wipolex/en/text. jsp?file_id = 332724.

④ The European Commission. Consultation on the review of the EU satellite and cable directive [EB/OL]. [2018 – 03 – 10]. https://ec. europa. eu/digital-single-market/en/news/consultation-review-eu-satellite-and-cable-directive#E-nglish.

⑤ PALLANTE M. The next great copyright act[EB/OL]. [2018 – 03 – 10]. http://copyright. gov/docs/next_great_copyright_act. pdf.

励创造力和创新①。自审查以来,该委员会共举行了 20 余场听证会,听证会主题涉及"构建共识的案例研究:版权原则项目"②"美国改革:版权的作用"③"美国改革:技术的作用"④"美国知识产权制度中自愿协议的作用"⑤"创新商业模式的崛起:数字时代的内容交付方法"⑥"版权保护的范围"⑦"合理使用的范围"⑧"版权作品的保存与再利用"⑨"精神权利、终止权、转售版税与版权保护期"⑩"版权的救济"⑪"美国版权局:功能与资源"⑫与"版权局局长关于版权审查的观点"⑬等。美国版权局于

① The House Judiciary Committee. Judiciary Committee US copyright review[EB/OL]. [2018 – 03 – 10]. https://ju-diciary. house. gov/us-copyright-law-review/.

② The House Judiciary Committee. A case study for consensus building:the copyright principles project[EB/OL]. [2018 – 03 – 10]. https://judiciary. house. gov/_cache/files/7f1d4420-c8c6-400d-ae1c-28faf89ae899/113-31-8097-6. pdf.

③ The House Judiciary Committee. Innovation in America:the role of copyrights[EB/OL]. [2018 – 03 – 10]. http://democrats. judiciary. house. gov/hearing/innovation-america-role-copyrights.

④ The House Judiciary Committee. Innovation in America:the role of technology[EB/OL]. [2018 – 03 – 10]. http://democrats. judiciary. house. gov/hearing/innovation-america-role-copyrights.

⑤ The House Judiciary Committee. The Role of voluntary agreements in the U. S. intellectual property system[EB/OL]. [2018 – 03 – 10]. https://judiciary. house. gov/_cache/files/2dacf20f-39a1-4707-8604-050ceccaeebe5/113-49-828-46. pdf.

⑥ The House Judiciary Committee. The rise of innovative business models:content delivery methods in the digital age[EB/OL]. [2018 – 03 – 10]. http://judiciary. house. gov/_cache/files/4c9d9231-e9fd-4439-9cac-ad875d3865fe/113-74-85600. pdf.

⑦ The House Judiciary Committee. The scope of copyright protection[EB/OL]. [2018 – 03 – 10]. http://judiciary. house. gov/_cache/files/64147b29-9ccc-4594-a54b-759bd3d7919b/113-81-86344. pdf.

⑧ The House Judiciary Committee. The scope of fair use[EB/OL]. [2018 – 03 – 10]. https://ju-diciary. house. gov/index. cfm/2014/1/the-scope-of-fair-use.

⑨ The House Judiciary Committee. Preservation and reuse of copyrighted works[EB/OL]. [2018 – 03 – 10]. https://judiciary. house. gov/_cache/files/d4eea1c3-bb68-46cb-9dd5-a246fa61759a/113-88-87423. pdf.

⑩ The House Judiciary Committee. Moral rights, termination rights, resale royalty, and copyright term[EB/OL]. [2018 – 03 – 10]. https://judiciary. house. gov/_cache/files/3024d180-bbc4-4ae7-a5c9-9581fab8b4dd/113-103-887-22. pdf.

⑪ The House Judiciary Committee. Copyright remedies[EB/OL]. [2018 – 03 – 10]. https://judiciary. house. gov/index. cfm/2014/7/hearing-copyright-remedies.

⑫ The House Judiciary Committee. The U. S. Copyright Office:its functions and resources[EB/OL]. [2018 – 03 – 10]. https://judiciary. house. gov/index. cfm/2015/2/hearing-the-u-s-copyright-office-its-functions-and-resources.

⑬ The House Judiciary Committee. The register's perspective on copyright review[EB/OL]. [2018 – 03 – 10]. https://judiciary. house. gov/hearing/hearing-the-register-s-perspective-on-copyright-review/.

2013 年 12 月 30 日将名为《版权小额诉请》①的报告提交至该委员会,建议创设一个由版权局管理的自愿裁决制度。此外,版权局还分别针对"版税"②"追续权"③"音乐市场版权保护"④"孤儿作品和大数据"⑤"向公众传播权"⑥等问题展开全面讨论。

英国政府于 2011 年 12 月启动了公开征求改革建议的工作,以实施伊恩·哈格里夫斯在《数字机遇:知识产权与增长的评论》⑦独立报告中提出的各项版权法改革建议,预期实现的目的在于促使英国版权法成为强有力的和灵活的现代化法律制度。2012 年 7 月,英国商业创新技能部公布《现代化版权以强化对创新的贡献》的政策声明,着手修订《企业与规制改革法》与版权有关的条款。2013 年 4 月,英国议会通过了《2013 年企业与规制改革法》⑧。同年 5 月,英国议会开始制定《知识产权法》,对包括版权在内的知识产权体系进行调整。2014 年 5 月,《2014 年知识产权法》⑨获得批准。此外,英国政府还通过次级立法,先后对《1988 年版权、外观设计和专利法》有关版权例外等相关章节进行修订,并增加孤儿作品、延伸性集体管理相关规定。其中,《2014 年版权与表演权(残

① U. S. Copyright Office. Remedies for copyright small claims[EB/OL]. [2018 – 03 – 10]. http://www. copyright. gov/docs/smallclaims/.

② U. S. Copyright Office. Proposed schedule and analysis of copyright fees to go into effect on or about April 1, 2014[EB/OL]. [2018 – 03 – 10]. http://www. copyright. gov/docs/newfees/USCOFeeStudy-Nov13. pdf.

③ U. S. Copyright Office. Resale royalties:an updated analysis[EB/OL]. [2018 – 03 – 10]. http://www. copyright. gov/docs/resaleroyalty/usco-resaleroyalty. pdf.

④ U. S. Copyright Office. Copyright and the music marketplace[EB/OL]. [2018 – 03 – 10]. http://www. copyright. go-v/policy/musiclicensingstudy/copyright-and-the-music-marketplace. pdf.

⑤ U. S. Copyright Office. Orphan works and mass digitization[EB/OL]. [2018 – 03 – 06]. http://copyright. gov/orphan/reports/orphan-works2015. pdf.

⑥ U. S. Copyright Office. The making available right in the United States[EB/OL]. [2018 – 03 – 10]. http://www. copyright. gov/docs/making_available/making-available-right. pdf.

⑦ HARGREAVES I. Digital opportunity:review of intellectual property and growth[EB/OL]. [2018 – 03 – 06]. https://www. gov. uk/government/uploads/system/uploads/attachment_data/file/32563/ipreview-finalreport. pdf.

⑧ The Parliament of United Kingdom. Enterprise and regulatory reform act 2013[EB/OL]. [2018 – 03 – 10]. http://www. legislation. gov. uk/ukpga/2013/24/contents.

⑨ The Parliament of United Kingdom. Intellectual property act 2014[EB/OL]. [2018 – 03 – 06]. http://www. legislation. gov. uk/ukpga/2014/18/contents.

疾)条例》①《2014 年版权与表演权(研究、教育、图书馆与档案馆)条例》②《2014 年版权与表演权(公共管理)条例》③于 2014 年 6 月生效,《2014 年版权与表演权(引用与戏仿)条例》④《2014 年版权与表演权(私人使用的个人复制)条例》⑤《2014 年版权与表演权(延伸性集体许可)条例》⑥《2014 年版权与表演权(孤儿作品许可)条例》⑦于 2014 年 10 月生效。

爱尔兰版权评论委员会于 2013 年 10 月 29 日公布名为《版权现代化》⑧的报告,并起草了《2013 年版权与有关权(改革)(修正)案》。澳大利亚法律改革委员会于 2013 年 11 月 29 日公布了名为《版权与数字经济》⑨的最终报告,全面改革版权法。

此外,德国、印度、西班牙和韩国也已经完成或正在开展范围虽小却

① The Secretary of State. The copyright and rights in performances (disability) regulations 2014 [EB/OL]. [2018 – 03 – 06]. http://www. legislation. gov. uk/uksi/2014/1384/contents/made.

② The Secretary of State. The copyright and rights in performances (research, education, libraries and archives) regulations 2014 [EB/OL]. [2018 – 03 – 06]. http://www. legislation. gov. uk/uksi/2014/1372/contents/made.

③ The Secretary of State. The copyright (public administration) regulations 2014 [EB/OL]. [2018 – 06 – 23]. http://www. legislation. gov. uk/uksi/2014/1385/contents/made.

④ The Secretary of State. The copyright and rights in performances (quotation and parody) regulations 2014 [EB/OL]. [2018 – 06 – 23]. http://www. legislation. gov. uk/uksi/2014/2356/contents/made.

⑤ The Secretary of State. The copyright and rights in performances (personal copies for private use) regulations 2014 [EB/OL]. [2018 – 06 – 23]. http://www. legislation. gov. uk/uksi/2014/2361/introduction/made.

⑥ The Secretary of State. The copyright and rights in performances (extended collective licensing) regulations 2014 [EB/OL]. [2018 – 06 – 23]. http://www. legislation. gov. uk/uksi/2014/2588/contents/made.

⑦ The Secretary of State. The copyright and rights in performances (licensing of orphan works) regulations 2014 [EB/OL]. [2018 – 06 – 23]. http://www. legislation. gov. uk/uksi/2014/2863/introduction/made.

⑧ Copyright Review Committee. Modernising copyright [EB/OL]. [2018 – 06 – 23]. https://www. djei. ie/en/Publications/CRC-Report. pdf.

⑨ Australian Law Reform Commission. Copyright and the digital economy. Final report [EB/OL]. [2018 – 02 – 22]. http://www. alrc. gov. au/sites/default/files/pdfs/publications/final_report_alrc_122_2nd_december_2013_. pdf.

意义颇大的修法。2013 年 3 月 22 日,《德国著作权法第八次修正案》①获得通过,并于同年 8 月 1 日正式生效。该法为德国版权法新增了第 87f、87g 与 87h 条②,为德国的报纸出版商创设了一项专有权,以控制新闻聚合服务提供者与搜索引擎挖掘并展示其享有版权的报纸内容摘要的行为。2012 年 6 月 8 日,印度《2012 年著作权(修正)法》③正式生效。该修正法新增第 14 条 d 款(ii)项、e 款(ii)项与第 2 条第(ff)款,扩张了发行权和向公众传播权的范畴。2014 年 2 月 21 日,西班牙知识产权法修订建议公布,决定紧随德国之后通过修订法律为报纸出版商创设相应的新邻接权,目前,该修订建议正在审议中④。根据国外媒体的报道,西班牙还表示以更严厉地惩罚措施惩处提供非法链接的行为,包括针对提供非法链接者予以 3 万至 30 万欧元的罚款,通过修改刑法,增设非法链接罪,提供非法链接者最高判处 4 年有期徒刑⑤。2009 年 4 月,韩国进行新一轮的版权法修订,赋予韩国文化体育旅游部与韩国版权委员会实施打击重复网络版权侵权行为之权力,开始实施"三振出局"政策。2011 年 12 月 2 日,韩国将与美国类似的合理使用制度引入版权法。鉴于 2009 年版权修正法引发了社会公众的巨大争议,韩国国会议员与韩国国家人权委员会先后于 2013 年 1 月和 3 月提议重新审查该修正法⑥。

2011 年 7 月,我国启动《著作权法》第三次修订工作。2012 年 3 月 31 日,基于中国人民大学知识产权学院、中国社会科学院法学所知识产权研究中心、中南财经政法大学知识产权研究中心三家国内具有影响力

① BUNDESTAG D. Achtes gesetz zur nderung des urheberrechtsgesetzes[EB/OL]. [2018 – 02 – 22]. http://www. bun-desgerichtshof. de/SharedDocs/Downloads/DE/Bibliothek/Gesetzesmaterialien/17_wp/Urheberr_Presseverlage_Leistungsschutzrecht/bgbl. pdf;jsessionid = 844C2126DA3560EA14A8B14F94C00E12. 2_cid354?_blob = publicationFile.

②⑤ 王清,唐伶俐. 国际版权法律改革动态概览[J]. 电子知识产权,2014(5):56 – 63.

③ Ministry of Law and Justice. The copyright (amendment) act,2012 No. 27 of 2012[EB/OL]. [2018 – 03 – 10]. http://www. wipo. int/edocs/lexdocs/laws/en/in/in066en. pdf.

④ The 1709 blog. Will the pain in spain fall mainly on those with blame? [EB/OL]. [2018 – 03 – 10]. http://gg3. cytbj. com/url?sa = t&rct = j&q = &esrc = s&source = web&cd = 1&cad = rja&uact = 8&ved = 0ahUKEwjYwJDGqr_LAhWi2qYKHXVVCMMQFggdMAA&url = http% 3A% 2F% 2Fthe1709blog. blogspot. com% 2F2013% 2F09% 2Fwill-pain-in-spain-fall-mainly-on-those. html&usg = AFQjCNEkW2HcJe7V_LCMpH9Osjx8hgMPHQ.

⑥ Centre for Law and Democracy. Republic of Korea:copyright act and proposed 2013 reforms [EB/OL]. [2018 – 03 – 10]. http://www. law-democracy. org/live/wp-content/uploads/2013/06/Korea. Copyright. pdf.

的科研机构分别起草的《著作权法》修订专家意见稿,国家版权局出具向社会公开征求意见的《著作权法(修改草案)》(以下简称《修改草案》)。在广泛征求并讨论来自社会各界的意见之后,国家版权局于 2012 年 7 月 6 日公布《著作权法(修改草案第二稿)》(以下简称《修改草案第二稿》);后又继续向社会各界广泛征求意见后形成了《著作权法(修改草案第三稿)》(以下简称《修改草案第三稿》),《修改草案第三稿》并未向社会各界公布。2012 年 12 月 18 日,《著作权法(修改草案送审稿)》(以下简称《送审稿》)呈报国务院法制办。目前,《送审稿》正经由国务院法制办审议。待国务院法制办审议通过之后,该稿将继续提交至全国人大常委会审议。

作为协调国际版权制度的国际公约也在逐步完善,包括 2012 年 6 月 24 日正式通过的《视听表演北京条约》①和 2013 年 6 月 27 日正式通过的《马拉喀什便利盲人、视力障碍者或其他印刷品阅读障碍者获取出版作品条约》(以下简称《马拉喀什条约》)②。2012 年 6 月 20 至 26 日,在北京举办的关于保护音像表演的外交会议上,世界知识产权组织通过了《视听表演北京条约》。该条约旨在协调国际社会保护表演者对其视听表演享有的权利,全面提高了表演者保护水平,将利用"视听表演"的各种类型的行为纳入版权法规制范围。根据该条约,表演者对"视听录制品"中的表演享有广泛权利,不仅包括"表明身份权、禁止歪曲权"③等精神权利,还包括复制权、发行权、出租权、提供已录制表演与向公众传播权等经济权利。2013 年 6 月 27 日,世界知识产权组织通过了《马拉喀什条约》。该条约旨在保障视觉障碍者更加便利地获取已经发表的作品,规定了涉及复制权、发行权、向公众提供权以及公开表演权等方面的限制与例外,从而吸引更多出版者制作并传播方便视觉障碍者阅读的作品。此外,该条约还规定技术措施不能够妨碍视觉障碍者利用前述限制与例外④。

---

① 中国人大网. 视听表演北京条约[EB/OL]. [2018 - 03 - 10]. http://www. npc. gov. cn/wxzl/gongbao/2014/06/23/content_1879675. htm.

② World Intellectual Property Organization. Marrakesh treaty to facilitate access to published works for persons who are blind, visually impaired, or otherwise print disabled[EB/OL]. [2018 - 06 - 23]. http://www. wipo. int/meetings/en/doc_details. jsp?doc_id = 245323.

③ 王迁.《视听表演北京条约》视野下著作权法的修订[J]. 法商研究,2012(6):26.

④ 王清,唐伶俐. 国际版权法律改革动态概览[J]. 电子知识产权,2014(5):60.

无论是世界各国、各地区还是国际组织，新一轮的版权制度改革都注重增强版权制度应对当前与未来技术发展的能力，在确保继续为作者等版权权利人提供高水平保护的同时，消除作品使用的各种障碍，从而为创新活动与经济增长提供法律保障。

1.1.2　研究意义

本书不仅关注技术与版权法之间的关系理论、分析版权传统理论存在的不足与缺陷、归纳版权法应对技术进步的规律，还考察了这些理论原则在不同国家的具体实施情形，探讨了遵循规律完善我国版权法的建议，具有重要的理论参考价值与现实指导意义。

（1）理论意义

纵观历史，版权法深受技术发展的影响，并影响技术的发展进程。本书通过考察版权法应对技术进步的历史，探讨版权法与技术的互动关系，有助于厘清两者之间错综复杂的关系，深化立法者、司法机构与一般社会公众有关两者之间理论关系的正确认知。

数字与网络时代，随着版权保护范围逐步扩张，版权基础理论的正当性遭受广泛质疑。本书着重考察技术进步对版权理论与规则形成的影响，以重新审视自然权利理论、激励理论、利益平衡理论、"独创性"标准、"思想/表达两分"原则等传统理论与规则的合理性，深入研究数字环境下创设的包括"避风港"规则、"保护技术措施"等版权新型规则的可适用性。此外，本书基于归纳版权法应对技术进步的有效措施与分析应对无效的原因，提出在应对技术进步的过程中适用版权传统规则与创设版权新规则的规律，从而为立法者的修法实践提供理论参考，并为司法机构处理版权法律诉讼提供重要的理论支撑。

（2）现实意义

鉴于版权法的直接目的在于鼓励作品创作与传播，本书研究版权法应对技术进步的策略以制定合理应对技术进步的版权制度，必然有助于鼓励作者创作出新作品，从而推动整个版权产业的发展。随着数字与网络技术的发展，完善的版权制度有助于版权人有效应对新技术带来的各种机遇与挑战，从而充分保护自己的合法权利，并最大限度实现作品的版权价值。

随着版权保护范围逐步扩张，社会公众对版权制度的质疑之声日渐高涨。不少学者认为,版权制度作为激励作品创作的功能已经失效①。本书指明了版权制度应对技术进步时失灵与异化的现象及其原因,有助于重塑社会公众对版权制度的认知。

最后,本书通过深入分析版权法应对技术进步的历史,归纳了版权法应对技术进步的成功经验与失败教训,提出了版权法应对技术进步的基本方略,并在第五章专门针对我国第三次版权法修订中涉及技术进步的制度进行了研究,提出了适合我国国情的版权法改革框架,为我国版权制度的完善提供了重要的参考价值。

1.2　基本概念界定

在分析技术进步与版权制度变迁的问题之前,首先需要厘清技术、技术进步、版权制度以及版权制度变迁等相关概念,并以此明确研究对象。

1.2.1　技术与技术进步

关于技术的概念,尽管不同学科领域研究者有着不同的理解,甚至同一学科领域不同学派也有不同的观点,但通常情形下,技术是指设备和技能,即硬件以及对这些硬件的使用方式。此外,除了这种最常见的定义之外,也有不少研究者认为技术是设备、技能和组织结构的相互作用。与常见定义不同,此处增加新的元素——组织,也就是说,具体技术的开发、生产和使用等需要团体的努力。也有观点认为,技术是设备、技能和组织相互作用下形成的技术系统。相较于前面的几种概念,这种解释又增加了一个元素——技术系统,即,一种新技术的推广需要有其他设施的支撑。比如,灯泡发明后,其真正推广还需要家庭和办公场所等建立起电线网络。这一系统还受到其他因素制约,比如,社会、地理、政治和经济因素等。

---

① BREYER S. The uneasy case for copyright:a study in copyright of books,photocopies and computer program[J]. Harv. L. Rev. ,1970,84(2):281;TYERAMN S. The economic rationale for copyright protection for publishing books:a reply to professor breyer[J]. UCLA L. Rev. ,1971,18:1100;BREYER S. Copyright:a rejoinder[J]. UCLA L. Rev. ,1972,20:75.

本书在分析技术与版权制度的关系时,遵循的是技术的社会塑造论,因此,有关"技术"的解释也是参照的该理论。正如社会塑造论的早期代表人物比克等人所言,"精确定义技术是相当困难的,而且也根本没有必要"①。同时,他们还指出技术包括三个层面的内容——物理实体或者人工制造物、行为或者过程、技能。其中,社会塑造论主要是围绕物理实体或者人工制造物展开,结合分析行为或者过程、技能。尽管技术人工制造物不能等同于技术,鉴于其是技术知识的物化形式,通过探究其结构与发展,也有可能把握技术产生与发展的特征。本书有关技术的研究,也主要是针对物理实体或者人工制造物展开,当然研究技术与版权制度的关系时,也离不开对行为或者过程和技能的分析。

到目前为止,人类经历了四次技术革命:18世纪80年代,以蒸汽机的发明和应用为主要标志,第一次技术革命蓬勃兴起;19世纪70年代,以电气化为主要标志,第二次技术革命出现;20世纪50年代,以电子计算机、原子能、航天空间技术为标志的第三次技术革命登场;进入21世纪,以大数据、人工智能、清洁能源、量子信息技术、虚拟现实、机器人技术以及生物技术为主的全新技术兴起,第四次技术革命到来。尽管四次技术革命为人类带来了前所未有的机遇,但因技术失控而引发的人类恐慌也相当严重。尤其是随着第四次技术革命的发展,大数据、人工智能等对人类产生的影响更是如此。本书研究的技术进步主要涉及第三次技术革命和第四次技术革命,有关第一次技术革命和第二次技术革命的研究较少。

1.2.2　版权制度与版权制度变迁

在研究技术变革与版权制度现代化的关系之前,也需要明确本书研究的版权制度的具体范畴。在社会学中,制度的概念主要指某一组织或机构运行的规范与模式。这种规范或模式既包括强制性的法律政策,也包括自我约束性质的伦理道德。而研究制度本身就是"从社会组织、社会事实、物质实体的角度去理解制度的主体和形式,即制度的概念不仅仅是'度'的规范和规则,还包含'制'的主体和形式"②。

---

① DOSI G. Technological paradigms and technological trajectories[J]. Research policy, 1982 (11):147 – 162.

② 倪愫襄. 制度概念释义[J]. 武汉科技大学学报(社会科学版),2014,16(6):589 – 592.

本书对版权制度变迁的探讨,主要从主体形式和内容规范两个方面展开论述。规范制定、执行以及作用的群体作为版权制度的主体,其中需要探究的问题有很多,诸如版权制度是谁建立的? 如何建立的? 建立的规范又是如何发生效力的? 规范的约束对象是谁? 等等。而版权制度的内容规范则包含了强制性版权法律法规,以及非强制性的版权保护行业规则等具体内容,这些规范的形成与否正是判断制度是否建立的重要度量标准①。

在此基础上,本书对版权制度变迁的研究,以版权法律制度的研究为重点,包括立法和司法等,研究的法律制度既包括国内法也包括国际法。根据《辞海》的解释,变迁是指事物的变化、改移,本书研究的版权制度变迁即主要是版权法律制度的变化。

1.3　国内外研究现状分析

由于数字技术的发展为版权法带来前所未有的机遇和挑战,18 世纪初确立的版权制度应对新技术时捉襟见肘,国内外有关版权法与技术互动关系这一主题的研究成果逐年上升。

仔细考察现有研究成果,其重点主要体现在三个方面:①版权法与技术进步的关系研究;②新技术引发的新型版权问题的案例研究;③数字网络时代版权法的未来走向研究。

1.3.1　版权法与技术进步互动关系研究

近年来,关于版权法与技术进步互动关系的研究成果有逐年增长的趋势。保罗·戈斯汀所著的《版权之道:从谷登堡到数字点播机》②比较系统地梳理了版权法与技术进步之间的互动关系。戈斯汀以阐述版权法的发展历史为切入点,研究了 18 世纪的版权法在发展到"数字点播机"时代的过程中,版权人以及作品使用者面临的机遇与挑战,着重解读经典案例——Universal City Studios, Inc. v. Sony Corp. of America 案、Wil-

---

① 周宇楠. 晚清时期版权制度的形成探析[D]. 北京:北京印刷学院,2018:9.
② GOLDSTEIN P. Copyright's highway:from Gutenberg to the celestial jukebox[M]. Stanford, California:Stanford University Press,2003:238.

liams & Wilkins Co. v. The United States 案、Campbell v. Acuff-Rose Music, Inc. 案等,比较系统地梳理了版权保护的理论发展进程。奥伦·布拉查在《作为技术历史的版权历史》①一文中,归纳总结了历史上有关技术与版权法关系的研究成果,主要包括三种类型:①技术进步决定版权制度发展,即版权制度发展历史仅仅是对技术进步做出的反应过程;②技术的社会塑造理论,即技术与版权法是互动的关系,两者之间的联系受到多种因素的影响和牵制;③技术与版权法都是实现权力配置的手段,即权力机构借助技术与版权法两种方式来构建社会权力关系。综合分析上述三种研究成果,布拉查认为,有关技术与版权法的研究应该基于后两种类型的研究方法,以一种批判性视角探讨版权法与技术进步的关系。

另有些学者以研究技术本身的特点为出发点,反思传统版权制度应对新技术失灵的原因所在,从而找到有效应对技术进步的策略。丹尼尔·李·克莱曼在《社会中的科学和技术:从生物技术到互联网》②一书中,从技术本身所具有的社会性与政治性两大特征出发,分析了技术进步对整个社会包括版权产生影响的原因,有助于消除人们对技术的恐慌,厘清技术与版权制度的关系。丹尼尔·热尔韦在《早期技术的规制》③一文中指出,"早期技术"正是传统版权制度无法适应网络技术的原因之所在。热尔韦认为:①技术本身总是在不断发生变化,随着社会的不断变化技术也会不断变化,不能采用与其他规制领域相同的方式来应对某些技术,且规制一种早期技术的难度水平与其未成熟之水平成正比;②规制早期技术的主要难度源于这些技术能够独立于规制与市场力量而发展和演变的能力。

国内有关版权法与技术进步互动历史的研究相对较少。尽管也有学者标榜研究两者之间的互动关系,最终研究成果却只是对技术进步影响下版权制度发展历史的系统介绍。易健雄在《技术发展与版权扩

---

① BRACHA O. Copyright history as history of technology[J]. The WIPO Journal, 2013, 5(1): 45.

② KLEIMAN D. Science and technology in society: from biotechnology to the internet contemporary sociology[J]. Contemporary Sociology, 2005, 36(2): 156 – 158.

③ GERVAIS D. The regulation of inchoate technologies[J]. Electromagnetic compatibility IEEE, 2010, 52(3): 657 – 663.

张》①一文中通过对历史事件的阐述,勾勒出技术发展的推动之下,版权
基本观念、理论的产生、演变过程,对"技术发展是如何推动版权扩张"进
行系统论述,获得对版权基本理论的历史把握,确定对版权未来走向的
基本立场。然而,作者没有区别分析有利于技术进步与不利于技术进步
的版权扩张,在此前提下所提出的为版权法应对技术进步的建议是否可
行,仍值得商榷。此外,需要指出的是,国内有从具体版权制度发展历程
研究两者之间互动关系的成果。王迁在《"索尼案"二十年祭——回顾、
反思与启示》②一文中,通过研究 Universal City Studios, Inc. v. Sony Corp.
of America 案确立的"实质性非侵权用途"规则及后续由此衍生的间接侵
权责任原则的发展历史,归纳出版权制度如何应对技术变化,包括"技术
中立是版权立法所必须遵循的原则""技术对版权人利益的影响是界定
侵权行为最重要的考虑因素"以及"高科技时代版权法的回应性特征愈
加突出"。

1.3.2　具体版权制度变迁研究

除了全面考察版权制度发展历史之外,许多学者也对具体版权制度
进行了分析,包括在版权保护主体、客体、权利范围、版权许可与转让、版
权集体管理制度等多个方面的研究。从国外相关文献来看,奥卢库勒·
奥拉在《尼日利亚版权集体管理》③一书中对尼日利亚版权集体管理进
行了详细研究,介绍了尼日利亚集体管理组织发展历史,分析了尼日利
亚集体管理的法律框架,接着,基于考察尼日利亚集体管理面临的监管
挑战,提出完善尼日利亚版权集体管理的具体方向。

阿吉亚尔·路易斯等人在《如果可能的话,抓住我:网络版权执法的
有效性和后果》④一文中,对德国主要的未获版权授权的视频流媒体平台
Kino. to 的意外关闭事件进行分析,调查发现,法律干预措施在减少未经
许可消费或鼓励授权消费方面并不十分有效,主要是因为用户在受干预
的情形下,可以快速切换到其他未经许可的网站。研究结果表明,该网

①　易健雄.技术发展与版权扩张[D].重庆:西南政法大学,2008:36.
②　王迁."索尼案"二十年祭——回顾、反思与启示[J].科技与法律,2004(4):62.
③　OLA O. Copyright collective administration in nigeria[EB/OL].[2018 - 12 - 10]. https://
　　link. springer. com/book/10. 1007/978-3-642-35819-7.
④　PEUKERT C, AGUIAR L, CLAUSSEN J. Catch me if you can:effectiveness and consequences
　　of online copyright enforcement[J]. Information system research,2018,29(3):656 - 678.

站的关闭明显受到外部因素影响,有助于帮助人们分析执法力度加大而网络盗版率仍然居高不下的原因。王迁在《版权法对技术措施的保护与规制研究》①一书中,探讨了版权法保护和规制技术措施的多个问题,对我国保护技术措施的立法现状做出了评价,并提出了相应建议。杨红军对版权许可制度进行了详细分析,在《版权许可制度论》②中,提炼了三种许可制度的共性原理,并深入分析了授权许可中不当行为的规制问题、数字环境下授权许可方式的革新问题以及法定许可制度、强制许可制度等问题,并系统论述了版权许可合同实践中的法律适用问题。朱晓寒对 P2P 环境下网络服务提供者的版权侵权责任进行了详细分析,首先,对 P2P 技术及其引发的版权侵权问题进行介绍;接着,分析了美国版权间接侵权制度的建立;随后,详细阐述我国关于版权间接侵权的立法与司法实践;最后,对我国的 P2P 技术引起的间接侵权制度的问题予以分析并提出相应完善建议③。

1.3.3 新技术引发的新型版权问题案例研究

法律制度总是落后于技术的发展,新技术的出现总会对现行版权法提出挑战,现行版权法在应对这些挑战的过程中总会出现或大或小的问题,涉及如何判定作品的"独创性"、如何适用"思想/表达两分"原则、临时复制是否属于复制权范畴、如何界定向公众传播权、私人复制在何种程度上属于例外、首次销售原则能否适用于数字环境以及版权制度的利益平衡机制如何实现等。关于这些具体问题的研究成果多以相关司法案例以及学者对具体案例的评析为代表。

近年来,鉴于欧盟法院判定作品独创性的标准有颠覆传统的趋势,国内外学者关于作品"独创性"判定的研究成果较多。以 2009 年的 *Infopaq International A/S v. Danske Dagblades Forening* 案判决④为开端,欧盟法院依据《保护文学和艺术作品伯尔尼公约》(以下简称《伯尔尼公约》)第 2 条第 5 款与第 8 款规定的某些文学艺术作品若体现智力创作即可成为版权保护客体,结合考察《1991 年 5 月 14 日欧盟理事会关于计算机

---

① 王迁.版权法对技术措施的保护与规制研究[M].北京:中国人民大学出版社,2018.
② 杨红军.版权许可制度论[M].北京:知识产权出版社,2013.
③ 朱晓寒.P2P 技术环境下网络服务提供者的版权侵权责任问题研究[D].上海:华东政法大学,2015.
④ Case C-5/08,Infopaq International A/S v. Danske Dagblades Forening,2009 ECR I-06569.

程序法律保护的第 91/250/EEC 号指令》(以下简称《欧盟有关计算机程序法律保护的指令》)第 1 条第 3 款、《1996 年 3 月 11 日欧盟议会与理事会关于数据库法律保护的第 96/9/EC 号指令》(以下简称《欧盟有关数据库法律保护的指令》)第 3 条第 1 款、《2006 年 12 月 12 日欧洲议会与理事会关于版权及相关权保护期限的第 2006/116/EC 号指令》第 6 条的规定,对《2001 年 5 月 22 日欧盟议会与理事会关于协调信息社会中版权及相关权某些方面的第 2001/29/EC 号指令》(以下简称《欧盟信息社会版权指令》)第 2 条第(a)款中的"作品"进行解释,确立了"作者自己的智力创作"(author's own intellectual creation)为衡量涉案作品"独创性"的标准。该院认为,媒体监测机构 Infopaq 从丹麦某些日报和其他期刊文章挖掘的 11 个单词的摘录(检索关键词及其前后各五个单词)只要能够传达"作者自己的智力创作",即作者对这些单词的选择、排列和组合能够体现创造性,即可作为独立的作品受保护。该判决颠覆了欧盟传统版权制度以实质性为基础的独创性认定标准,而将大陆法系国家适用于"计算机程序、数据库和照片"等特殊作品的独创性标准扩张适用于所有类型的作品(至少包括报刊文章),明显降低了版权保护门槛。"作者自己的智力创作"标准为欧盟法院随后的几个判决所援用。然而,欧盟法院在"智力创作"概念的理解上却飘忽不定。Football Association Premier League v. QC Leisure 案判决将之解释为作者做出了"自由而具有创造性的选择"(free and creative choices)[1];Eva-Maria Painer v. Standard VerlagsGmbH 案判决则解释为能够标明作者的"个性特征"(personal touch)[2];Bezpecnostní softwarová asociace v. Ministerstvo kultury 案判决将"仅因技术功能形成的特殊内容"排除在"智力创作"之外[3]。此外,该院 Football Dataco Ltd v. Yahoo! UK Ltd 案判决又将前几个判决的解释予以综合,认为作者只有"对数据的选择或者编排做出了自由而具有创造性的选择,以独创性的方式传达了创造性能力,从而标明作者的'个性特

---

[1] Joined cases C-403/08 and C-429/08, Football Association Premier League and Others v QC leisure and Others, Karen Murphy v Media Protection Services Ltd, 2011 ECR I-09083.

[2] Case C-145/10, Eva-Maria Painer v. Standard VerlagsGmbH (7 March 2013).

[3] Bezpecnostní softwarová asociace-Svaz softwarové ochrany v Ministerstvo kultury, 2010 ECR I-13971.

征'",才满足"智力创作"要求①。针对此类争论"独创性"标准判决,国内外均有大量成果进行解读②,康纳·莫兰即以 Infopaq International A/S v. Danske Dagblades Forening 案之后美国法院和欧盟法院相关判决为研究对象,探讨了美国和欧盟有关独创性解释标准的变迁,并为未来版权法的修订提出相关建议③。

此外,还有大量以 MAI System Corp. v. Peak Computer, Inc. 案④和 Cartoon Network, LP v. CSC Holdings, Inc. 案⑤等为研究对象探讨临时复制问题的研究成果⑥、以 Universal City Studios, Inc. v. Sony Corp. of America. 案⑦、A&M Records, Inc. v. Napster, Inc. 案⑧以及 Metro-Goldwyn-Mayer Studios Inc. v. Grokster, Ltd. 案⑨等为研究对象探讨间接侵权责任问题的研

① Case C-604/10, Football Dataco Ltd and Others v Yahoo! UK Ltd and Others (1 March 2012).

② MORAN C. How much is too much? Copyright protection of short portions of text in the United States and European Union after infopaq International A/S V. Danske Dagblades[J]. Washington journal of law, technology & arts, 2011, 6(3):247 – 258; RAHMATIAN A. Originality in UK copyright law: the old "skill and Labour" doctrine under pressure[J]. Intellectual property and competition law, 2013, 44:4 – 34;韩笑. 数字时代的独创性理论研究[D]. 济南:山东大学, 2014:46;徐俊. 浅析独创性概念[J]. 中国版权, 2011(2):32 – 34;王坤. 论作品的独创性——以对作品概念的科学建构为分析起点[J]. 知识产权, 2014(4):15 – 22;姜颖. 作品独创性判定标准的比较研究[J]. 知识产权, 2004, 14(3):9 – 15.

③ MORAN C. How much is too much? Copyright protection of short portions of text in the United States and European Union after infopaq international A/S V. Danske Dagblades[J]. Washington journal of law, technology & Arts, 2011, 6(3):247 – 258.

④ MAI System Corp. v. Peak Computer, Inc., 991 F. 2d 511, 9th Cir. 1993.

⑤ Cartoon Network, LP v. CSC Holdings, Inc., 536 F. 3d 121 (2d Cir. 2008).

⑥ LEVIN K. Intellectual Property Law-MAI v. Peak: should loading operating system software into RAM constitute copyright infringement[J]. Golden gate UL Rev, 1994, 24:649; KIM V. The public performance right in the digital age: Cartoon Network LP v. CSC Holdings[J]. Berkeley Tech. LJ, 2009, 24:263;罗胜华. 网络临时复制问题法律研究[J]. 知识产权, 2004(4):19 – 23;薛嘉钰. 论临时复制[D]. 上海:华东政法大学, 2008:42;王碧云. 电子商务发展下"临时复制"的中国环境思考——由 Intellectual Reserve, Inc. v. Utah Lighthouse Ministry, Inc. 案引发的思考[J]. 法制博览, 2016(2):124 – 125;胡骋. TPP 与规制临时复制的国际趋势[J]. 法学评论, 2015(12):169 – 170.

⑦ Sony Corp. of America v. Universal City Studios, Inc., 464 U. S. 417 (1984).

⑧ A&M Records, Inc. v. Napster, Inc., 2000 WL 573136, 10 (N. D. Cal. 2000); A&M Records, Inc. v. Napster, Inc., 2000 WL 1009483, 8 (N. D. Cal. 2000); A&M Records, Inc. v. Napster, Inc., 2000 WL 1055915 (9th Cir. 2000); A&M Records, Inc. v. Napster, Inc., 114 F. Supp. 2d 896, 927 (N. D. Cal. 2000); A&M Records, Inc. v. Napster, Inc., 239 F. 3d 1004, 1027 (9th Cir. 2001); A&M Records, Inc. v. Napster, Inc., 2001 WL 227083 (N. D. Cal. 2001); A&M Records, Inc. v. Napster, In c., 284 F. 3d 1091, 1099 (9th Cir. 2002).

⑨ Metro-Goldwyn-Mayer Studios, Inc. v. Grokster, Ltd., 259 F. Supp. 2d at 1035 – 36.

究成果①、以 *Capitol Records, LLC v. ReDigi Inc.* 案②、*UsedSoft GmbH v. Oracle International Corp.* 案③等为研究对象分析首次销售原则能否在数字环境下适用的问题的研究成果④、以 *Nils Svensson and Others v Retriever Sverige AB* 案⑤等为研究对象考察向公众传播权的界定⑥以及以 *Scarlet Ex-*

① CUNARD J. Past as precedent: some thoughts on novel approaches to the nexus of digital technologies and the arts[J]. Leonardo (The MIT Press), 1996, 29 (3): 245 – 247; Samuelson P. The Generativity of Sony v. Universal: the Intellectual property legacy of justice stevens[J]. Fordham law review, 1998, 74: 1831; LANDES W, Lichtman D. Indirect liability for copyright infringement: napster and beyond[J]. Journal of economic perspectives, 2005, 17 (2): 113 – 124; 王迁. 传统版权间接侵权责任理论的挑战——Grokster 案评述[J]. 电子知识产权, 2004(11): 30 – 48; 徐飞. 网络版权间接侵权责任研究——以美国法为视角[D]. 上海: 复旦大学, 2011: 64; 罗斌. 云计算环境下的著作权间接侵权规则探讨——从"索尼案"到"Cablevision 案"的适用原则变更[J]. 中国版权, 2012(3): 48 – 51.
② Capitol Records, LLC v. ReDigi Inc. , No. 12-0095, 2012 U. S. Dist.
③ Case C-128/11, UsedSoft GmbH v. Oracle international corp. , 2012.
④ SERRA T. Rebalancing at resale: redigi, royalties, and the digital secondary market[J]. Boston university law review, 2013, 93 (5): 1753 – 1801; RICE D. Licensing the use of computer program copies and the copyright act First sale doctrine[J]. Jurimetrics journal, 1990, 30 (2): 157 – 188; MENCHER B. Online music distribution: proposal for a digital first sale doctrine [J]. Entertainment and sports lawyer, 2004, 21 (4): 16 – 24; 魏玮. 论首次销售原则在数字版权作品转售中的适用[J]. 知识产权, 2014(6): 21 – 28; 苟大凯, 朱奎彬. 美国版权法首次销售原则的最新发展——美国联邦最高法院"吉尔特桑诉威利父子公司案"判决评析[J]. 知识产权, 2013(7): 91 – 95; 桂爽. 数字网络环境下发行权用尽原则探讨——对"ReDigi 案"和"usedsoft 案"的思考[J]. 电子知识产权, 2015(3): 55 – 59.
⑤ Case C-466/12, Nils Svensson and Others v Retriever Sverige AB (13 February 2014).
⑥ MINERO G. Are hyperlinks covered by the right to communicate works to the public? [J]. The Svensson case, queen mary journal of intellectual property, 2014, 4: 322 – 327; BAYARD L, JOHNSON D. Capitol Records v. Thomas: the debate over the making available theory of copyright infringement[J]. Landslide, 2010, 2 (3): 39 – 43; NARON G. Fair use-are internet search engines shielded from copyright infringement[J]. TortSource, 2007, 10 (1): 1 – 4; 陈铭. 从"Svensson"案看网络链接的著作权性质[J]. 电子知识产权, 2014(10): 73 – 77; 陈绍玲. 论网络中设链行为的法律定性[J]. 知识产权, 2015(12): 29 – 38; 龙井瑢. 探析链接版权法律责任在欧盟和英国的新发展——兼评中国相关版权司法实践[J]. 知识产权, 2014(12): 125 – 132.

tended SA v. SABAM 案①等为研究对象分析利益平衡机制问题的研究成果②等。

1.3.4　数字网络时代版权法的未来走向研究

关于数字网络时代版权法的未来走向,学者们的观点归纳起来主要有三种:一是,现行版权法已经无法适应数字网络时代。二是,现行版权法能够适应数字网络时代。三是,现行版权法需要重构以应对数字网络时代的新环境。

以约翰·佩里·巴洛为代表的学者认为,现行版权法已经无法适应数字网络时代。在美国启动国家信息高速公路计划之时,网络激进主义代表人物巴洛发表的一篇名为《思想的经济:你所知道的关于知识产权的任何东西都是错的》③的文章备受关注。巴洛在这篇文章中指出,人类已经进入网络空间构成的虚拟世界,在这一世界,财产已经走向数字化,数字化形式的财产传播速度更加快捷而且成本低廉。由此引发的财产保护问题更为棘手。国家和政府不可能通过修补、翻新或扩展知识产权法试图将这些数字化表达的东西包容在内。因此,世界各国有必要开发出一套全新方法适应这一全新环境。巴洛还以酒与酒瓶为例,说明传统物理世界的版权只保护表达,而不保护思想,就像只保护装酒的酒瓶而不保护酒一样。然而,在网络虚拟世界,数字形式的信息已打破酒瓶的束缚,思想和思想的表达糅杂在一起。为了最大限度地维护自身利益,版权人不仅主张拥有思想的表达,甚至还主张拥有思想本身,不断侵蚀公有领域。与此同时,盗版活动日益猖獗而且一般公众从事盗版活动也不以为然。巴洛认为,现行版权法明显存在问题,与社会已经脱节;传统

---

① Scarlet Extended SA v. Société Belge Auteurs, Compositeurs Et éditeurs SCRL (SABAM), CaseC70/10[EB/OL]. [2015 – 06 – 23]. http://curia. europa. eu/juris/document/document. jsf?docid = 115202&doclang = EN&mode = &part = 1.

② KEVDER V. Scarlet extended SA v. Société belge des auteurs, compositeurs Et é diteurs SCRL (SABAM) (E. C. J.)[J]. International legal materials, 2012, 51 (2): 382 – 392; BONADIO E, SANTO M. ISPs cannot be ordered to adopt general and preventive filtering systems [M]. Oxford: Oxford University press, 2012:79; 牛巍. 网络环境下信息共享与著作权保护的利益平衡机制研究[D]. 合肥:中国科学技术大学, 2013; 严国琼. 对苹果 iTunes 网上音乐商店版权模式的反思——以版权法中的利益平衡为视角[J]. 中国版权, 2011(3): 50 – 62.

③ MOORE A. Intellectual property: moral, legal, and international dilemmas[M]. Washington DC: Rowman & Littlefield Publishers, Inc. , 1997:135.

版权法已无法适应网络时代的需要,新制度的建立势在必行;并宣称立法者必须忘却现有的版权制度,更多地依赖于伦理与技术来实现版权保护,比如,采用以加密技术为代表的技术措施等。

以布鲁斯·雷曼以及我国郭禾教授、金渝林先生为代表的学者认为现行版权法能够适应新技术的发展。雷曼在《知识产权与国家信息基础设施:知识产权工作小组报告草案初稿》①中指出,现行版权制度完全能够适应新技术的发展,只是目前的环境发生了变化,版权制度有必要进行调整。郭禾教授在《信息高速公路对著作权制度的影响》②一文中指出,网络技术并没有动摇著作权制度的基础,"不应该导致著作权制度的毁灭或者基本理论框架的重构"③,包括"独创性"标准、"可复制性"原则与"思想/表达两分"原则在内的基本理论仍然能够适用于网络环境。因此,在应对技术进步时,版权法只需要做一些技术性修订即可。金渝林先生在《信息数字化技术和联网技术对现有版权理论的影响》④一文中分析了数字技术与网络技术对版权的影响后也得出类似结论。他认为,版权理论本身就具有适应技术发展的能力,每一次新技术的兴起不仅没有触及形成版权理论的哲学基础,反而为完善版权理论提供了必要条件⑤。因此,数字与网络技术并未动摇版权理论,"作品""作者"等传统概念仍然能够适用于网络环境,我们只需要不断完善与发展现有版权理论,即可适应新技术带来的挑战。此外,熊文聪在《数字技术与版权制度的未来》⑥一文中也通过回顾版权的起源与历史演进讨论了版权制度的未来,认为版权演进史是一部由商人推动的商业文明史,指出版权法应对数字技术的两种方法:扩张版权与探索足以适应数字技术的新型商业模式。

随着社会公众对数字技术和版权制度关系认知逐步加深,许多学者

---

① LEHMAN B, BROWN R. Intellectual property and the national information infrastructure: a preliminary draft of the report of the working group on intellectual property rights[EB/OL]. [2019 - 06 - 07]. http://cool. conservation-us. org/bytopic/intprop/ipwg/.

② 郭禾. 信息高速公路对著作权制度的影响[J]. 法学家,1997(2):59 - 63.

③ 郭禾. 信息高速公路对著作权制度的影响[J]. 法学家,1997(2):60.

④ 金渝林. 信息数字化技术和联网技术对现有版权理论的影响[J]. 国际商务,1996(2):44 - 55.

⑤ 金渝林. 信息数字化技术和联网技术对现有版权理论的影响[J]. 国际商务,1996(2):45.

⑥ 熊文聪. 数字技术与版权制度的未来[J]. 东方法学,2010(1):81 - 90.

已经不满足于只研究新技术与版权法的关系,而是进一步提出了重构版权制度的建议,主要包括四种模式:一是,美国"知识产权与新兴信息基础设施委员会"提出的"激励机制"模式①;二是,杰西卡·里特曼主张的"商业开发权"模式②,我国学者彭学龙也在《数字网络环境下的复制与复制权——兼论数字版权法的重构》一文中,对李特曼的主张进行介绍,并指出要想将该模式适用于网络环境,首先应该解决"商业"二字的定性问题;三是,简·金斯伯格主张的"接触控制权"模式③;四是,希拉·珀尔马特主张的"传播权或利用权"模式④。对于珀尔马特的预测,我国学者卢海君在《传播权的猜想与证明》一文中表示支持,并提出"大传播权"的观点,即将复制权、发行权、表演权等全部纳入"向公众传播权"的范畴足以保护版权人对公共传播领域的控制权⑤。

此外,对版权法应对技术进步的未来走向研究做出突出贡献的学者还包括威廉·帕特里、杰森·马佐尼以及帕梅拉·萨缪尔森,这些学者之所以没有归入前文所述的范畴,是因为他们的观点并没有如此激进,只是提出了具体的改革策略。比如,帕特里在《如何修复版权》⑥一书中主张对版权法进行大规模的立法改革,建议缩短版权保护期限、恢复版权保护的形式要求、以补偿获得权代替排他权等。马佐尼在《知识产权法的滥用》⑦中则认为目前版权法本身没有太大问题,问题是版权人滥用了版权。因此,他主张改革法定损害赔偿制度、合理使用制度等,规制版权人滥用版权的行为,并提出较为特别的主张——建立针对版权滥用的公益诉讼制度。萨缪尔森在《版权改革可能吗?》⑧一文中,对帕特里和马佐尼的研究进行了评析,指出这两项研究成果的贡献和不足,在此基

① Committee on intellectual property rights and the emerging information infrastructure. The digital dilemma: intellectual property in the information age[M]. Washington, DC: The National Academy Press, 2000: 351.

② LITMAN J. Digital copyright[M]. New York: Prometheus Books, 2006: 198.

③ GINSBURG J. From having copies to experiencing works: the development of an access right in U. S. copyright Law[J]. Journal of the copyright society of the USA, 2003, 50: 72 – 78.

④ PERLMUTTER S. Convergence and the future of copyright[J]. European intellectual property review, 1996, 24: 23.

⑤ 卢海君. 传播权的猜想与证明[J]. 电子知识产权, 2007(1): 12 – 17.

⑥ PATRY W. How to fix copyright[M]. New York: Oxford university press, 2011: 34.

⑦ MAZZONE J. Copyfraud and other abuses of intellectual property law[M]. Stanford: Stanford law books, 2011: 50.

⑧ SAMUELSON P. Is copyright reform possible? [J]. Harv. L. Rev. , 2013, 126: 56 – 63.

础上对版权法改革的可能路径进行了研究,并提出了版权法改革应遵循的若干基本原则。我国学者梁志文在《论版权法改革的方向与原则》[①]中,结合我国版权法第三次修订现状,以及国外版权法改革动态,指出未来版权法的发展不应该只着眼于具体制度的设计,而更应该从宏观层面关注制度设计的整体方向与改革原则,并提出了版权法改革应重视制度设计的实证基础,需要正确对待技术中立原则,同时考虑创作者、版权人和使用者之间的利益平衡,还需要兼顾虑形式简化与实质正义之间的平衡需求,只有遵循这些基本原则,才能推动版权法改革朝着正确方向发展。

1.3.5 技术进步与版权制度变迁相关项目研究

除了考察已有文献资料之外,笔者还查阅了国家基金项目有关版权制度的获批项目。从项目名称来看,学者们试图探索新技术环境下版权制度改革的方略,比如"当前国际著作权制度发展趋势与我国路径选择研究"(李国庆,2017);"新媒体时代著作权制度的应对和变革研究"(刘鹏,2016);"变革中的著作权制度研究"(梁志文,2016);"全媒体时代著作权制度的应对和变革研究"(孙昊亮,2015);"新兴媒体融合发展中的著作权制度应对与变革研究"(梅术文,2015)等项目。大多数项目是针对版权制度某一方面的研究,包括用户生成内容的版权配置问题(杨红军,2017);网络文学的版权运营与保护(王志刚,2017);利益平衡原则的思考(许燕,2017);图书馆版权问题(罗娇,2017;刘兹恒,2013);版权登记制度研究(张颖,2017);大数据版权保护(姜明芳,2017);体育赛事版权保护问题(张惠彬,2017;王凯,2017);保护残障者使用版权作品的研究(贾小龙,2016);网络服务提供者侵权责任研究(张玲玲,2016);版权交易平台研究(魏森,2015;于文,2014);新闻聚合的版权制度问题(周艳敏,2015);孤儿作品的版权问题(吕炳斌,2014)等。

1.3.6 研究述评

考察已有研究成果,在新技术发展突飞猛进、著作权人权利逐步扩张的背景下,国内外相关研究均在积极探索版权法与技术进步的关系,这些研究从多种视角为版权制度合理应对技术进步提供了具体指导,为

---

① 梁志文.论版权法改革的方向与原则[J].法学,2017(12):133－144.

版权制度的未来提出了相关建议与意见。

然而,大多数研究成果都从法律经济学、利益平衡的角度考察版权法律制度变迁与技术进步的关系,基于社会学、心理学、哲学视角研究技术进步与版权法互动关系的文献则较少。少数分析技术进步与版权法互动关系的文献,也是以研究版权法为核心,仍存在有关技术的分析缺失,关于两者之间关系的系统分析不足,而且研究结论也没有找到合理解决两者之间关系及推动社会进步的具体方案。许多研究成果或者以版权法的立法宗旨与目的为出发点,认为新技术引发的版权制度变革不应该违背这些原则;或者仅仅以数字网络时代版权制度面临的问题为重点,提出解决技术与版权法之间关系的方案。尽管有些研究成果从历史的角度研究了技术与版权法互动的关系,也多是从版权发展历史的整个过程出发,从历史事件中归纳影响版权法发展进程的因素,并没有引入相关的理论支撑;或者以某项具体技术(如 P2P 技术、数据挖掘技术、3D 打印技术、人工智能技术)引发的版权问题研究如何通过版权制度的调整应对技术挑战,构建与实施适用于该技术的版权保护措施。此外,这些研究成果较少关注技术自身特点。大部分研究成果都没有深入分析技术的本质与发展进程。实质上,作为社会过程的技术进步,其自身许多特点都应该被纳入完善版权制度的过程中考察。鉴于技术创新是推动经济增长的重要动力,立法者在完善版权制度时更应该关注技术创新的积极作用,不能为了保护版权人的权益而影响技术创新,最终妨碍公共利益。

因此,目前尚有许多关键问题有待进一步研究,如技术进步与版权制度互动关系的系统分析、支撑完善版权制度的相关理论以及技术的本质及其发展特征等。由此可见,国内外研究为本书奠定了基础,而现有研究存在的不足则构成了本书的切入点,为本书的展开提出了基本的任务与要求。

1.4 研究框架与研究方法

1.4.1 研究思路与内容安排

本书的研究目的在于:在理论层面,讨论技术进步与版权制度之间的内在联系和一般规律,以及版权制度应对技术进步的基本方略;在实证层面,审视我国版权制度发展现状以及存在的问题,并有针对性地提出完善建议。鉴于此,本书首先对"技术""技术进步""版权制度"和"版权制度变迁"的具体概念进行了梳理,界定和明确了研究对象;接着,着重关注制度的实然功能——正功能和负功能,分别从呈现不同功能的版权制度,考察版权法应对技术进步的具体表现,包括呈现制度正功能的版权法应对技术进步的理性选择,呈现制度负功能的版权法应对技术进步的失灵与异化。再次,归纳总结版权法应对技术进步的基本方略最后,结合我国版权法发展现状,评析了基本方略在我国第三次版权法修订中的运用。

基于以上思路,本书的章节结构和内容安排如下:

第一章,引言。首先,介绍本书的研究背景与研究意义,并对技术、技术进步、版权制度以及版权制度变迁等相关概念进行界定,接着,全面分析国内外相关研究现状,归纳有待解决的关键问题,作为本书研究的主要任务,最后,提出本书研究框架和研究方法,阐明创新点和研究的不足之处。

第二章,版权法应对技术进步的理性选择。归纳了版权法发展历史过程中有效应对技术进步的实践,此类实践不仅在适当保护版权的同时鼓励技术创新,而且推动了社会进步。基于社会学视角考察正确理解技术及其发展的规律特征而有助于技术发展的情形,分析遵循版权产业演进规律而促进版权产业发展的情形,阐述认清版权法的立法目的及其实现方式、动态维系版权制度的利益平衡机制两种遵循版权制度本身规律性的理性选择。

第三章,版权法应对技术进步的失灵与异化。指出了版权法及时应对技术进步却应对失败的五种情形以及版权法未能及时应对技术进步的表现。版权法及时应对技术进步却应对失败的五种情形包括:版权制度变迁的路径依赖、忽视社会公众版权法认知偏误、威慑执法措施调整社会规范的无效性与反作用、版权法变革的公共利益价值缺失、借由隐喻解读版权概念的局限性。版权法未能及时应对技术进步体现在错误执行现行版权法阻碍技术进步、反抗现行版权法的社会运动推动创新、版权人与作品使用者的自力救济阻碍作品传播。

第四章,版权法应对技术进步的基本方略。通过归纳版权法应对技术进步的理性选择中的成功经验,总结应对技术进步的版权制度失灵与异化的失败教训,得出版权法应对技术进步的基本方略。主要包括四种:采用基于实证数据的政策制定方法;区别对待具体技术的本质及其不同发展阶段;遵循版权制度变迁的规律特征;关注社会公众的道德意识与合法性认知等法律意识。

第五章,我国第三次版权法修订中的基本方略运用评析。通过检验性适用前一章归纳总结的版权法应对技术进步的基本方略,指出我国版权法修订中的合理之处以及存在的不足,完善我国版权法成功应对技术进步的举措。具体体现在:采用基于实证数据的政策制定方法,从技术本质与发展特征、版权制度发展规律、社会公众法律遵守意识等多方面开展独立影响评估,审查我国现行法律与立法建议;区别对待具体技术及其发展阶段,完善规范网络服务提供者行为、临时复制与孤儿作品利用等问题的相关规定;遵循版权制度变迁的规律特征,解决我国现行版权法立法宗旨颠倒立法手段与目的之现状、扩展版权限制制度范围、删除法人作品规定以冲破制度路径依赖等;关注社会公众的法律遵守意识,结合采用威慑措施与道德教育培养社会公众自觉遵守法律的道德意识,广泛吸收普通消费者参与修订版权法以确保程序公正、调整过度保护版权利益集团的条款以培养社会公众版权法合法性认知。

第六章,研究总结与展望。对本书的研究思路和内容进行全面梳理,总结并提炼本书的研究结论和观点,指出本书的研究不足之处,在此基础上展望今后的研究方向。

1.4.2　技术路线与研究方法

本书将规范研究与实证研究相结合,并采用文献资料研究方法、对比探究的研究方法以及案例分析的研究方法。具体体现在:首先,针对著作权制度的外部环境变化,引出研究背景与研究意义。然后,通过文献资料搜集和研究,梳理了以往研究的思路,指出现有研究之不足,从而明确本书研究的主要方向与内容。随后,考察版权制度发展历史,分别从呈现不同功能的版权制度,分析版权法应对技术进步的具体表现。在分析每一种具体表现时,本书先介绍相关理论,再结合国内外典型案例予以实证分析和解释。之后,本书对呈现不同功能的版权制度及其应对技术进步的规律予以归纳,总结版权法应对技术进步的基本方略。最后,结合我国版权法发展现状,评析这些基本方略在我国第三次版权法修订中的运用。因此,本书按照"问题提出—文献综述—理论分析—实证解释及对策分析"的逻辑思路展开研究和论述。

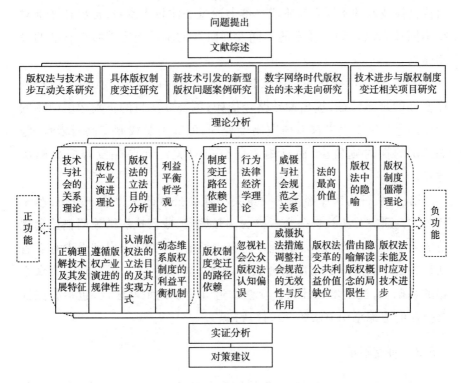

图 1-1 论文技术路线图

1.5 本书创新之处与不足

1.5.1 研究创新

本书在吸收借鉴前人已有研究成果的基础上,试图实现一些可能的创新。总体而言,本书的创新思路在于融合经济学、社会学、心理学等多方面视角审视版权制度,试图弥补单纯依靠一种理论方法研究版权制度存在的不足。考察版权制度实施效果,包括版权制度合理应对技术进步以及应对失灵或者异化的具体情形,依据实证数据而非主观论断重新审视版权制度基本原理与具体内容,以期有利于完善版权法与技术进步的关系研究。具体而言,本书的创新之处主要包括以下三个方面:

第一，从社会学视角考察技术的本质及其发展特征，阐述版权制度正确理解技术以有效应对技术进步的方式，包括区分具体技术的"中立性"与"意识性"本质，明确技术变迁的不确定性与可塑造性特征以区别对待具体技术的不同发展阶段。本书通过关注技术本身，提出在区别对待不同技术以及同一技术的不同发展阶段的基础上完善版权制度的策略建议。

第二，从制度变迁的路径依赖、制度的隐喻运用等方面研究版权制度变迁的规律特征，提出冲破路径依赖、围绕立法目的正确运用隐喻的策略。尽管不少学者都有研究制度变迁，但有关版权制度路径依赖、隐喻运用的探讨则较少，而且相关研究也只关注问题并没有提出解决方案。

第三，从行为法律经济学视角关注社会公众的法律遵守意识，基于相关实证研究分析社会公众版权法认知偏误、威慑执法措施调整社会规范的无效性与反作用。尽管国外已有少量研究成果，国内则很少有学者从行为法律经济学的角度研究版权制度。本书在深入研究社会公众心理的基础上，提出增强社会公众法律遵守意识的策略建议，包括关注社会公众的道德意识与法律合法性认知。

1.5.2　研究不足

本书的不足之处表现在：版权制度包括强制性版权法律法规，以及非强制性的版权保护行业规则等具体内容，本书研究的主要是前者，有关行业规则的内容相对较少；此外，对德语、法语、日语等文献的查阅不够，对检索到的德语、法语、日语文献和案例，笔者都没能够进行深入研究，未来将对这方面内容展开进一步研究。

2 版权法应对技术进步的理性选择

制度功能具有应然与实然两个层面的含义。制度的应然功能是制度在理想层面上与理论意义上具有的功能，即制度应该具有的功能。从历史唯物主义的角度看，制度的应然功能是制度合目的性与合规律性的统一。从应然的角度来看，制度有三大功能：促进社会的发展，实现人与社会的协调发展，促进人的全面发展。制度的实然功能是指制度在现实社会中、特定的历史时期已经与正在发挥的功能，即制度实际发挥的功能。本书着重关注制度的实然功能，主要原因在于版权法在应对技术进步时呈现出的功能都是实然层面的功能。根据版权法的实然功能的不同，制度通常呈现出两种不同的功能——正功能与负功能。所谓制度的正功能，是指制度在运行与发挥作用过程中表现出来的对其目标起促进作用的功能。所谓制度的负功能，是指制度对其自身的目的起破坏作用的功能，它削弱了制度的适应性和目的性①。本书第2章与第3章分别从版权法呈现的不同功能方面考察版权法应对技术进步的具体表现。本章阐述的是呈现制度正功能的版权法应对技术进步的理性选择，呈现制度负功能的版权法应对技术进步的失灵与异化将在下一章讨论。

在应对技术进步的过程中，版权法的发展受到社会因素与版权法自身发展规律的制约，会呈现出前述两种不同的功能。只有在遵循社会发展规律以及版权法自身发展特点的情形下，版权法才可能呈现出正功能，反之，版权法则可能呈现出负功能。考察历史，呈现出正功能的版权法应对技术进步的理性选择可以分为两类，一是遵循社会发展规律的理性选择，包括本章前两节涉及的正确理解技术及其发展特征、遵循版权产业演进的规律性；二是遵循版权法自身发展特点的理性选择，包括本章后两节涉及的认清版权法的立法目的及其实现方式、动态维系版权制

---

① 辛鸣. 制度论——哲学视野中的制度与制度研究［D］. 北京：中共中央党校，2004：126.

度的利益平衡机制。

2.1 正确理解技术及其发展特征

正确理解与认识技术是深刻理解技术与版权互动关系的必要前提。只有认清技术的本质及其发展的规律特征,立法者才有可能设计出合理应对技术进步的版权制度。

到目前为止,人类经历了四次技术革命,每次技术革命都给人类带来了前所未有的机遇和挑战,尤其是数字网络技术蓬勃发展的第三次和第四次技术革命,对人类产生的影响更是如此。普遍认可的观点是,人类需要规制数字与网络技术。然而,关于如何规制的方法,人们却意见不一。美国太阳微系统公司的创始人史考特·麦克里尼认为:"隐私权遭受侵蚀是信息社会逻辑不可避免的结果,这一逻辑是由人类对信息和通信技术的需求强烈推动的。"①这种观点代表了早期互联网倡导者的自由主义信条,他们主张互联网天生不可管控。然而,劳伦斯·莱斯格则认为,隐私权遭受侵蚀这类不可避免的结果的产生,不是由信息社会逻辑导致,而是对技术基础设施人为选择的结果,"主要依靠人们在设计技术基础设施上的选择"②。关于技术与社会关系的不同认知会产生不同的规制方法,从而导致不同的规制结果。因此,为了更好地应对技术进步,立法者首先需要明确的是技术与社会的关系,在此基础上逐步完善版权法才是适当的。

下文通过考察技术与社会的关系理论,归纳技术的本质与技术发展的规律特征,包括技术兼具"中立性"与"意识性"的本质、技术变迁的不确定特征以及可塑造性特征,分别阐述在应对技术进步的过程中,版权制度正确理解技术的本质与技术发展的规律特征的具体表现。

2.1.1 技术与社会的关系理论

有关技术的本质及其发展的规律特征,我们可以从技术与社会的关

---

① MARKOFF J. Growing compatibility issue:computers and user privacy[J]. The New York times,1999,3(10):19.

② LESSIG L. Code and other laws of cyberspace[M]. New York:Basic Books,1999:36.

系理论中找到答案。关于技术与社会关系的理论,主要有技术决定论、社会决定论和技术的社会塑造论,核心观点详见图 2 - 1。

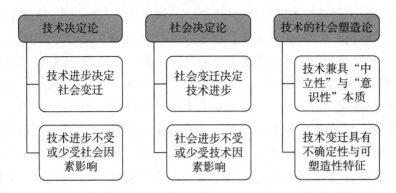

图 2 - 1　技术与社会的关系理论

技术决定论(Technological Determinism)最早由美国社会学家和经济学家索尔斯坦·凡勃伦在《工程师与价格体系》①一书中提出。该理论认为技术与社会相互分离,技术按照其自身的内在逻辑自主地变化和发展,不受社会的影响,并且技术的变化决定和影响社会的变迁②。技术决定论被概括为"相信技术是社会的关键统治力量"③。技术决定论可以分为硬技术决定论(Hard Technological Determinism)和软技术决定论(Soft Technological Determinism)两种形式。硬技术决定论认为:①技术是绝对独立与自主的力量,其单方面影响社会变迁,完全不受任何社会因素的限制;②技术的发展过程是机械化的,完全可以预测,其发展道路无法变更和避免;③技术是中立的,没有任何价值偏向;④技术是决定社会变迁的唯一因素。20 世纪,法国哲学家和社会理论家雅克·埃吕尔是该理论的主要代表人物,他认为:"技术决定社会经历一种自然选择过程

①　VEBLEN T. The engineers and the price system[M]. New York: B. W. Huebsch, 1921: 216.

②　BEARD C. Time, technology, and the creative spirit in political science[J]. The American political science review, 1927, 21 (1): 1 - 11; COHEN G. Karl Marx's theory of history: a defence[J]. Oxford and princeton, 1978: 126; COWAN R. More work for mother: the ironies of household technology from the open hearth to the microwave[M]. New York: basic books, 1983: 142; OGBURN W. Social change with respect to culture and original nature[M]. B. W. New York: huebsch, 1922: 182; BREIT W, CULBERTSON W. Science and ceremony: the institutional economics of C. E. ayres[M]. Austin: University of Texas Press, 1976: 421; BIMBER B. Politics of expertise in congress: the rise and fall of the office of technology assessment[M]. New York: State University of New York Press, 1996: 319; POSTMAN N. Technopoly: the surrender of culture to technology[J]. Vintage, 1992, 41: 241.

③　SMITH M. Military enterprise and technological change[M]. U. K.: MIT press, 1985: 70.

来适应其自身的发展。那些最有利于技术进步的社会制度的价值观、道德与哲学允许社会制度增强它自身的力量,同时牺牲那些价值观、道德与哲学较少促进技术进步的社会制度。"①西奥多·卡钦斯基也是硬技术决定论的代表人物,在卡钦斯基看来,"在社会制度演进的过程中,人类环境中的'客观'材料因素是主要的决定因素。在地理、气候以及其他'自然'因素对人类历史产生影响的同时,近年来,技术已经成为占主导地位的'客观'因素,而且是主要的'客观'因素和决定性的因素"②。凭借独树一帜的观点,硬技术决定论深受学术界推崇,尤其是在目前的数字与网络时代,不少学者均推崇硬技术决定论。然而,在理解技术与社会关系时,这种技术决定论的观点过于激进与消极,完全忽视了人类的能动性,缺乏批判性,不少学者倾向于支持较为温和的软技术决定论。软技术决定论也强调技术发展对社会变迁的决定性作用,但是认为这种决定力量受到包括社会、政治、经济、文化与伦理方面的力量制约③,是一种"社会制约的技术决定论"④。相较于硬技术决定论,软技术决定论以一种更加消极的态度理解技术与社会之间的关系,该理论在承认技术是人类社会进步的支配力量的同时,也强调人类在应对技术与社会互动的结果时具有能动性。该理论在逐步发展过程中发生了些微变化,以威廉·菲尔丁·奥格本于 1922 年提出的技术驱动的社会变革理论为代表,奥格本认为:"社会必须适应重大发明的后果,但通常会经过一段时间的文化滞后。"⑤尽管认可的技术发展决定社会变迁的形式不同,两种理论均强调了社会变迁过程中技术的核心地位和主导决定性作用。

与技术决定论的观点相反,社会决定论(social determinism)认为,技术的发展是社会变迁的结果,完全由包括政治、经济和文化等在内的社会因素决定,相较于技术发展的自身内在逻辑,社会因素对技术发展有

① ELLUL J. La technique ou l'Enjeu du siècle[M]. Paris:Armand Colin,1954:253.

② KACZYNSKI T. Technological slavery[M]. Washington:Feral House,2010:142 – 143.

③ OGBURN W. Social change with respect to culture and original nature[M]. New York:B. W. Huebsch,1922:241;ONG W. Orality and literacy:the technologizing of the word[M]. New York:Methuen,1982:354.

④ 吴廷俊. "传播技术与社会"笔谈[J]. 河南社会科学,2008(1):141.

⑤ OGBURN W. Social change with respect to culture and original nature[M]. New York:B. W. Huebsch,1922.

着更为重要的影响①。许多当代媒体理论家都持有社会决定论的观点，以莱拉·格林为代表。格林在《科技文化》②一书中详细阐述了社会决定论，认为"出于社会目的的社会过程决定技术"③，每一项贯穿历史的技术发展都源于社会需求，包括经济、政治或军事需求等。在格林看来，技术的发展总是伴随人类特有的目标。鉴于技术的发展必然由财政资金推动，社会决定论认为技术总是被开发以有利于资助其发展的社会群体。因此，社会决定论认为，技术发展不仅由其所在的社会环境因素决定，而且不可避免地受其所在的社会权力结构的塑造。社会决定论的观点在某种程度上解释了技术决定论无法说明的问题，比如，类似的技术在不同社会背景下有着不同发展轨迹的原因，正是社会力量的干预影响了技术的发展。然而，社会决定论也具有明显缺陷：①忽略技术本身的因素在技术发展中的作用，无法解释社会严密控制下的技术仍然会超出人类预定的发展轨迹；②没有探讨社会对技术的控制问题；③缺乏如何选择技术以推动有助于人类社会进步的技术发展的研究。

因此，技术决定论和社会决定论都无法真正理解或者解决技术与社会之间的关系。20世纪80年代，欧美国家兴起一种独特的研究技术与社会关系的思路——技术的社会塑造论（The Social Shaping of Technology）。该理论可以追溯到唐纳德·迈肯齐与朱迪·瓦克曼、特雷弗·平齐与韦伯·比克等人的作品。1982年，在欧洲科学技术研究协会召开的一次会议上，迈肯齐等人倡导借助建构主义的方法研究技术，为技术的社会塑造论的形成奠定了基础，其中，此次会议最重要的成果是迈肯齐、瓦克曼所著的《技术的社会塑造论》④和平齐、比克所著的《技术系统的

①　STAUDENMAIER S,JOHN M. The debate over technological determinism. Technology's story-tellers:reweaving the human fabric[M]. Cambridge:The Society for the History of Technology and MIT Press,1985:134 – 148.

②　GREEN L. Technoculture[M]. Crows Nest:Allen and Unwin,2001:12.

③　GREEN L. Technoculture[M]. Crows Nest:Allen and Unwin,2001:13.

④　MACKENIZE D,WAJCMAN J. Information society[J]. New York:Taylor & Francis,2001,17(4):303 – 304.

社会建构》①。该理论的研究框架主要包括技术的社会建构方法②（Social Construction of Technology）、系统方法③（System）、行动者—网络方法④（Actor-Network Theory）。基于这三种理论框架，研究者分别基于不同的概念工具对技术决定论进行了批判，强调了社会因素在技术形成过程中的重要影响。起初，技术的社会塑造论（早期的社会建构论）过分强调社会对技术的作用，走向"社会决定论"的立场⑤。后来，许多学者开始试图基于社会学、历史学和哲学等视角研究技术与社会的互动关系，不仅强调社会因素对技术发展的影响，也不否定技术自身发展的内在逻辑和轨迹，还强调了技术发展对社会产生的影响，并探讨了人类如何控

① PINCH T, BIJKER W. The social construction of technological system [J]. Science, 1987, 238：1152 – 1153.

② BIJKER W. Of bicycles, bakelites, and bulbs：toward a theory of sociotechnical change [M]. Cambridge, Massachusetts：MIT Press, 1995；BIJKER W. Social construction of technology, article for the international encyclopedia of the social & behavioral sciences [M]. Amsterdam：Elsevier Science Ltd., 2001；CLARK J. The process of technological change：new technology and social choice in the workplace [M]. Cambridge, UK：Cambridge University Press, 1988；ELZEN B. Two ultracentrifuges：a comparative study of the social construction of artifacts [J]. Social studies of science, 1986, (16)：621 – 662；ROSEN P. The social construction of mountain bikes：technology and postmodernity in the cycle industry [J]. Social studies of science, 1993, (28)：479 – 513.

③ HUGHES T. Networks of power, electrification in western society 1880 – 1930 [M]. Baltimore：Johns Hopkins University Press, 1983：67；HUGHES A C, HUGHES T P. Systems, experts, and computers：the systems approach in management and engineering, World War II and after [M]. Cambridge：MIT Press, 2000：341；MACKENZIE D. Inventing accuracy：a historical sociology of ballistic missile guidance [M]. Cambridge, Massachusetts：MIT Press, 1990：413.

④ LAW J. The anatomy of a socio – technical struggle：the design of the TSR2. In：Elliott B. technology and social process [M]. Edinburgh：Edinburgh University Press, 1988：44 – 69；LAW J, CALLON M. The life and death of an aircraft：a network analysis of technological change [M]//BIJKER W E, LAW J. Shaping technology/building society. Cambridge, Massachusetts：MIT Press, 1992：29 – 52；LAW J. Technology and heterogeneous engineering：the ease of portuguese expansion [M]//BIJKER W E, HUGHES T P, PINCH T F. eds. The social construction of technological systems. Cambridge, Massachusetts：MIT Press, 1987：129；AKRICH M. Beyond social construction of technology：the shaping of people and things in the innovation process [M]//DIERKES M, HOFFMANN U. New technology at the outset. Frankfurt/New York：Campus Verlag, 1992：361 – 364；BERG M. Rationalizing medical work：decision support techniques and medical practices [M]. Cambridge, Massachusetts：MIT Press, 1997：251.

⑤ PINCH T, BIJKER W. The social construction of technological system [J]. Science, 1987, 2：38.

制技术以朝着有利于社会进步的方向发展①。在此基础上，技术的社会塑造论在探索技术与社会的关系方面得到逐步完善。

与之前的理论相比，技术的社会塑造论有着明显的创新和进步：一是，否定了技术决定论和社会决定论；二是，认为技术的发展受社会因素的影响，这种影响是多种因素之间的协商，而不是独立影响；三是，认为技术发展的每一步都存在多种可能性，技术发展的整个过程都充满了选择；四是，重新界定技术与社会之间的关系，以往的理论认为两者属于不同的范畴，而该理论将两者视为一个整体，认为两者之间交互作用，共同构成了一张"无缝之网"。此外，需要指出，社会塑造论主要研究的是某种技术人工制造物发展的过程，包括概念生成、最终成型以及技术扩散等，从微观层面研究技术发展，对技术进步宏观层面的考察有所欠缺。前文也已经指出，尽管技术人工制造物不能等同于技术，鉴于其是技术知识的物化形式，通过探究其结构与发展，也有可能把握技术产生与发展的特征，而本书有关技术的研究，也主要是针对技术人工制造物展开。

目前，尽管该理论仍然处于成长期，不可否认的是，相较于技术决定论与社会决定论，该理论认知技术与社会关系的框架值得借鉴。下文结合该理论中可供借鉴的内容以及笔者对技术和社会关系的认知来解读技术的本质及其发展特征。

（1）技术兼具"中立性"与"意识性"本质

技术是一种复杂的现象，包含了多方面的内容，如能量、信息和物质等，存在于经济、社会和文化等多种因素共同构成的"多维空间"之中，具有多维性。基于不同视角或者不同理论，学术界有关技术本质的解释有所不同，典型的理解包括知识说、能力说、综合说、劳动手段体系说以及过程说等，相关研究成果也颇为丰富。然而，这些解释都没能凸显技术的多维性，尤其是没能反映出技术在多维空间中与其他因素之间的复杂

① MACKENZIE D. Inventing accuracy：a historical sociology of ballistic missile guidance［M］. Cambridge，Massachusetts：MIT Press，1990，321；LAW J，CALLON M. The life and death of an aircraft：a network analysis of technological change［M］//BIJKER W E，LAW J. Shaping technology/building society. Cambridge，Massachusetts：MIT Press，1992，67；LAW，J. Technology and heterogeneous engineering：the ease of portuguese expansion［M］//BIJKER W E，HUGHES T P，PINCH T F. The social construction of technological systems. Cambridge，Massachusetts：The MIT Press，1987，129；AKRICH M. Beyond social construction of technology：the shaping of people and things in the innovation process［M］//DIERKES M，HOFFMANN U. New technology at the outset. Frankfurt/New York：Campus Verlag，1992，361 – 364.

互动①。在前人研究成果的基础上,社会塑造论从技术与社会互动的视角探究技术进步的规律,在一定程度上有助于我们找到凸显技术多维性的解释。

关于技术的本质问题,社会塑造论没有明确回答,只是给出了模糊的解读,主要体现在有关技术的定义中。正如社会塑造论的早期代表人物比克等人所言,"精确定义技术是相当困难的,而且也根本没有必要"②。同时,他们还指出技术包括三个层面的内容——物理实体或者人工制造物、行为或者过程、技能。其中,物理实体或者人工制造物包括自行车、电灯、汽车、计算机等,行为或者过程包括炼铁、研发新型计算机等,技能包括Know-How等从事某行业或者做某项工作的专业知识或技术诀窍。

尽管社会塑造论没有明确定义技术,却一再强调技术贯穿着人类的社会活动,技术离不开发明家等技术实践者与相关利益群体的一系列决定。社会塑造论的代表人物平齐和比克指出:"科学和技术两者都是社会建构的文化,用来承载适合于自身目的的文化资源。两者之间的边界取决于社会协商,并没有根本区别。"当然在强调科学与技术同质性的同时,他们也指出,科学与技术还是存在一定差别,只不过对两者进行研究时需要视为同等之物③。由此可见,社会塑造论所认为的技术本质可以归纳为技术乃社会性的文化实践。也就是说,技术是人类社会的技术,是在社会中形成的技术,是人类创造出来的文化形式④。具体体现在两个方面:一是,技术的产生、传播和广泛应用都会有人类意识的干预,技术具有"意识性",被赋予了人类的意识,或者说是可形塑的,能够被塑造和选择;二是,社会塑造论也不否认技术中存在自然规律,从这一点出发,技术具有"中立性",存在不可形塑的因素,行动者—网络方法最能体现这一观点。米歇尔·卡伦以20世纪70年代法国电动汽车创新的案例为研究对象,在指出社会因素影响技术发展的同时,也强调技术对社

① ACHTERHUIS H. American philusophy of technology: the empirical turn [M]. Bloomington and Indianapolis: Indiana University Press, 2001.

② DOSI G. Technological paradigms and technological trajectories: a suggested interpretation of the determinants and directions of technical change [J]. Research policy, 1982(11): 147 – 162.

③ BARNES B. Scientific knowledge and sociological theory [M]. London: Routledge and Kegan Paul, 1974.

④ 邢怀滨. 社会建构论的技术观 [D]. 沈阳: 东北大学, 2002: 32.

会变迁的作用,比如,他认为,法国电动汽车的失败是电子与催化剂缺乏配合以及工程师—社会学家等网络建造者所采用的错误社会模型相互作用的结果。近年来,不少有关技术与社会互动关系的最新研究成果也表明了技术的这一特征。卢迪·沃尔蒂在《技术与社会变迁》一书中,通过总结有关技术的常见定义,将技术定义为"一种人类出于实现特定目标而创造的运用知识和组织机构来生产物件和技术的系统"[①]。同时,沃尔蒂还指出,这样定义技术存在一个严重问题:技术的创造并非完全出于实现特定目标,还因为技术自身发展的需要。由此可见,基于社会塑造论的成熟研究成果也认为,技术是一种兼具"中立性"与"意识性"的系统。

(2)技术变迁的不确定性与可塑造性特征

技术变迁的不确定性是指技术发展过程通常难以预测,并不是单一线性发展模式。技术变迁的可塑造性是指人类具有影响技术发展方向的能力,技术发展道路并不是无法变更与避免的。技术决定论认为,技术的发展过程是机械化的,完全可以预测,其发展道路无法变更和避免。与之不同,技术的社会塑造论则认为,技术变迁是多种因素之间相互协商的结果,技术发展的每一步都不只是存在一种可能性,技术变迁具有不确定性与可塑造性特征。

技术变迁的特征主要体现在技术要素相互作用机制中。所谓技术要素,社会塑造论认为其包括各种参与技术发展的因素。借用"行动者—网络理论"的观点,技术的要素就是"行动者"。关于"行动者"的范围界定,三种研究框架有着不同认知,主要争议在于"自然的物质"能否归入"行动者"范畴。技术的社会建构方法认为,"行动者"只能包括科学家、技术专家、权力组织等社会的因素,而系统方法则认为无生命的人造物等"自然的物质"也属于"行动者"范畴[②]。笔者赞同系统方法有关技术要素的分析,包括无生命和有生命的对象,如人工制品、政府机构、发明家、设计者、科学家、工程师、企业家、工人、顾客和消费者等。

关于相互作用的机制,三种理论框架存在不同描述。技术的社会建

---

① VOLTI R. Society and technological change[M]. 7th ed. New York:Worth Publishers,2014:6.

② LAW J. The anatomy of a socio-technical struggle:the design of the TSR2[M]//ELLIOTT B. Technology and social process. Edinburgh:Edinburgh University Press,1988;BERG M. Rationalizing medical work:decision support techniques and medical practices[M]. Cambridge, Massachusetts:MIT Press,1997.

构方法认为,"相关社会群体"(Relevant Social Group)与"解释柔性"(Interpretative Flexibility)是影响技术变迁的社会变量①。"相关社会群体"是指赋予技术以某种意义的社会群体,"解释柔性"是指不同社会群体在解释某项技术时存在不同。鉴于针对某项技术的解释存在不同,不同社会群体围绕某项技术难免产生冲突,通过冲突之间的相互作用,社会群体经过协商逐步形成对某项技术的统一解释,从而解决不同社会群体关于某项技术认知的冲突观点,推动技术进化至相对稳定化阶段。平齐和比克提出了两种解决解释冲突的方式:借助"修辞学方式"或者"对问题的重新界定"。"修辞学方式"是指借助广告宣传等修辞方法促使社会群体认为他们争议的问题已经被解决,从而结束围绕某项技术产生的冲突。"对问题的重新界定"是指转移社会群体最初争议的问题焦点以解决冲突②。此外,比克在随后的研究中还提出"技术框架"(Technological Frame)与"包含"(Inclusion)两个新概念进一步解释技术与社会之间的互动。他认为,在协商解决围绕某项技术的冲突过程中,技术框架就会逐步形成,其中,将强势社会群体包含进当前的冲突是技术框架得以最终形成的重要原因③。

系统方法认为,技术变迁过程与关于技术的整个生产系统的演进密切相关。休斯认为,技术是由多种技术性与非技术性因素(包括人工制品、组织、法律与规章、自然资源等)构成的复杂系统,在这些因素的相互作用下,技术得以产生与发展。他将技术的这种复杂系统分为发明、开发、创新、转移和增长、竞争与固化等不同阶段,并认为这些阶段相互交织,而且在不同发展阶段,都有着不同的决定系统发展的关键性决策制

① BIJKER W. Of bicycles, bakelites, and bulbs: toward a theory of sociotechnical change[M]. Cambridge, Massachusetts: MIT Press, 1995; BIJKER W. Social construction of technology, article for the international encyclopedia of the social & behavioral sciences[M]. Netherlands: Elsevier Science Ltd. ,2001; CLARK J. The process of technological change: new technology and social choice in the workplace[M]. Cambridge, UK: Cambridge University Press, 1988; ELZEN B. Two ultracentrifuges: a comparative study of the social construction of artifacts[J]. Social studies of science, 1986, (16): 621 – 662; ROSEN P. The social construction of mountain bikes: technology and postmodernity in the cycle industry[J]. Social studies of science, 1993, (28): 479 – 513.

② BIJKER W. Of bicycles, bakelites, and bulbs: toward a theory of sociotechnical change[M]. Cambridge, Massachusetts: MIT Press, 1995.

③ BIJKER W. Social construction of technology, article for the international encyclopedia of the social & behavioral sciences[M]. Netherlands: Elsevier Science Ltd. ,2001.

定者——系统建造者①。该理论还强调了影响技术变迁的两种关键因素：①反向凸角（Reverse Salients），技术系统中的落后成分，通常制约技术变迁的方向和速度；②技术动量（Momentum），即技术变迁积累的一种内在力量，包括技术和组织的成分，呈现出类似惯性的不可逆特征。

行动者—网络方法强调技术变迁受制于包括有生命的与无生命的各类因素共同构成的异质型网络。在异质网络中，各种因素相互作用、协商得以结束围绕某项技术产生的冲突。卡伦以解决法国电动汽车创新为例，指出技术本身（蓄电池、电极、电子牵引系统等）与社会因素（技术工程师、政府、社会运动、消费者等）相互作用推动了技术变迁。约翰·劳以15世纪葡萄牙人推动海上贸易扩张为例，指出技术的构建是一项"异质性工程"，各种异质元素（木材、指南针、风力、人、大炮等）而不是异质元素中的某个个体成分推动该工程的形成②。布鲁诺·拉图尔进一步指出，权力在行动者网络中扮演重要角色③。

由此可见，三种理论框架均承认技术变迁存在多种可能的发展方向，不同因素之间的相互冲突均需要通过协商解决，鉴于针对同一技术问题有着不同解决方案，技术发展通常呈现不同结果，因受制于这一复杂系统而呈现出不确定性特征。然而，技术变迁的路径并非固定不变、无法避免，尽管技术发展可能存在某种惯性特征，人类仍然具有改造与调整技术发展方向和速度的能力，即技术变迁具有可塑造性的特征。

2.1.2 司法判例重视技术的"中立性"本质

技术具有"中立性"的本质，其发展具有自身的逻辑与规律。从某种程度来看，这些逻辑与规律不受人类意识的影响。考察历史，版权法在应对新技术的过程中存在关注技术"中立性"本质的情形，体现在司法判例引入"实质性非侵权用途"原则与创设"避风港"规则。

（1）司法判例引入"实质性非侵权用途"原则

"实质性非侵权用途"原则又称为"技术中立"，是由专利法确立的

---

① HUGHES T. Networks of power, electrification in western society 1880 – 1930 [M]. Baltimore: Johns Hopkins University Press, 1983.

② LAW J. Power, action, and belief: a new sociology of knowledge [M]. London: Routledge & Kegan Paul, 1986.

③ LATOUR B. Aramis, or the love of technology [M]. Cambridge, Massachusetts: Harvard University Press, 1996.

针对间接侵权责任的限制性规定。基于此项原则,销售者在特定情形下销售某种同时具有合法用途和非法用途的商品时可以免于承担侵权责任。美国联邦最高法院审理的 Universal City Studios, Inc. v. Sony Corp. of America. 案最先将专利法中的"实质性非侵权用途"原则引入版权法,以解决与家庭录像技术有关的产品提供者的版权法律责任问题。尽管国内有学者认为该案在适用"实质性非侵权用途"原则时没能正确解读该标准的法理背景和适用范围[①],但笔者认为仅从引入该原则的角度考虑,法院当时的此类做法考虑到技术"中立性"的本质具有合理性。

在 Universal City Studios, Inc. v. Sony Corp. of America. 案中,消费者使用索尼公司销售的家庭录像机在自己家中录制电视节目,而这些电视节目中有环球影业公司等享有版权的作品,因此环球影业公司等版权人于 1976 年将索尼公司起诉至美国加利福尼亚中区联邦地区法院。法院争议焦点之一在于:索尼公司销售家庭录像机是否构成侵权。鉴于美国加利福尼亚中区联邦地区法院根据美国当时的版权法认定非商业性家庭录像属于合理使用范畴,消费者在自己家中录制电视节目供私人使用的行为属于合理使用,在五个月的审判之后,地区法院于 1979 年裁决索尼公司销售家庭录像机不构成侵权[②]。然而,环球影业公司等版权人不服美国加利福尼亚中区联邦地区法院的初审判决结果,上诉至美国联邦第九巡回上诉法院。1981 年,第九巡回上诉法院的判决结果部分颠覆了地区法院的观点。上诉法院认为消费者的行为不属于合理使用范畴,索尼公司销售家庭录像机构成帮助侵权,将案件发回重审[③]。针对美国初审法院和上诉法院的不同判决结果,美国联邦最高法院借用专利法中的"实质性非侵权用途"原则解读索尼公司销售家庭录像机是否侵权,认为销售具有复制功能的产品与销售其他类型的商品一样,假设该产品具有被广泛运用于合法的、不受争议的用途之可能,那么即使该产品的制造者和销售者知晓该产品可能被用于侵权,法院也不能因此推定两者构成共同侵权。最终,美国联邦最高法院于 1984 年以 5:4 的结果做出与上诉法院相反的判决,代表美国联邦最高法院撰写法庭意见的约翰·保罗·史蒂文斯法官指出,索尼公司销售的家庭录像机具有"实质性非侵权用

---

① 张今. 版权法上"技术中立"的反思与评析[J]. 知识产权,2008(1):72-76.
② Universal City Studios v. Sony Corp. of Am. ,480 F. Supp. 432 (C. D. Cal. 1979).
③ Universal City Studios v. Sony Corp. of Am. ,659 F. 2d 976 (9th Cir. 1981).

途"，因此索尼公司对该产品的制造和销售不构成间接侵权，没有侵犯环球影业公司等版权人的权利①。

美国电影行业对此案的裁决结果强烈不满，认为法院过度保护销售家庭录像机的企业利益将导致电影行业遭受巨大损失。然而，此案之后，家庭录像机的广泛运用非但没有损害电影业者的利益，反而为美国电影行业的发展开创了新的盈利模式，即空白录像带的销售成为电影业者重要的收入来源。随着盒式磁带录像机的广泛销售，社会公众观看电影的习惯随之发生变化，更倾向于租借录像带回家观看电影。基于此，电影行业创设新的部门生产预录好的磁带②，从而借助这一新型商业模式获利。1985 年，电影行业从销售预录好的磁带中获取的收益已经赶超票房收入③。根据美联社相关报道，"因为盒式磁带录像机的存在，甚至糟糕的电影都能赚钱"④。1985 年，在电影行业夏季票房收入相较于1984 年票房下降 25%、电影院纷纷关闭的情形下，盒式磁带录像机遭受广泛谴责。然而，1987 年，盒式磁带录像机却因导致创纪录的高票房收入而广受赞誉，因为录像带的广受欢迎促使消费者对电影以及在电影院观看电影更加感兴趣⑤。起初，美国有线电视电影频道也担心盒式磁带录像机会影响其用户订阅数量⑥。后来，美国有线电视电影频道却开始为试图建立家庭图书馆的订阅者提供更多电影⑦，甚至鼓励订阅者以"时间转换"的形式观看电影。比如，该频道通过在夜间广播电影，允许订阅者在夜间休息时使用家庭录像机录制这些电影以方便随时观看⑧。1989

①　Sony Corp. of Am. v. Universal City Studios, Inc. ,464 U. S. 417 (1984).

②④　ATLEY R. VCRs put entertainment industry into fast-forward frenzy[EB/OL]. [2018 – 04 – 20]. http://www. washingtonpost. com/wp-dyn/content/article/2005/08/26/AR200508260 0332. html.

③　ADVOKAT S. Small screen begins to dominate hollywood thinking[EB/OL]. [2018 – 04 – 20]. http://www. nytimes. com/1992/01/20/world/shizuo-takano-68-an-engineer-who-developed-vhs-recorders. html.

⑤　THOMPSON A. VCRs sending people back to theaters / video use is leading to record box-office boom[EB/OL]. [2018 – 04 – 20]. https://shareok. org/handle/11244/17174.

⑥　SONASKY S. VCRs give cable TV firms a common enemy[EB/OL]. [2018 – 04 – 20]. http://www. nytimes. com/2012/07/01/movies/vhs-film-retrospective-at-museum-of-arts-and-design. html?_r = 0.

⑦　ATLEY R. VCRs put entertainment industry into fast-forward frenzy[EB/OL]. [2018 – 04 – 20]. http://www. cedmagic. com/history/ampex-commercial-vtr-1956. html.

⑧　HOLSOPPLE B. Pay-TV looks elsewhere as theatrical movies lose their appeal[EB/OL]. [2018 – 04 – 20]. http://www. washingtontimes. com/news/2003/jun/20/20030620-113258-1104r/.

年,索尼公司收购了哥伦比亚电影公司,成为其好莱坞工作室的所有者①。截至1995年,好莱坞在美国的收入中超过一半都来自于家庭录像,而来自电影院的收入不到四分之一②。根据2001年《福布斯》报道,家庭录像机不再"被认为是电影行业的丧钟,反而,它成了电影行业的救世主"③,因为消费者更喜欢购买或者租赁电影以将其录制在空白录像带上观看。正如帕梅拉·萨缪尔森所言:"Universal City Studios, Inc. v. Sony Corp. of America. 案的裁决结果是史蒂文斯大法官在知识产权法领域的重要遗产,其意义很可能会继续存在于调解版权产业、创造性信息技术开发人员与信息技术使用者之间的纠纷中。"④

(2)司法判例创设"避风港"规则

随着数字与网络技术的发展,版权制度确立的豁免网络服务提供者侵权责任的"避风港"规则也是考虑到技术"中立性"本质的具体体现。

在"避风港"规则确立之前,互联网技术兴起之初,美国某些法院在审理与网络服务提供者相关的侵权诉讼过程中,没有正确区分间接侵权责任和直接侵权责任,笼统地以直接侵权的构成要件认定网络服务提供者的侵权责任,既不考虑侵权内容是否由网络服务提供者上传,也不考虑网络服务提供者对于网络用户的侵权行为是否有主观过错,此种做法显然要求互联网企业承担过重的责任,不利于互联网企业的发展。Playboy Enterprises, Inc. v. Frena 案⑤就是典型案件之一。此案中,美国佛罗里达中区联邦地区法院基于认定直接侵权的"接触"与"实质性相似"两个要件裁决被告收费的 BBS 网站 Frena 直接侵犯原告花花公子公司享有版权的照片的版权,而且法院强调,被告声称并没有制作侵权复制件并不会影响构成直接侵权。由此可见,美国法院依靠严格侵权责任标准认定网络服务提供者的侵权责任。然而,作为一种网络信息空间服务的

① RICHTER P. Sony to buy columbia, says americans will run studio:1st sale of film maker to japanese[EB/OL]. [2018 - 04 - 20]. http://www. betamax-video. de/bilder/systeme/vcr/n1700%20uhr. jpg.

② NICHOLS M. Where the VCR rules[EB/OL]. [2018 - 04 - 20]. http://ethw. org/Milestones:Development_of_VHS,_a_World_Standard_for_Home_Video_Recording_1976.

③ ACKMAN D. Movie studios get hip with the future[EB/OL]. [2018 - 04 - 20]. http://www. crutchfield. com/S-PFiOFC1Dt8s/learn/learningcenter/home/vcr_glossary. html.

④ SAMUELSON P. The generativity of sony v. universal:the intellectual property legacy of justice stevens[J]. Social science electronic publishing,2006,74:1831.

⑤ Playboy Enterprises, Inc. v. Frena,839 F. Supp. 1552 (1993).

提供者,BBS 平台不可能完全确保用户上传的内容均为合法,要求此类网络服务提供者承担严格侵权责任显然不合理。正因如此,"避风港"规则豁免此类网络服务提供者侵权责任具有存在的必要。

"避风港"规则最早可以追溯到美国加利福尼亚北区地方法院在1995 年审理的 Religious Technology Center v. Netcom On-Line Communication Services, Inc. 案,此案为美国"避风港"规则的确立奠定了基础。根据法院观点,被告 Netcom 公司只是为侵权 BBS 网站提供互联网接入服务,是一种建立网络信息平台的行为,因此就要求其承担侵权责任是不合理的,法院应该依据网络服务提供者主观上是否存在明知或应知来认定被告 Netcom 公司是否承担版权侵权责任①。随后,美国国会在1998 年通过的《数字千年版权法》将"避风港"规则成文化,体现在第 512 条(c)款的具体规定中。该款明确规定了豁免网络服务提供者侵权责任的范围,即网络服务提供者因执行网络用户的指令在其经营的网络系统中存储信息与材料而导致侵犯版权的,网络服务提供者在遵循并符合以下条件时可以不承担赔偿责任:①主观并不知晓存储在其网络系统中的信息或者材料是侵犯版权的;主观并不知晓且无法推断出存在明显版权侵权行为的事实或者情况的;在已经知晓或者意识到网络用户的侵权行为之后,迅速清除了侵权信息或者材料或者屏蔽了可以访问该侵权信息或者材料的链接的;②在具有控制网络用户侵权行为的权利与能力时,没有从网络用户侵权行为中直接获得经济收益的;③在接收到版权人或者版权人代理发送的侵权通知之后,迅速清除了被指称为侵权信息或者材料或者屏蔽了可访问该侵权信息或者材料的链接的②。该免责条款为卷入版权侵权纠纷的网络服务提供者提供了一个"避风港",后来被称为"避风港"规则。

基于这一规则,特定类型的网络服务提供者在特定情形下可以免除侵权责任,在某种程度上有助于互联网产业的繁荣和发展。后来,欧盟及澳大利亚、新加坡、新西兰和我国均在版权立法中借鉴了美国的"避风港"规则。

---

① Religious Technology Center v. Netcom On-Line Communication Services, Inc. , 907 F. Supp. 1372 (N. D. Cal. 1995).

② Congress of the United States. Digital millennium copyright act[EB/OL]. [2018 – 03 – 10] https://frwebgate. access. gpo. gov/cgi-bin/getdoc. cgi? dbname = 105 _ cong _ public _ laws&docid = f: publ304. 105. pdf.

随着新型数字网络技术的发展,新型网络服务提供者的行为也逐步被纳入"避风港"规则规制范围,一定程度上推动了新技术的开发与发展。2013 年 4 月,Viacom International Inc. v. YouTube, Inc. 案①中,美国纽约南区联邦地区法院裁决 YouTube 应受美国《数字千年版权法》规定的"避风港"规则的保护,不构成版权侵权。此案原告维亚康姆集团,是一家以影视为主的美国跨国大众传媒集团。从收入来看,它当时是全球第九大广播、有线电视和媒体公司,总部设在纽约市。维亚康姆集团在160 多个国家运营着大约 170 个网络,覆盖全球约 7 亿用户②。被告YouTube 公司是一家美国视频分享网站,为用户提供上传视频的信息存储空间,于 2006 年 11 月被谷歌以 16.5 亿美元收购。2007 年 3 月 13日,维亚康姆集团将 YouTube 公司诉至美国纽约南区联邦地区法院,声称 YouTube 公司允许用户上传和查看维亚康姆集团拥有的受版权保护的材料,在网站上传播有 15 万条 YouTube 公司享有版权的视频节目剪辑片段,比如《海绵宝宝》和《每日秀》等,这些剪辑片段共被浏览了约 15亿次。维亚康姆集团声称 YouTube 公司通过表演、展示和复制维亚康姆集团受版权保护的作品侵犯了它的版权。此外,控诉称被告"参与、促进和诱使"了侵权行为,并且他们故意建立了一个侵权作品库,以便增加网站的流量(和广告收入),认为被告构成间接侵权。2010 年 6 月 23 日,法院基于《数字千年版权法》规定做出一审判决,认为 YouTube 公司可受避风港原则的保护,不构成版权侵权,驳回诉讼请求③。原告不服,向美国联邦第二巡回上诉法院提出上诉。2012 年 4 月 5 日,上诉法院以地区法院审判过于简易,没有对众多材料进行细致审查为由,将此案驳回重审④。鉴于此,2013 年 4 月 18 日,地区法院再次做出支持被告 YouTube公司"避风港"规则抗辩的请求,理由有二:①YouTube 对所有具体侵犯原告版权作品的案件都没有实际了解,因此不能"故意蒙蔽自己";②就现有证据而言,YouTube 并没有诱使用户提交侵权视频,向用户提供关

① Viacom International, Inc. et al v. YouTube, Inc. et al, 1-07-cv-02103, No. 452 (S. D. N. Y. Apr. 18, 2013).

② 巩姗姗. Viacom International Inc. v. YouTube, Inc. 案最新判决评析——以网络服务商过错判断标准为视角[J]. 知识产权, 2014(1):89.

③ Viacom International, Inc. et al v. YouTube, Inc. et al, 1-07-cv-02103 (S. D. N. Y. June 23, 2010).

④ Viacom International, Inc. et al v. YouTube, Inc. et al, No. 10-3270-cv (2d Cir. Apr. 5, 2012).

于上传或编辑内容、质量预筛选上传内容的详细说明,引导用户进行侵权,或者与侵权用户进行互动,以至于它可能被认为参与了他们的活动①。美国纽约南区联邦地区法院对 Viacom International Inc. v. You-Tube, Inc. 案的裁决为 YouTube 等在线视频服务提供商创造了较为宽松的政策和法律环境,避免法院不加区分地判决在线视频服务提供商承担严格侵权责任。此案判决之后,YouTube 网站业务不断发展壮大。2013年5月,YouTube 推出了一项53个订阅频道的试用计划,价格从0.99美元到6.99美元不等②。此举被视为试图与 Netflix 和 Hulu 等其他在线订阅服务提供商竞争。2017年,用户平均每天都会用至少1个小时的时间在移动设备上观看 YouTube 网站上的视频节目。无论是普通个人用户还是大型传媒企业都利用 YouTube 来拓宽受众范围,独立的内容创造者以极低的成本,建立了数以千计的草根追随者,成为创新内容传播的重要手段。与此同时,一些传统媒体名人受到 YouTube 管理层的邀请,入驻网站,进一步推动网站的发展。政府部门也意识到 YouTube 在内容传播上的强大力量,2014年2月,美国总统奥巴马在白宫与 YouTube 的主要内容创建者举行了一次会议,试图为政府与"YouTube 一代"建立更好的联系找到方法③。

2.1.3 重视技术的"意识性"本质

尽管技术的发展具有自身逻辑,技术的产生、传播与广泛应用却难免受到人类意识干预而具有"意识性"。立法者在完善版权制度的过程中,不仅需要关注技术的"中立性"本质,更不能忽视技术的"意识性"特征。考察历史,版权法重视技术"意识性"本质具体体现为反规避技术措施版权立法与要求网络服务提供者承担侵权责任。

(1)反规避技术措施版权立法

长期以来,版权法保护的客体仅仅是作品(文字作品、音乐作品、戏

---

① Viacom international, Inc. et al v. YouTube, Inc. et al, 1-07-cv-02103, No. 452 (S. D. N. Y. Apr. 18, 2013).

② NEIL M. YouTube launches subscriptions with 53 paid channels[EB/OL]. [2018 – 10 – 10]. https://www.theregister.co.uk/2013/05/09/youtube_subscription_channels/.

③ COHEN J. Obama meets with YouTube advisors on how to reach online audiences[EB/OL]. [2018 – 10 – 10]. https://www.webcitation.org/6NnoxHlEE?url = http://www.tubefilter.com/2014/03/02/obama-meets-with-youtube-advisors-on-how-to-reach-online-audiences/.

剧作品、摄影作品、美术作品等)以及与作品相关的法定客体(表演、录音制品、广播电视节目等)。版权法赋予作者及相关权利人一系列的专有权利(复制权、发行权、信息网络传播权)等以保障作者及相关权利人控制社会公众使用作品的行为。在未经许可的情形下,社会公众实施受作者及相关权利人专有权利控制的行为就会侵权。

近年来,版权法将技术措施纳入版权保护范围。在绝大多数国家将技术措施纳入版权保护范围之后,社会公众广泛质疑版权法保护技术措施的正当性。然而,在此种社会压力之下,这些国家仍然坚持以版权法保护技术措施。笔者认为,此种举措正是认识到规避技术措施的技术具有"意识性"本质的体现。

在数字与网络时代,为了保护版权,版权人积极采取私力救济手段——技术保护措施——维护自身利益。然而,在版权人采取技术措施防止版权侵权行为发生的同时,各种规避技术措施的技术也随之产生。许多规避技术措施行为之直接目的在于帮助社会公众复制受版权保护的作品,导致版权人采用的技术措施形同虚设。

鉴于此,版权法保护技术措施的反规避制度确立了。社会各界普遍认可的观点是该制度最终确立的标志性事件是世界知识产权组织的两个"互联网条约"(《世界知识产权组织版权条约》和《世界知识产权组织表演及录音制品条约》)的签订。然而,在此之前,已经有国家和地区开始研究和讨论相关问题,以英国和欧盟(采取相关立法时被称为欧共体)为代表的国家和地区已初步尝试立法给予技术措施一定程度的保护,主要针对的是计算机软件保护问题,禁止的主要是专门的规避设备、装置等规避工具或者规避服务。最初的反规避措施立法针对的是专门规避技术措施的行为,这种专门规避技术措施的技术有着明显的侵权或者帮助侵权之意图。比如,英国《1988 年版权、外观设计和专利法》第 296 条第(4)款针对相关规避技术措施的行为进行规范,包括禁止"用来防止或者限制复制作品或者损害已制作的复制品的质量的任何装置或者手段"①。此外,该法第 296 条第(2)款还明确禁止实施某些可能规避技术措施的行为,包括禁止与使用专门设计或者改装用以规避技术措施的任何装置或者手段相关的行为。欧盟 1991 年的《计算机软件保护指令》也

---

① 章忠信. 著作权法制中"科技保护措施"与"权利管理信息"之探讨[EB/OL]. [2018 –
03 – 10]. http://www.copyrightnote.org/paper/pa0016.doc.

早就有保护技术措施的相关规定。该指令专门保护施加在计算机软件中的相关技术措施,第7条第(1)款第(C)项规定,针对那些在市场上销售或者基于商业目的而持有任何唯一目的在于帮助未经授权地去除或者破解用于保护计算机软件的技术措施的装置的行为,欧盟各成员国应当提供适当的法律救济。

1996年12月20日签订的两个"互联网条约"最终确定了保护技术措施的反规避条款,体现在《世界知识产权组织版权条约》第11条和《世界知识产权组织表演及录音制品条约》第18条中。《世界知识产权组织版权条约》第11条直接针对保护作者的相关技术措施做出规定,"缔约国应该提供适当的法律保护与有效的法律救济,制止规避作者在行使本条约或者《伯尔尼公约》规定的权利时所采用的,约束未经作者授权或者未经法律许可的使用其作品的行为的有效技术措施"①。《世界知识产权组织表演及录音制品条约》第18条针对保护表演者或者录音制品制作者的相关技术措施做出规定,"缔约国应该提供适当的法律保护与有效的法律救济,制止规避表演者或者录音制品制作者在行使本条约规定的权利时所采用的,约束未经表演者或者录音制品制作者授权、未经法律许可的使用其作品的行为的有效技术措施"②。

此后,各缔约国便开始修订本国版权法以落实两个"互联网条约"的相关规定。美国1998年《数字千年版权法》率先颁行,以高于"互联网条约"的水平保护技术措施。随后,日本和澳大利亚也相继制定或者修改国内法,增加技术措施相关规定。2001年5月,欧盟发布《欧盟信息社会版权指令》③,以专章将技术措施纳入版权法保护范围,并要求各成员国在2002年12月22日之前予以落实。为了落实《欧盟信息社会版权指令》相关规定,英国在2003年制定的《2003年版权与相关权条例》中也制定了保护技术措施相关条款。中国在2001年修订《著作权法》时也增加了有关技术措施的相关规定。

---

① World Intellectual Property Organization. WIPO copyright treaty[EB/OL].[2018 - 03 - 10]. http://www.wipo.int/treaties/en/text.jsp?file_id = 295166.

② World Intellectual Property Organization. WIPO performances and phonograms treaty[EB/OL].[2018 - 03 - 10]. http://www.wipo.int/wipolex/en/details.jsp?id = 12743.

③ The European Parliament and the Council of European Union. Directive 2001/29/EC of the european parliament and of the council of 22 May 2001 on the harmonisation of certain aspects of copyright and related rights in the information society[EB/OL].[2018 - 03 - 10]. http://www.wipo.int/wipolex/en/text.jsp?file_id = 126977.

然而,鉴于两个"互联网条约"相关规定的模糊性以及各国数字产业发展的不同国情,在落实国际条约的过程中,各国内法有关技术措施的保护程度有所不同。以美国和欧盟为代表的国家和地区数字产业发展程度较高,这些国家和地区有关技术措施的立法较快,保护水平也相对较高。以我国为代表的国家的数字产业发展程度较低,这些国家确立的技术措施保护水平也相对较低。以韩国和加拿大为代表的国家则因为种种原因推迟了相关立法。

尽管版权法有关技术措施的规定存在严重先天不足以及后天"发育不良",不少学者对技术措施相关立法的合理性存在广泛质疑,立法者积极以版权法保护技术措施体现了对规避技术措施的技术具有"意识性"的关注。以 Universal City Studios v. Reimerdes 案涉及的规避技术措施的技术为例,版权利益集团——环球影业公司等为了保护 DVD 免受复制采取了一项名为"内容干扰系统"(Content Scramble System,简称 CSS)的技术措施,只有在含有相应解密钥匙的 DVD 机或者电脑驱动器中,DVD才能被播放。然而,挪威少年破解了这一技术,并将名为"DeCSS"的破解该技术的软件上传至互联网,被告瑞莫德斯等人在自己开办的网站上提供了 DeCSS 的下载服务。DeCSS 正是挪威少年专门破解 CSS 技术措施的技术,其"意识性"就体现在规避保护 DVD 免受复制的技术,以方便消费者复制受版权保护的 DVD 产品。

(2)要求网络服务提供者承担侵权责任

网络服务提供者可以分为两种类型:提供内容服务的网络内容服务提供者,不提供内容仅仅提供技术、设施等中介服务的网络技术服务提供者。现阶段的网络服务提供者通常没有明确区分为特定类型,某些提供技术、设施等中介服务的网络服务提供者也会提供内容。鉴于此,根据版权法规定,只要网络内容服务提供者提供的内容侵犯他人版权则构成版权直接侵权。之所以如此规定,原因在于网络服务提供者对技术的使用在于提供侵权内容,其侵权行为具有明显的"意识性"。

在不提供内容的情形下,单纯的技术服务提供者还有构成间接侵权的可能性。版权间接侵权责任较早出现在美国的判例法中,1984 年的Universal City Studios, Inc. v. Sony Corp. of America. 案被认为是第一个考察版权间接侵权责任的案件。其中,争议的焦点问题之一是,索尼公司销售的家庭录像机是否帮助并鼓励消费者录制具有版权的电视节目,索尼公司是否因此构成辅助侵权。最终法院裁决认定索尼公司销售的家庭录像机具有"实质性非侵权用途",因此索尼公司不构成辅助侵权。由此裁决结果可以推断,假设家庭录像机不满足"实质性非侵权用途"标准,那么家庭录像机就属于侵权产品,索尼公司销售该侵权产品的行为构成辅助侵权。后来,随着 P2P 文件共享技术的蓬勃发展,用户之间直接传输文件成为可能,文件传输的范围逐步扩大,文件传播速度也逐步加快,新型版权问题也随之而来,以 Napster 案为典型。Napster 为提供 P2P 文件共享服务的公司,用户通过 Napster 公司的网站可以获取在线用户电脑中的 MP3 文件,基于中央处理器,可以实现用户之间的快速下载。在此案中,Napster 公司也以"实质性非侵权用途"抗辩,认为无须承担侵权责任,然而,联邦法院予以否决,并确立了一种审视网络技术服务提供者侵权与否的新规则——"红旗规则",即网络技术服务提供者利用技术实施的侵权行为已经像红旗一般明显,一般人已经知晓侵权行为的存在,那么就推定其明知侵权存在而没有采取适当的阻止措施,无法基于"实质性非侵权用途"标准豁免责任。随后,在 Grokster 案件中,针对新型 P2P 技术,法院确立了"诱导规则",基于该规则,如果网络技术服务提供者诱导用户利用其技术实施侵权行为,包括通过广告宣传的方式,或者传授下载侵权作品的方法等形式诱导技术使用者,那么该网络技术服务提供者就无法基于"实质性非侵权用途"标准豁免责任,构成间接侵权。无论是"实质性非侵权用途"标准,还是"红旗规则"或"诱导规则",从法院对这些标准的解释来看,法院都有看到技术的"意识性"本质。后来,随着美国案例法的发展,美国逐步确立了间接侵权责任规则。

其他国家的版权法也有版权间接侵权的相关规定,比如英国《1988年版权、外观设计与专利法》第 22 条至 26 条详细地列举了 6 种"间接侵权"行为:未经版权人许可,故意将侵权复制品输入英国;未经版权人许可,在商业中占有、出售、出租、展览、散发侵权复制品,或者虽在非商业过程中散发侵权复制品,但达到侵犯版权人利益的程度;未经版权人许可而制作、进口、在商业中占有或出售、出租制作侵权复制品的工具;未经版权人同意而通过电信系统(不包括广播或收入电缆节目服务)传输作品的行为;为侵权行为提供公共娱乐场所;为侵权表演或侵权播放或侵权放映作品行为提供设备、允许将设备安置在场所或提供用于侵权的录音或影片拷贝的行为。从该法的规定可以看出,该法有关间接侵权行为的规定非常详细具体,任何为侵权提供了方便的行为都可能构成侵权。应注意的是,该法规定,只有在行为人"明知或者应知"是侵权复制品的时候才承担责任。否则,被侵权人无权要求间接侵权人赔偿损失,只能要求其承担其他民事责任。加拿大、澳大利亚等国家的版权法也规定了类似的间接侵权行为。

从版权法规定来看,"明知或者应知"是单纯的技术服务提供者承担间接侵权责任的前提条件。在此种情形下,网络服务提供者仍然运用技术开展业务具有明显的"意识性"。

实质上,美国联邦最高法院在 Metro-Goldwyn-Mayer Studios Inc. v. Grokster, Ltd. 案中引入"引诱侵权责任",也是考虑到技术所具有的"意识性"本质。引诱侵权责任源于专利法,适用的条件是:行为人主观上存在引诱他人侵权的意图,客观上实施了引诱他人侵权的行为。在审理该案时,美国联邦最高法院引入了该责任理论,一致认为被告 P2P 文件共享公司 Grokster 与 Streamcast 在市场上销售文件共享软件的行为构成引诱版权侵权。苏特法官代表美国联邦最高法院编写了法庭意见,指出"传播设备以促进该设备使用而侵犯版权的人,如果采取清楚地表达或者其他积极的措施促进了侵权,就要为第三方的侵权行为结果承担责任"①。鉴于 Grokster 发布广告以吸引用户使用其软件、提供讨论其软件具有侵权用途的文章链接、为下载侵权内容时遇到困难的软件使用者提供客户服务支持等,法院裁决 Grokster 构成引诱侵权。

2.1.4　明确技术变迁的不确定性特征

鉴于技术变迁具有不确定性的特征,某种新技术在发展初期的社会影响通常并不确定,随着技术发展逐步成熟,其社会和经济影响才逐步显现。最初看似不利于实现版权法确立的目标的技术,可能最终成为推动该目标实现的重要力量。因此,版权法在应对技术进步的过程中,必然需要明确技术变迁的不确定性特征,为技术进步预留空间。考察历史,明确技术变迁的不确定性规律特征的表现主要包括两种情形:一是,版权立法的开放式标准的采用;二是,司法机构充分运用权力分离原则。

(1)版权立法的开放式标准的采用

从某种程度上来说,技术变迁的不确定性特征使得版权法中的开放

---

① 　Metro-Goldwyn-Mayer Studios, Inc. v. Grokster, Ltd. ,259 F. Supp. 2d at 1035 – 36.

式标准具有存在的合理性。丹·伯克认为,"合理使用的'模糊'的四部分平衡标准允许法院重新安排市场所不能做到的事情"①。迈克尔·卡罗尔认为,"合理使用在应对环境变化时更加灵敏"②。实际上,笔者认为,至少有三个主要论点可以支持版权法采用开放式标准。

首先,版权法中的开放式标准有助于减少错误成本③。狭隘的制定成型的规则可能会增加错误成本,而灵活的开放式标准则有助于避免增加错误成本。在变幻莫测、快速变化的技术环境下,新型创新行为随之出现,这些创新行为通常无法适用现有的概念与定义,依据制定成型的规则通常很难将新型创新行为纳入版权法规制范围。以美国1975年引入家庭录像机的情况为例,根据当时的版权法,私人复制电视节目明显属于侵犯版权人的复制专有权的行为。然而,鉴于合理使用标准的灵活性,美国联邦最高法院对合理使用做出了较为合理的解释,将消费者利用家庭录像机出于"时间转换"目的的私人复制行为纳入合理使用范畴。如前文所述,美国联邦最高法院做出相关裁决为电影业者创造了一个非常有利可图的销售盒式录像带和租赁电影的二级市场,家庭录像机因其具有双重用途的特点,最终为版权人创造更多收入提供了条件④。可以说,基于合理使用的例外允许盒式家庭录像机维持其录制功能,推进了录像机技术的成功与发展。借助合理使用的开放式标准,美国联邦最高法院的判决减少了错误成本,推动了录像带技术与市场的繁荣。

其次,灵活而开放的标准有助于防止技术创新者规避法律规则。从技术本身所具有的"意识性"本质来看,技术创新者开发一项新技术是具有意识倾向性的。尽管技术创新者创造的技术应用程序可能没有违反严格意义上的法律规则,这些技术应用程序可能会导致立法者或者法院确立的法律规则形同虚设。无论何时,只要版权法或者版权判例规定了提及新技术的特定语言,技术创新者就能找到规避这些法律的技术可能性,开发新颖的应用程序。以 A&M Records, Inc. v. Napster, Inc. 案为例,

① BURK D. Muddy rules for cyberspace[J]. 21 CARDOZO L. REV. ,1999,121:140.

② CARROLL M. Fixing fair use[J]. N. C. L. REV. ,2007,85:1087.

③ GORDON W. Fair use as market failure:a structural and economic analysis of the"betamax" case and its predecessors[J]. Columbia law review,1982,82(8):1600 – 1657.

④ ACKMAN D. Movie studios get hip with the future[EB/OL]. [2018 – 03 – 10]. http://web. archive. org/web/20070225011304/http://business. timesonline. co. uk/tol/business/industry_sectors/media/article785934. ece.

当美国第九巡回法院裁决版权法中的帮助侵权责任适用于集中式 P2P 文件共享技术的开发者时,文件共享技术的开发者随后研发出分散式 P2P 文件共享应用程序,这种应用程序同 A&M Records, Inc. v. Napster, Inc. 案裁决结果中阻止的技术在功能上是一致的①。然而,该技术移除了中央服务器,导致版权人无法根据 A&M Records, Inc. v. Napster, Inc. 案确立的帮助侵权责任认定软件开发者侵权。技术创新者因此成功逃避了 A&M Records, Inc. v. Napster, Inc. 案确立的法律规则。法院只能寻找其他法律规则解决新技术引发的问题,比如,美国联邦最高法院在审理 Metro-Goldwyn-Mayer Studios Inc. v. Grokster, Ltd. 案时引入了专利法中的"引诱侵权责任",以解决分散式 P2P 文件共享软件侵权。由此可见,技术开发者更容易规避具有明显界限的规则。

再次,版权法中的开放式标准有助于灵活应对快速变化的技术。特定规则的采用要求创设新的法律制度,需要花费更长的时间,甚至可能在新的法律制度确立之后,原有的技术已经发生变化而无法适用这一法律制度或者已经被新技术取代而淘汰出市场。因此,从这一角度来看,开放式规则似乎更适合灵活应对快速变化的技术。以美国在 1984 年制定的《录音制品出租修正法》(*Record Rental Amendment Act*)为例,该法首次规定了出租权,旨在遏制因出租而加剧的私下复制录音制品的现象。在模拟技术时代,该法在某种程度上起到了维护版权人利益的作用。然而,在该法制定 2 年之后,数字录音技术出现,消费者利用数字录音机复制录音制品的行为势不可挡,该法规范消费者私下录音的作用丧失。正因如此,美国录音制品产业不得不经过长达 6 年的努力,推动国会在 1992 年制定《家庭录音法》(*Audio Home Recording Act*)以应对数字录音技术的挑战。

美国实施的合理使用制度即为开放式标准的典型。自 18 世纪以来,美国的版权制度之所以有效推动了本国电影、音乐、图书和其他文化产品的生产与传播,促使其成为世界上最大的文化产品输出国,与美国实施的开放式标准的合理使用制度密切相关。下文以美国合理使用制度的实施效果论证开放式标准的合理性。

现阶段,在应对日新月异的网络技术过程中,美国采取的开放式合

---

① GROENNINGS K. Costs and benefits of the recording industry's litigation against individuals [J]. BERKELEY TECH. L. J. 2005, 20:571 – 573.

理使用制度的有效性日益凸显。比如,随着数据挖掘技术的广泛运用,美国法院基于合理使用的开放式标准为该技术的发展提供了充足的空间。最典型的案件就是"谷歌图书"案,美国纽约南区联邦地区法院和美国联邦最高法院均认定"谷歌图书馆项目"中谷歌复制图书的行为属于合理使用。此案中,谷歌公司在其开展的"谷歌图书馆项目"中制作主要的图书馆提供的图书的数字复制件并保留数字复制件,允许提供图书的图书馆下载和保留数字复制件,允许社会公众搜索数字复制图书的文本并浏览文本内容的片段信息。一审①中,美国纽约南区联邦地方法院认为,谷歌公司的上述复制行为属于美国版权法规定的合理使用,因此不构成侵权。二审②中,美国联邦最高法院赞同一审法院的观点,审理过程一再强调版权法的公共利益价值目标,基于美国宪法授予版权人权利的"促进科学进步"之目的,指出版权法的最终目的在于"促进公共知识","通过赋予版权人财务奖励的目的在于激励他们创作出更多更好的作品以供公众消费"。除了美国之外,其他国家发生的"谷歌图书"系列侵权案件均以谷歌公司败诉而告终,或者版权人与谷歌公司签订许可协议。之所以如此,与美国有着灵活的解决版权侵权问题的合理使用密切相关。

实质上,在有关图形交换格式(Graphic Interchange Format,GIF)是否侵犯版权的问题的争议中,美国的合理使用原则再次凸显其应对技术变化的合理性。GIF 是一种基于表情符号和视频剪辑之间的事物,看起来就像是一个简短的重复播放的较短的模糊视频文件。通常情形下,GIF 复制电影或者其他可能受到版权保护的材料中的极其短小的片段,并出于非商业性目的的使用这一复制片段。目前,这种使用方式已经相当普遍。美国国家橄榄球联盟向 Twitter 发送通知,要求 Twitter 删除其平台上的被认定为侵权的 GIF 内容。然而,一些评论家则认为,根据美国的合理使用原则,甚至在 GIF 内容可能受到版权保护的情形下,GIF 网络服务

① Authors Guild, Inc. v. Google, Inc. , 721 F. 3d 132 (2d Cir. 2013).
② United States Court of Appeals for the Second Circuit. Authors guild v. Google, Inc. [EB/OL]. [2018 - 03 - 10] http://www. ca2. uscourts. gov/decisions/isysquery/c3458e0a-f3d2-492f-a8b3-6e1121cd5cff/1/doc/13-4829_opn. pdf#xml = http://www. ca2. uscourts. gov/decisions/isysquery/c3458e0a-f3d2-492f-a8b3-6e1121cd5cff/1/hilite/.

提供者都可以合理使用豁免侵权责任①。然而,欧盟成员国可能很难豁免 GIF 网络服务提供者的侵权责任。因为根据欧盟的版权法《欧盟信息社会版权指令》来认定 GIF 网络服务提供者的行为,《欧盟信息社会版权指令》第 5 条规定的例外与限制是封闭式条款,只有纳入这些封闭式条款的情形才能豁免侵权责任,欧盟成员国根据本国情况将这些条款写入本国版权法。如果被诉侵权的 GIF 经过修改,该 GIF 尚有归入戏仿例外的可能。如果该 GIF 未经修改的复制了受保护作品的部分,那么该 GIF 不可能成为出于批评或者评论的例外、新闻报道例外等封闭式条款规定的范畴,只有可能归入《欧盟信息社会版权指令》第 5 条第(3)款第(d)项规定的引用例外。然而,并非所有的欧盟国家都将这一例外写入本国版权法,而且即使将该例外写入国内法的国家的具体规定也不同。比如,在法国和意大利,与 GIF 相关行为很难归入引用例外范畴。根据法国版权法的规定,只有同时满足两项条件对作品的引用才是合理的:一是,清晰指明作者名称和来源;二是,出于与其他作品相联系的批评、辩论、教育、科学或者获取信息之目的。GIF 相关行为很难符合这些条件,尤其是第二项条件,因为 GIF 是一种独立形式的引用,与其他作品没有联系。再以意大利为例,意大利版权法允许出于教育或者科学使用之目的、非商业性的在线免费发布低分辨率或者音质差的图像和音乐作品。所以,如果 GIF 要想归入意大利版权法规定的例外,就必须出于教育或者科学使用受版权保护的作品之目的。在法国和意大利,无论是直接创作和向公众提供 GIF 内容的平台(如 Buzzfeed)还是托管 GIF 内容的平台(比如 Facebook 和 Twitter)都可能存在潜在的侵犯版权的风险。

(2)司法机构充分运用权力分离原则

美国法院在处理新技术引发的法律争议时,鉴于这些技术往往处于不成熟的状态,并不总是会认为做出一个最终判决是适当的。可能对于法官来说,要想做出维持版权法的目标与新兴技术的发展相一致的裁决相当困难,尤其是在新技术的社会和经济影响尚不清晰的情形下更是如此。同时,法官担忧的另外一种可能性就是,不成熟的裁决可能会对技

---

① ROSATI E. Can GIFs infringe copyright? in europe the answer is potentially 'yes'[EB/OL]. [2018 - 02 - 28]. http://ipkitten. blogspot. com/2016/02/can-gifs-infringe-copyright-in-europe. html.

术的发展产生不利的影响①。出于这些原因,法院通常执行"司法机构自我限制"(Judicial Restraint)的原则,对版权的扩张保持克制态度,经常延缓针对新技术引发的版权问题做出裁决,主要体现在充分运用权力分离原则。

美国联邦最高法院在 Universal City Studios, Inc. v. Sony Corp. of America. 案②中的观点最能体现法院充分运用了权力分离原则。在 Universal City Studios, Inc. v. Sony Corp. of America. 案中,法院要裁决的问题是一种新型的复制技术——家庭录像技术是否构成侵权。基于家庭录像技术的家庭录像机于 1975 年开始进入美国家庭,随后逐步成为广受消费者欢迎的娱乐设备。据统计,到 1987 年,有一半的美国家庭都在使用家庭录像机③。到 1991 年,美国家庭使用家庭录像机的比例高达71%④。考察此案判决时间,美国法院尽量延缓裁决,表明谨慎对待新技术引发的版权问题的态度。美国加利福尼亚中心区地方法院做出初审判决的时间是 1979 年,此时,家庭录像机已经进入美国家庭 4 年。初审判决 2 年之后,1981 年,美国第九巡回上诉法院做出二审判决;1984 年,美国联邦最高法院做出判决,此时距离家庭录像机进入美国家庭有 9 年之久。尽管家庭录像技术已经发展这么多年,鉴于其对社会经济影响仍然比较模糊⑤,美国联邦最高法院仍然明确指出,只有国会有权处理版权法与新技术之间的关系,"宪法第一条规定,国会应该有权促进科学与有用艺术的进步,当宪法的规定比较自由时,只有国会有权决定如何处理这种关系"⑥。与 Universal City Studios, Inc. v. Sony Corp. of America. 案类似,美国联邦最高法院在 Metro-Goldwyn-Mayer Studios Inc. v. Grokster, Ltd. 案中的判决观点也体现了司法机构充分运用权力分离原则。负责撰写该院一致意见的布雷耶法官认为,"正如 Universal City Studios, Inc. v. Sony Corp. of America. 案所意识到的,立法的选择仍然是可用的。与法

---

① KU R. The creative destruction of copyright: napster and the new economics of digital technology[J]. U. CHI. L. REV. , 2002, 69(263): 313.

②⑥ Sony Corp. of Am. v. Universal City Studios, Inc. , 464 U. S. 417 (1984).

③ COHEN J. Copyright in a global information economy[M]. California: Aspen Law & Business Publishers, 2002.

④ DAVIES G, HUNG M. Music and video private copying: an international survey of the problems and the law[M]. London: Sweet & Maxwell, 1993.

⑤ LITMAN J. Revising copyright law for the information age[J]. OR. L. REV. , 1996, 75(19): 39.

院相比,国会更适合完成全面调整隐含在新技术中的不可避免、互不相让的各种利益变化的任务"①。实质上,早在1975年,美国联邦最高法院审理 Williams & Wilkins Co. v. The United States 案②时维持美国索赔法院的裁决结果就有相似观点的影子。此案是美国法院应对静电复印技术的极具代表性的早期案件,美国联邦最高法院维持了美国联邦索赔法院的二审判决,"如果法院认定图书馆复印原告公司所出版的期刊的行为构成侵权,必将不利于医药和医学的相关研究""法院不应该冒着妨碍医药和医学研究的危险裁决被告侵权""协调科学研究需要和出版商、作者的利益的任务应该留待立法机关解决"。

鉴于版权法是一个由快速变化的技术占据主导地位的领域,随着某项技术变得过时或被新技术所取代,任何针对此项技术确立的新规则可能都会被证明是无效的或者过时的。以数字录音机出现之后规范数字录音技术的《家庭录音法》为例,该法为美国版权法增加了第10章"数字录音设备和媒体",解决了数字录音设备制造者与内容行业之间的争论,于1992年10月生效。该法主要内容包括:美国境内销售的数字录音机都必须加装一种"连续复制管理系统"阻止消费者的对复制录音带进行再复制的行为;数字录音机制造商及空白数字录音带制造商必须向美国版权局交纳法定许可费以分配给版权人③。根据《家庭录音法》,只有主要用于录音的技术设备才受到该法的控制。然而,随着个人家庭电脑的出现,《家庭录音法》几乎成了过时的法律。美国第九巡回上诉法院在 *Recording Industry Ass'n of America v. Diamond Multimedia Systems* 案④中认为,技术设备只有被个人主要用于直接复制或者从传输过程中复制"数字音乐录音"的情形时才受到《家庭录音法》的规制⑤,帝盟公司生产的MP3播放器 Rio 设备因不属于该法规制的"数字录音设备",因而无须安

---

① MGM Studios, Inc. v. Grokster, Ltd., 545 U. S. 913 (2005).
② Williams & Wilkins Co. v. United States, 420 U. S. 376 (1975).
③ GOLDSTEIN P. Copyright's highway: from Gutenberg to the celestial jukebox[M]. California: Stanford University Press, 2003.
④ Recording indus. Ass'n of Am. v. Diamond Multimedia Sys., 180 F. 3d 1072, 1078 (9th Cir. 1999).
⑤ SAWICKI L. RIAA v. Diamond Multimedia: can music copyright owners protect themselves from the RIO? [J]. Jurimetrics, 2000, 40(4): 425.

装"连续复制管理系统"与支付该法规定的相关版税①。

2.1.5　关注技术变迁的可塑造性特征

从技术的产生、推广与运用于市场的整个过程来看,人类对技术的发展并非无能为力,技术发展具有可塑造性的特征。因此,技术并非是完全中立的,其自身也会受到人类意识的控制朝着人类试图推动的方向发展。版权法发展关注技术发展具有可塑造性特征具体体现为:一是,要求技术设备制造者改进技术设备;二是,受保护的技术措施限定为"有效技术措施"。然而,需要强调的是,尽管关注了技术发展具有可塑造性特征,版权法发展中要求技术设备制造者改进技术设备最终的实施效果并不乐观。

(1)要求技术设备制造者改进技术设备

技术设备制造者具有推动改进技术设备的能力,出于实现版权立法的目的,要求技术设备制造者改进技术设备显然有助于应对技术进步。尽管许多举措都遭到强烈反对,某些情形下甚至阻碍了新技术的发展,但需要指出的是,这种失败并非因立法者未能正确理解技术变迁规律所致,而是立法者没能制定有效策略的结果。

以美国《家庭录音法》为例,该法要求在美国境内销售的所有数字录音机都应该加装一种被称为"连续复制管理系统"的防复制的技术系统。《家庭录音法》之所以如此规定,原因在于数字录音机的出现导致私人录音活动泛滥。基于数字录音技术的数字录音机为消费者私下录制高质量的音乐提供了极大的便利。因此,在版权人的推动下,美国国会制定了该法,该法因为没有考虑到消费者的利益,最终成为一部社会各界广泛谴责的法律②。

随着数字与网络技术的发展,版权人开始向法院寻求禁令,要求网络服务提供者采取阻塞措施制止或者预防版权侵权行为的发生,包括采用 DNS 阻塞或者通过 IP 封锁等措施,法院要求网络服务提供者采取阻塞措施的裁决即为关注技术发展具有可塑造性的体现。鉴于相关举措

---

① RIAA v. Diamond Multimedia Sys. , Inc. , 180 F. 3d. 1072,1077 – 81 (9th Cir. 1999):1081.

② SHAFRAN R. Confessions of a serial infringer-can the audio home recording act of 1992 protect the consumer from copy-protected CDs[J]. IPL newsletter,2003,21(2):12.

主要发生在欧洲各国,下文以欧洲各国不同法院相关判决为例,考察这一问题。2015年11月26日,德国联邦最高法院批准德国集体管理组织的要求,颁发阻塞禁令要求德国最大的网络接入服务提供者德国电信采取措施阻止网络用户访问提供大量作品非法复制件的网站3dl. am①。在公布这一禁令时,德国联邦最高法院引用《欧盟信息社会版权指令》第8条第(3)款的内容,即要求成员国"确保权利人可以针对网络服务提供者申请禁令,只要该网络服务提供者的服务被第三方用于侵犯版权或者相关权"②,指出颁布阻塞禁令不仅是在阻止专门包含侵权材料的域名之情形下是被允许的,在阻止包含的非法材料明显多于合法材料的域名之情形下也是被允许的。尽管总会出现规避阻塞措施的技术,这并不意味阻塞措施是无效的。早在2014年3月,欧盟法院在裁决UPC Telekabel Wien GmbH v. Constantin Film Verleih GmbH案时也明确指出,法院颁布阻塞禁令符合欧盟法序言59与第8条第(3)款的规定。澳大利亚试图通过修订现行版权法,为目前的《1968年澳大利亚版权法》增加第115A节,允许版权人请求法院颁布阻塞禁令。澳大利亚议会于2015年通过《2015年版权修订(网络侵权)法》③,该法目的在于"使得版权人可以向澳大利亚联邦法院请求禁令,要求网络服务提供者屏蔽主要目的在于侵犯版权或者促进版权侵权的网络域名"。

然而,要求网络服务提供者采取阻塞措施也存在不少争议,尤其是不少法院的判决质疑了阻塞措施的有效性,并认为阻塞措施侵犯包括隐私权、通信自由在内的公民基本人权。欧盟法院在审理*Scarlet Extended SA v. SABAM*案④时以版权人要求网络服务提供者采取的技术措施的有

---

① The IPKat Blog. Blocking orders across europe:personality disorder or are the swedes right? [EB/OL]. [2018 - 03 - 28]. http://feedproxy. google. com/ ~ r/IpNewsflash-IpNewsWith-inTheLast24Hours/ ~ 3/ZiGRMvOAnw0/display. php.

② The European Parliament and the Council of European Union. Directive 2001/29/EC of the European Parliament and of the Council of 22 May 2001 on the harmonisation of certain aspects of copyright and related rights in the information society[EB/OL]. [2018 - 03 - 10]. http://www. wipo. int/wipolex/en/text. jsp?file_id =126977.

③ The Parliament of the Commonwealth of Australia. copyright amendment (Online Infringement) bill 2015[EB/OL]. [2018 - 03 - 10]. http://www. austlii. edu. au/au/legis/cth/bill/caib2015408/.

④ Scarlet Extended SA v. Société Belge Des Auteurs, Compositeurs Et éditeurs SCRL (SA-BAM), CaseC - 70/10[EB/OL]. [2018 - 06 - 23]. http://curia. europa. eu/juris/document/document. jsf?docid =115202&doclang = EN&mode = &part =1.

效性尚未确定以及存在违反包括《欧洲人权公约》第8条和第10条在内的欧盟法律的问题，做出了否定一审法院裁决的要求斯卡利特公司采取阻塞措施的禁令。此外，美国《反网络盗版法案》中有关网络阻塞的条款之所以引发强烈反对，主要原因也在于该条款可能会影响言论自由、网络的安全与稳定性等①。尽管采取阻塞措施存在争议，鉴于此种争议是基于技术措施的有效性以及违反欧盟法律之考虑，并不代表在符合相关条件的情形下，要求网络服务提供者采取阻塞措施不具有可行性。

（2）受保护的技术措施限定为"有效技术措施"

世界各国版权法有关技术措施的规定也体现了对技术变迁具有可塑造性特征的关注，即受保护的技术措施应该是"有效的"。作为保护技术措施的国际条约，《世界知识产权组织版权条约》和《世界知识产权组织表演和录音制品条约》明确强调，受到版权法保护的技术措施应该是有效的。《世界知识产权组织版权条约》第11条指出："缔约国应该提供适当的法律保护与有效的法律救济，制止规避作者在行使本条约或者《伯尔尼公约》规定的权利时所采用的，约束未经作者授权或者未经法律许可的使用其作品的行为的有效技术措施。"②《世界知识产权组织表演和录音制品条约》第18条指出："缔约国应该提供适当的法律保护与有效的法律救济，制止规避表演者或者录音制品制作者在行使本条约规定的权利时所采用的，约束未经表演者或者录音制品制作者授权、未经法律许可的使用其作品的行为的有效技术措施。"③

然而，关于何为"有效"的规定，两个"互联网条约"却没有明确规定，成为留待各缔约国国内法解决的问题。考察部分缔约国家国内法的具体立法条款，以美国、澳大利亚和欧盟为代表的国家和地区都旨在强调"通常使用"的标准，也就是说，在通常使用的情形下，如果技术措施能够实现由版权人管理、控制他人接触或者使用版权作品的效果，那么该技术措施就能被认定是"有效的"。此外，以日本为代表的国家的国内立

---

① LEMLEY M, LEVINE D, POST D. Don't break the internet[J]. Stan. L. Rev. ,2011,64:34; CROCKER S. Security and other technical concerns raised by the DNS filtering requirements in the PROTECT IP bill[EB/OL]. [2018 - 03 - 10] http://domainincite. com/docs/PRO-TECT-IP-Technical-Whitepaper-Final. pdf.

② World Intellectual Property Organization. WIPO copyright treaty[EB/OL]. [2018 - 03 - 10]. http://www. wipo. int/treaties/en/text. jsp?file_id = 295166.

③ World Intellectual Property Organization. WIPO performances and phonograms treaty[EB/OL]. [2018 - 03 - 10]. http://www. wipo. int/wipolex/en/details. jsp?id = 12743.

法则强调"管理和控制作品的效果",也就是说,技术措施的运行只有在能够产生管理和控制版权作品的效果的情形下才能被认为是有效的。根据这些相关规定,不具有"有效性"的技术措施是不受版权法保护的。版权人为了确保其技术措施能够归入版权法保护范畴,必然试图确保其施加在作品中技术措施具有"有效性"。

2.2 遵循版权产业演进的规律性

法律并非万能,其只能解决能够解决的问题。许多依靠版权的产业均面临一个很严重的问题:没有足够的消费者为其享有的版权付款。版权人通常认为这是版权法需要解决的问题,即所谓的盗版问题。然而,该问题乃市场而非法律问题,产生的原因在于版权人未能及时回应与适应市场变化和推动消费者需求的技术变化。正如伊恩·哈格里夫斯在《数字机遇:知识产权与增长的评论》中所言,"在强化执法与增强教育以影响版权侵权行为时,有更多的证据证明,创意产业以消费者喜欢的形式提供更为低价的合法产品能够更加成功地应对非法服务"[①]。

易言之,当消费者能以公正合理的价格购买合法产品时,未经授权的复制活动将会减少。实质上,社会公众均希望市场上都能充满可供选择的合法产品。然而,目前的市场情况无法满足这种需求。福雷斯特研究公司有关欧洲的一项研究发现,尽管在2010年有多于2009年20%的被调查者试图购买合法数字内容,但在2010年越来越少的欧洲人购买合法数字内容。福雷斯特研究公司发现,社会公众可以选择的合法内容数量"并没有增长,而是在衰退……合法内容市场……没能满足消费者需求"[②]。否定消费者需求的商业模式注定失败,而且法律也无法挽救拒绝满足消费者需求的版权人。

技术通常被认为是引发版权人烦恼的罪魁祸首。然而,考察历史可以发现,大多数技术引发的问题均是产品生命周期自然衰减的结果,

---

① HARGREAVES I. Digital opportunity: review of intellectual property and growth[EB/OL]. [2018 - 03 - 06]. https://www.gov.uk/government/uploads/system/uploads/attachment_data/file/32563/ipreview-finalreport.pdf.

② THOMAS N. Europeans will pay for content-why are there so few compelling options? [EB/OL]. [2018 - 03 - 10]. http://www.paidcontent.org.

CD、DVD 与印刷报纸销售量的下滑正是如此。此种情形下，版权人解决问题的方法在于遵循产业演进规律，充分利用新技术改善现状，而非仅仅依靠法律救助强化版权保护。

无论是提供满足消费者需求的合法产品还是产品生命周期的自然衰减，这些均为版权产业演进的规律。考察历史，有效应对技术进步的版权法实践活动通常遵循版权产业演进的规律性特征。世界知识产权组织的研究报告也指出，国家政策的制定"必须充分考虑版权产业的现实与潜能"①。下文基于版权产业演进相关理论，阐述版权法变革遵循版权产业演进规律的具体表现。

2.2.1 版权产业演进相关理论

产业演进理论在实证研究的基础上逐步发展起来，分析的是产业的产生、发展与消亡之演变过程中的一系列重要问题，不同学者基于不同研究方法形成了丰富的理论，并得出具有参考价值的实证结论②。本小节主要考察版权产业演进相关理论，包括创新扩散理论、创新扩散中的产品演进、产业演进阶段，归纳出产业演进的规律，主要体现在：①新产业的产生源于企业将创新引入市场，引入市场的创新并不会及时被采用，通常需要经历一段时间，原因在于潜在采用者获取关于创新的信息存在时间差、不同潜在采用者从创新中获得的利润存在不同；②不同阶段技术采用者的产品需求不同，随着创新扩散时间推移，较晚的技术采用者更青睐于产品与服务更加完善的"整体产品"（Whole Product），此时，互补性服务对于推动创新扩散起着重要作用；③产业演进存在阶段性，不同阶段的企业"进入率"与"退出率"不同，不同企业可以采取不同策略创造竞争优势。

---

① World Intellectual Property Organization. National studies on assessing the economic contribution of the copyright-Based industries[EB/OL]. [2018 - 03 - 10] http://www. wipo. int/edocs/pubdocs/en/copyright/1041/wipo_pub_1041. pdf.

② KLEPPER S, GRADDY E. The evolution of new industries and the determinants of market structure[J]. Rand journal of economics, 1990, 21(1): 27 - 44; HOWARD E, MARLENE F. Fools rush in? the institutional context of industry creation[M]. Springer Berlin Heidelberg, 2010: 105 - 127; MARTIE-LOUISE V, DENNY M. Small business strategy and the industry life cycle[J]. Small business economics, 2010, 35(35): 399 - 416; SHEPHERD G. Some aspects of dynamic analysis and industrial change[J]. Springer netherlands, 1991, 14: 9 - 31; AGARWAL R, GORT M. The evolution of markets and entry, exit and the survival of firms[J]. Review of eeonomics and statistics, 1996, 69: 567 - 574.

（1）创新扩散理论

尽管理应包括各种类型的新思想，创新通常指的是新产品、新产业或者新技术发明。罗杰斯认为，"创新是一种采用者（个人或者其他单位）认为的新想法、实践或者客体"①。首个制造企业将创新引入市场时，新产业随之产生。与此同时，潜在消费者会针对采用这一创新产品是否有价值进行评估。

创新扩散理论研究的是一种创新在社会系统中的传播现象②，基本目标在于回答一种创新（改进）没有及时被采用的原因，即为什么创新扩散通常需要经历一段时间。一种常见的观点认为，创新扩散之所以存在这一问题，主要原因在于并非每个人都能够及时知晓创新的存在；有些观点则进一步指出，该问题产生的原因是不同潜在采用者从一种创新中获得的优势或者利润存在不同。

鉴于不同创新在本质上存在的区别，研究者通常将创新分为两种不同类型。弗里曼将创新分为增量的创新与激进的创新③，鲍尔与克里斯坦森将其分为维持型创新与破坏型创新④，塔什曼与安德森将其分为连续创新与不连续创新⑤。尽管两种不同创新类型的名称存在差异，研究者区分出的两种类型的内容则是一致的：一种创新是指改进现有创新的创新，一种创新是指全新的创新（产品）。然而，在实践过程中，一种创新通常同时具备两种类型的特征，全新的创新也可能是改进现有创新的创新，反之亦然。因此，基于研究者们此种分类，我们在实践活动中明确区分创新类型比较困难。

创新扩散理论最早可以追溯到 20 世纪初期，研究者们围绕创新扩散现象开展理论与实证研究，得出了颇有价值的结论，并创建了具有指导意义的扩散模型，为进一步探索创新扩散现象及其机制、影响因素、规律等多方面的内容奠定了基础。详见图 2 - 2。

20 世纪 40 年代初期，研究者们纷纷采用创新扩散的时间路径定量

①② ROGERS M. Diffusion of innovations[M]. 3rd ed. New York：The Free Press，1983.

③ FREEMAN C. The economics of technical change[J]. Cambridge journal of economics，1994，18：463 - 514.

④ BOWER L，CHRISTENSEN M. Disruptive technologies：catching the wave[J]. Harvard business review，1995，73（1）：43 - 53.

⑤ TUSHMAN L，ANDERSON P. Technological discontinuities and organizational environments [J]. Adm Sci Q，1986，31：439 - 465.

模型研究创新扩散现象。1943 年,瑞安与格罗斯通过构建累积正态曲线图解释了杂交玉米扩散的情况[1]。格瑞里茨与曼斯菲尔德将流行病学疾病的理论与创新扩散模型进行类比,认为关于创新的信息就像疾病一样传播,从一个携带者传染到另一个携带者[2]。因此,从宏观层面上看,创新扩散呈现一种 S 形(研究者们描绘的此类图形被称为 S 型创新扩散曲线图):传播初期速度较缓慢,传播中期速度加快,传播后期速度再次减缓。格瑞里茨将这 3 种阶段命名为起源、扩散与饱和期[3],但是,后来的学者通常将其称为创新、增长与成熟期。鉴于源于类比疾病的传播理论,这些模型也被称为"流行病"扩散模型("Epidemic"Diffusion Model)。

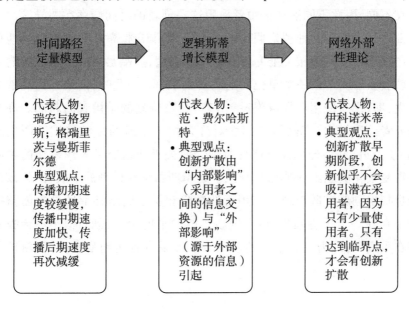

图 2 - 2　典型的创新扩散理论

许多研究者基于范·费尔哈斯特于 1848 年提出的逻辑斯蒂增长模型(Logistic Growth Model)[4]探索技术创新扩散,最典型的就是关于移动

---

① RYAN B,GROSS C. The diffusion of hybrid seed corn in two iowa communities[J]. Rural sociol,1943,8:15 - 24.

② GRILICHES Z. Hybrid corn:an exploration in the economics of technological change[J]. Econometrica,1957,25:501 - 522.

③ GRILICHES Z. Hybrid corn:an exploration in the economics of technological change[J]. Econometrica,1957,25:512.

④ VALENTE W. Network models of the diffusion of innovations[M]. Cresskill:Hampton Press, 1995.

通信扩散的研究①。该模型衍生自网络外部性,或者说需求功能。市场营销领域,研究者们通常采用巴斯扩散模型②(Bass Diffusion Model),认为创新扩散由"内部影响"(采用者之间的信息交换)与"外部影响"(源于外部资源的信息)引起。

正如前文所述,创新采用与扩散过程中存在多种被动信息蔓延的情形。在"流行病"扩散模型中,潜在采用者在及时接收到创新信息的情形下会采用一种新的创新。随着创新信息逐步传播蔓延,创新扩散势必需要经历一段时间。

其他理论假设不同潜在采用者从一种创新中获得的优势或者利润存在不同,因此不同潜在采用者采用这一创新的时间会存在差异。网络外部性理论即为此种理论假设的典型。伊科诺米蒂指出,"因为早期单位产品已经在一个相关维度创造了一些利润,产品最后一个单位的购买者就会获取高于第一个单位的购买者的利润"③,此时,网络外部性就会产生,即,现有使用者数量(安装基础)会影响新的采用者的利润。许多研究者已经指出,正网络外部性对许多技术创新的采纳与扩散产生影响④。此外,网络外部性也被视为是促使关于通信服务采用成功的预测变得复杂化的原因⑤,同时也导致了逻辑斯蒂增长模型的形成,因为该模型也指出创新扩散与现有使用者的数量相关。网络外部性导致创新扩散中存在一个关键临界点:在创新扩散的早期阶段,创新似乎不会吸引潜在采用者,因为只有很少的使用者。如果没有达到临界点,创新扩散

① GRUBER H,VERBOVEN F. The diffusion of mobile telecommunications services in the European Union[J]. Eur Econ Rev,2001,45:577 – 588;FRANK L. An analysis of the effect of the economic situation on modeling and forecasting the diffusion of wireless communications in finland[J]. Technol forecast soc,2004,71:391 – 403.

② BASS F. A new product growth model for consumer durables[J]. Manage Sci,1969,15:215 – 225.

③ ECONOMIDES N. Compatibility and the creation of shared networks[EB/OL]. [2018 – 03 – 10]. http://raven. stern. nyu. edu/networks/compatib. pdf.

④ CHURCH J,GANDAL N. Complementary network effects and technological adoption[J]. Int J Ind organ,1993,11:239 – 260;WITT U. "Lock-in" vs. "Critical masses"-industrial change under network effects[J]. Int J Ind Organ,1997,15:753 – 773.

⑤ SCHODER D. Forecasting the success of telecommunication services in the presence of network effects[J]. Inform Econ Pol,2000,12:181 – 200.

就会失败,反之,创新扩散才会成功①。

（2）创新扩散中的产品演进

关于创新扩散中的产品演进,研究者们得出的主要结论是:不同阶段技术采用者的产品需求不同,随着创新扩散时间推移,较晚的技术采用者更青睐于产品与服务更加完善的"整体产品",此时,互补性服务对于推动创新扩散起着重要作用。

如前文所述,S 型创新扩散曲线图呈现出一定时期技术采用者的数量,不同时期技术采用者的数量有所差异。除了罗杰斯②之外,摩尔也通过曲线图描述了技术采用生命周期中的技术采用者的 5 种类型③。在其分类中,创新者与早期采用者更愿意采用一种技术产品,即这一时期的技术采用者数量最多。在其分类中,创新者与早期采用者更愿意采用一种技术产品,而其他类型的技术采用者采用意愿较低且对技术产品有着更高要求。创新扩散不能单纯依靠一种技术产品的力量,因为消费者可能需要除了该技术产品之外的许多互补性的消费者服务。比如,多数较晚采用创新的消费者需要的是"整体产品",即"目标市场上最少数量的一组消费者所需的产品与服务都能获得创新所承诺的价值"④。

在摩尔看来,突破临界点是推动创新扩散的重要步骤,即超越创新扩散的早期阶段,促使创新能够对潜在采用者产生强大的吸引力。这一步骤的实现通常需要依赖合作伙伴的协助,针对主要创新公司的技术产品提供互补性服务,从而实现较晚的技术采用者对"整体产品"的需求。以软件市场为例,"整体产品"包括软件产品公司提供的核心软件产品以及互补性一体化服务（如信息技术咨询公司提供的服务）,软件产业的发展不仅依赖于核心软件产品的推广,也取决于互补性一体化服务的逐步完善。

---

① ROGERS M. Diffusion of innovations [M]. 3rd ed. New York: The Free Press, 1983:47; FRANK L. An analysis of the effect of the economic situation on modeling and forecasting the diffusion of wireless communications in finland [J]. Technol forecast Soc, 2004:71:391 – 403.

② ROGERS M. Diffusion of innovations [M]. 3 rd ed. New York: The Free Press, 1983.

③④ MOORE A. Inside the tornado: marketing strategies from silicon valley's cutting edge [M]. New York: HarperCollins Publishers, 1995.

　　格瑞纳①、丘吉尔与刘易斯②、斯科特与布鲁斯③等人提出的生命周期与增长模式,从软件公司而非垂直市场状态的角度考察了一般或者高科技公司的企业生命周期,进一步研究了创新扩散中产品演进的现象。格瑞纳指出,一个公司的增长通常与市场环境和产业发展阶段相关④。

　　(3)产业演进阶段

　　产业演进如同生物体进化,自产生后会经历不同发展阶段,直至消亡。产业演进阶段体现在研究者们提出的产业生命周期理论(Industry Lifecycle Theory)中。该理论假设生产者(评估产品生存能力的人)如何随着时间变迁逐步演化。在这种产业演进过程中,产业市场结构也会相应发生改变⑤。

　　产业生命周期理论可以追溯到迈克尔·高特与史蒂文·克莱伯开创性的作品《产品创新扩散中的时间路径》⑥。基于考察46种产品发展历史而获取的实证数据,高特与克莱伯构建了新产品产业演进的理论,该理论被认为是"产业经济学意义上的第一个产业生命周期模型"⑦。根据产品产业的准进入率(生产者数量的变化)的不同,高特与克莱伯将产业演进划分为5个生命周期阶段:引入期(首个生产者引入新的商业产品)、大量进入期(生产者数量的迅速增长)、稳定期(进入的生产者数量与退出的生产者数量持平)、衰退期(负进入时期,退出的生产者数量多于进入的生产者数量)、成熟期(进入的生产者数量约等于退出的生产者数量),详见图2-3。在他们看来,大多数新产品都会经历这种演进过程。高特与克莱伯认为,"进入率"取决于企业获得的潜在回报,即来源于外部资源的(产品)创新数量、现任生产者积累的经验以及盈利⑧。

---

①④　GREINER E. Evolution and revolution as organizations grow[J]. HBR,1972,50(4):37 - 46.

②　CHURCHILL C,LEWIS L. The five stages of small business growth[J]. HBR,1983,61(3): 30 - 49.

③　SCOTT M,BRUCE R. Five stages of growth in small businesses[J]. Long range planning, 1987,20(2):45 - 52.

⑤　TYRVÄINEN P,MAZHELIS O. Vertical software industry evolution:analysis of telecom operator software[M]. Heidelberg:Springer-Verlag Berlin and Heidelberg GmbH & Co. KG,2009.

⑥　GORT M,KLEPPER S. Time paths in the diffusion of product innovations[J]. The Economic Journal,1982,92 (267):630 - 653.

⑦　文海涛.基于产业演进视角的企业并购绩效研究[D].北京:北京交通大学,2010:49.

⑧　GORT M,KLEPPER S. Time paths in the diffusion of product innovations[J]. The Economic Journal,1982,92 (267):642.

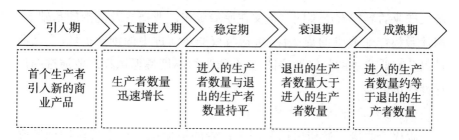

图 2-3 高特与克莱伯的产业演进生命周期阶段

在高特与克莱伯研究的基础上,拉杰希瑞·阿加瓦尔与大卫·奥德斯将产业演进的 5 个阶段缩减为 2 个:形成期(进入者尝试新想法的形成期)、成熟期(具有标准化产品的成熟期)。这两个时期分别具有生产者积极进入和消极进入的特点。阿加瓦尔与奥德斯指出,在产业形成期这一不确定性的环境中,企业规模与企业存活概率相关,规模较大企业通常会将存活概率作为是否进入的衡量标准,而在企业成熟期,企业规模与存活概率似乎没有关系。基于这一观点,在一定环境下,拥有标准化技术的中小型企业可能因采取利基战略①克服规模上的劣势地位。因此,企业能够借助价格领先战略或者专业化战略获得竞争优势:以低于其他企业的价格生产产品,提供不同于其他企业的产品,或者关注利基市场②。

爱敏·丁勒索斯与鲁本·埃尔南德斯-穆里洛将产业生命周期划分为 3 个阶段:许多企业进入的阶段、企业数量急剧下滑的阶段、稳定数量的继续存在且成功的企业阶段。在研究调频广播电台数量的发展以及零售业电子商务的发展过程的基础上,丁勒索斯与埃尔南德斯-穆里洛论述了这一生命周期过程。他们指出,衰退期在互联网产业只会持续几个月时间,而在制造产业则会持续几年甚至几十年③。

2.2.2 版权产业演进概述

版权产业概念的产生源于版权产业价值的日益凸显,不同国家有关

---

① 利基战略是一种适用于弱小企业、中小企业的战略,指弱小企业、中小企业定位于大企业所忽视或者不愿意涉足的某些细分市场,依靠专业化经营以最大限度获取收益的策略。

② ARGAWAL R, AUDRETSCH B. The two views of small industry dynamics: a reconciliation [J]. Econ. Lett. ,1999,62(2):245－251.

③ DINLERSOZ E, HERNA'NDEZ-MURILLO R. The diffusion of electronic business in the united states[J]. Fed Reserve Bank St Louis Rev,2005,87(1):11－34.

版权产业的界定有所不同。下文在厘清版权产业概念及范围的基础上，阐述版权产业演进的规律性，包括版权产业演进中的创新扩散、产品演进以及产业演进的阶段性特征，为介绍版权制度遵循版权产业演进的规律性提供依据。

（1）版权产业概念及范围界定

版权产业概念最初由以美国为代表的遵循版权体系传统的国家提出，是以某种标准对版权领域的各类产业的系统性概括。这一概念将版权相关领域的活动归入同一产业部门，以此评估和研究版权相关各类产业在国民经济中的地位，充分实现版权相关领域的商业利益，推动版权产业的系统化发展①。在版权产业概念出现之前，归入其中的各类产业就已经出现，并随着经济发展逐步形成。

到目前为止，世界知识产权组织和美国国际知识产权联盟等均针对版权产业开展了较为深入的调查研究，并公布了版权产业报告。鉴于版权产业涉及范围之广且复杂，这些产业报告都没有对版权产业做出明确定义，只是详细列举了版权产业的具体分类。本书遵循这一原则，也不直接界定版权产业的定义，仅仅以列举方式介绍版权产业，主要以世界知识产权组织和美国国际知识产权联盟现阶段普遍采用的分类方法作为划分版权产业的标准。

2002 年 7 月，世界知识产权组织邀请一批来自世界各国的知名经济学家创建了一个工作小组，于芬兰首都赫尔辛基针对适用于衡量版权之于国家经济的经济贡献的方法论展开研究，最终目标在于创作一本参考手册，促使未来的相关研究都能遵循通用的方法论框架。随后，作为此项研究成果的《基于版权的产业经济贡献考察指南》②公布。自 2004 年以来，美国国际知识产权联盟公布的版权产业报告中也采用了该指南相关标准，不再使用自 1990 年首次公布版权产业报告以来确定的划分类型。此外，加拿大、新加坡、拉脱维亚、匈牙利、菲律宾、墨西哥、哥伦比亚、罗马尼亚、俄罗斯、乌克兰、澳大利亚、中国、韩国、法国等许多国家也相继根据该指南调查本国版权产业对经济产生的影响，以捕捉和理解基

① 虞长娟. 论"部分版权产业"客体的版权保护——以实用艺术作品为视角[D]. 北京：中国政法大学,2009:3.

② World Intellectual Property Organization. Guide on surveying the economic contribution of the copyright based industries [EB/OL]. [2018 - 04 - 20]. http://ci. nii. ac. jp/ncid/BA85561495.

于版权的产业对本国经济的贡献以及深远而积极的影响。现阶段,该指南已经成为许多国家普遍采用的评估版权产业的重要参考。

该指南将版权产业分为4类:核心版权产业(Core Copyright Industries)、共生版权产业(Interdependent Copyright Industries)、部分版权产业(Partial Copyright Industries)、边缘版权产业(Non-dedicated Support Industries)[①]。核心版权产业是指完全从事创作、生产、制造、表演、广播、通信、展览或者发行与销售作品及其他受保护客体的产业,即基于版权客体而存在的产业。主要分为9种类型:①出版与文学;②音乐、戏剧、歌剧;③电影与视频;④广播与电视;⑤摄影;⑥软件与数据库;⑦视觉与图形艺术;⑧广告服务;⑨版权集体管理组织。共生版权产业是指从事生产、制作与销售设备的产业,其完全或者主要功能在于促进作品及其他受保护客体的创作、生产或者使用。根据与核心版权产业之间的互补性关系不同,这类产业可以细分为核心共生产业与部分共生产业。前者包括电视机、收音机、VCR、DVD播放器及其他相似设备、计算机及设备、音乐设备的制造商、批发商与零售商。这类产品与核心版权产业产品存在连带销售关系。后者包括摄影、录影设备、复印机、空白录像材料和纸张的制造商、批发商与零售商。这类产业不是专门与版权产品使用相关而是对其使用有着重要的促进作用。因此,这类企业的版权产业属性只涉及促进版权产品使用的部分。部分版权产业是指部分产业活动与作品及其他受保护客体有关的产业。这类产业包括10种类型:①服装;②珠宝和金币;③工艺品;④家具;⑤日用商品、瓷器、玻璃制品;⑥墙纸和地毯;⑦玩具与游戏;⑧建筑、工程和测量;⑨室内设计;⑩博物馆。边缘版权产业是指部分产业活动与促进作品及其他受保护客体的广播、通信、发行或者销售有关的产业,但是不属于核心版权产业的范畴。这类产业包括一般的批发和零售、一般的运输和互联网企业等。详见图2-4。

(2)版权产业演进规律特征

从创新扩散的角度来看,许多版权产业类型的产生与发展都源于技术创新扩散。以核心版权产业为例,出版产业的产生离不开印刷术逐步推广,摄影产业的产生离不开摄影技术的扩散,电影产业的产生离不开动画技术和摄影技术的发展,软件和数据库版权产业的产生深受计算机

[①] GANTCHEV D. The WIPO guide on serveying the economic contribution of the copyright industries[J]. Review of economic research on copyright issues,2004,1(1):7.

技术、互联网技术、数据库相关技术的推动。此外,共生版权产业生产、制作与销售的电视机、收音机、VCR、DVD 播放器设备、摄影、录影设备、复印机、空白录像材料都属于技术设备的范畴,这些技术设备的产生与发展都是技术创新扩散的表现。部分版权产业的发展也依赖创新扩散,以服装产业为例,服装产业与版权相关的部分主要涉及服装款式设计,与时俱进的创新款式更受消费者青睐。边缘版权产业的发展也离不开创新扩散,以互联网企业为例,互联网企业的技术创新扩散可以为作品的创作与传播创造新平台。

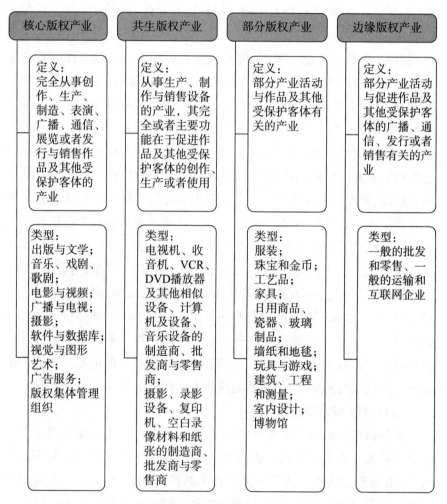

图 2-4 《基于版权的产业经济贡献考察指南》中的版权产业分类

在创新扩散过程中,版权产业的产品演进具有阶段性。随着某种产品逐步推向市场,不同阶段的产品使用者的需求也会发生变化,较早采用该产品的采用者要求相对较低,而较晚采用该产品的采用者要求较高。为了满足后者需求,版权产业只有不断完善版权产品,尤其是依赖合作伙伴的协助,针对版权产品提供互补性服务,才能满足较晚的采用者对产品与服务更加完善的"整体产品"的需求,从而在市场竞争中获胜。

版权产业演进具有阶段性,必然经历引入期到成熟期的过程。不同阶段版权产业的企业进入与退出数量存在差别:引入期,首个生产者引入新的商业产品至版权产业;大量进入期,进入版权产业的企业数量持续增长;稳定期,进入版权产业的企业数量与退出数量持平;衰退期,退出版权产业的企业数量多于进入数量;成熟期,进入版权产业的企业数量约等于退出数量。其中,在由衰退期过渡到成熟期过程中,不同类型企业依据自身优势采取适合策略,规模较大的企业可以依据自身规模成功进入成熟期,而规模较小的企业通常需要采用利基战略(价格领先战略或者专业化战略)。反之,在激烈的市场竞争中,尚未采用这些策略的企业则可能会退出版权产业。

作为国家政府部门推动经济增长的重要工具,产业政策在促进产业发展中发挥了重要作用。考察 19 世纪和 20 世纪世界各国的产业演进发现,推动产业发展的产业政策呈现出鼓励创新扩散、遵循产品演进和产业演进规律的特征[①]。因此,作为一种推动版权产业发展的政策,版权法的完善也只有在遵循版权产业演进规律的前提下才能够真正推动版权产业发展。下文分别从鼓励新型版权产业的发展、遵循创新扩散中的产品演进规律、合理应对版权产业演进的衰退期阐述版权制度遵循产业演进规律的表现。

2.2.3　鼓励新型版权产业的发展

根据创新扩散理论,新产业的产生源于首个制造企业将创新引入市场,潜在采用者在及时接收到创新信息的情形下会采用新的创新。然而,事实并非如此,不同潜在采用者获取关于创新的信息通常存在时间差。从巴斯扩散模型来看,研究者们认为的这一时间差由"内部影响"(采用者之间的信息交换)与"外部影响"(源于外部资源的信息)引起,

---

① CIMOLI M,DOSI G,STIGLITZ J. The rationale for industrial and innovation policy[J]. Intereconomics,2015,3:126.

前者是需要市场解决的问题,后者则可以由产业政策推动解决。具体到版权产业,即可以依靠政府完善版权法版权产业中的潜在采用者及时获取创新信息,体现在立法或修法以鼓励新型版权产业的发展,从而推动更多的企业进入该市场,实现创新扩散之目的。

(1)印刷特权与《安妮法》鼓励印刷出版业的发展

印刷出版业是最早的版权产业类型,产生于版权法诞生之前,其发展初期的创新扩散离不开相关产业政策的推动。印刷特权制度与首部版权法《安妮法》均是政府鼓励基于新技术的印刷出版业发展的具体表现。

版权法产生之前,国家授予印刷商印刷特权之目的就在于促进新技术的发展,保护新兴印刷业的发展。大约在 1455 年,德国发明家约翰内斯·古腾堡及其合伙人约翰内斯·福斯特首次使用活字印刷术在德国美因茨印刷《古腾堡圣经》,取得了商业上的巨大成功[1]。随之而来的是,印刷技术凭借其巨大的技术优势在欧洲广泛推广,一种新兴产业——印刷业随之产生。印刷业的产生打破了手工抄写时代书籍复制艰难的状态,基于印刷技术,图书的大批量复制成为可能,社会公众能够获取更多图书产品,形成了繁荣的图书交易市场。相较于传统的图书业,印刷业更能满足统治阶级对图书消费的市场需求。鉴于印刷业自身发展的特点,比如印刷业往往需要花费大量资金来铸造金属活字、聘请专业的印刷技术工人、制造相关的插图雕版、购买大量的油墨纸张等,印刷业逐步发展成为一种资金密集型的行业,其大批量生产的图书受到统治者的普遍欢迎。再加上图书的大批量印刷导致图书的发行周期相较于以前大幅度延长,从图书发行中回收资金的周期也随之延长,投资于印刷行业的风险也因此大为增加,印刷业出于确保成功发行之目的,逐步发展成熟,成为一种具有严密组织结构的行业。

截至 1500 年,印刷机已经席卷欧洲的 245 个城市[2]。尽管当时印刷术的发展遭到手写工行会的强烈反对,印刷业作为一种新兴产业,其发展之势已经无法阻挡,首个由统治者政权授予的印刷特权——威尼斯共和国授予印刷商约翰的为期 5 年的印刷特权——鼓励引进新工业技术

---

[1] 巴比耶. 书籍的历史[M]. 刘阳,等,译. 桂林:广西师范大学出版社,2005:98-99.

[2] LOPEZ F. The right of reproduction, publishing contracts and protection measures in the digital environment[J]. EUESCO copyright bulletin,2002,9(6):3.

的行为,促进了威尼斯印刷业的发展。15 世纪末,威尼斯迅速成为当时的印刷中心①。1500 年之前出版的图书大约合计 3 万本,其中,有 4500 多本图书就是出自威尼斯②。随后,欧洲其他国家也纷纷效仿威尼斯授予印刷业者印刷特权的做法。1498 年,法国引入印刷特权制度,并于 16 世纪末逐步完善了该制度③。

英国政府紧随其后的效仿印刷特权制度的做法更能体现鼓励新兴版权产业的发展的态度。1476 年,富商威廉·凯克斯顿将印刷机引入英国④。英国政府随即将印刷业视为"朝阳产业",授予印刷商印刷特权,同时还采取了吸引外国印刷以及图书销售人才的相关举措,经过随后几十年的发展,英国的印刷业呈现繁荣局面。自此,英国不仅拥有了一批精通印刷技术的人才,英国的印刷工艺也不亚于其他任何国家或者地区的印刷技术人才⑤。尽管不少学者认为《安妮法》的制定是书商利益集团推动的结果⑥,不容忽视的是,《安妮法》的制定也有立法者促进新兴印刷技术发展的意图在其中。考察《安妮法》的制定过程发现,《安妮法》是由英国书商公会推动,其最后获得通过必然有很多内容都是与维护书商公会利益相关的。从序言来看,制定该法的原因在于"盗版"泛滥损害了图书原稿作者或者所有者的利益,这里的所有者主要是指印刷商。从《安妮法》的具体条款来看,第 1 段授予已经印刷出版图书的作者或者购买者 21 年的印刷权利,授予尚未印刷出版的图书的作者及其购买者 14 年的印刷和重印的特许权,这里的购买者就包括出版商、印刷商等。此外,第 1 段还规定了未经授权侵犯出版商、印刷商享有的上述权利将会受到严重处罚⑦。

---

① GRENDLER P. The roman inquisition and the Venetian press 1540 – 1605［M］. Princeton：Princeton University Press,1977.
② 巴比耶. 书籍的历史［M］. 刘阳,等,译. 桂林：广西师范大学出版社,2005：112.
③ KHAN B. Intellectual property and economic development：lessons from american and european history［EB/OL］.［2018 – 03 – 10］. http：//www. iprcommission. org/papers/pdfs/study_papers/sp1a_khan_study. pdf.
④⑤ PATTERSON L. Copyright in historical perspective［M］. Nashville：Vanderbilt University Press,1968.
⑥ MAURUSHAT A,GERVAIS D. Fragmented copyright,fragmented management：proposals to defrag copyright management［J］. Canadian journal of law & technology. ,2003,2：15.
⑦ PATTERSON R,JOYCE C. Copyright in 1791：an essay concerning the founders' view of copyright power granted to congress in article 1. section 8,clause 8 of the U. S. constitution［J］. Emory law journal,2003,52（1）：190.

（2）扩张版权保护客体以鼓励新型版权产业的发展

扩张版权保护客体以鼓励新型版权产业的发展主要体现在核心版权产业中。目前，核心版权产业涵括的范围不仅包括最初的印刷出版业，还包括摄影产业、广播电视产业、软件和数据库版权产业等。这些核心版权产业之所以产生，原因在于版权法扩张版权保护客体范围至摄影作品、广播电视作品、软件作品、数据库作品。尽管此种扩张是否推动相关产业发展受到学者广泛质疑，立法者试图鼓励新型版权产业发展的目标不容忽视。

以摄影技术发明并逐步改进为例，摄影技术在最初引入英国时，根据当时的版权法，照片不可能成为作品受到版权保护，因为照片是纯粹机械过程的产物，不可能符合可受版权保护的独创性要求。然而，在摄影发展成为一种新兴的产业之后，投资者为了对其投资获取回报，积极寻求法律上的保护，立法者就有必要思考照片能否获得版权保护。英国在 1862 年颁行的《美术作品版权法》中将照片作为美术作品予以保护①，没有做出任何解释，不顾此种保护不符合作为版权正当化理由而提出的独创性理论，可以看出，英国政府鼓励摄影产业发展的意图。甚至为了论证照片的可版权性，在该法颁布以后，英国上议院在 1900 年审理的 *Walter v. Lane* 案②中首次讨论独创性的概念，以照片为例明确指出，版权不需要独创性作为正当化基础，确立了判断作品可版权性的"额头出汗"③（Sweat of the Brow）学说。根据"额头出汗"学说，即使版权作品不具有独创性，该作品创作者付出的努力和花费也受到保护，照片自然属于可受版权保护的范畴。在 1916 年审理的 University of London Press v. University Tutorial Press 案④中，英国法院提出了更低的认定作品独创性的标准——"独立完成"⑤，根据这一标准，"非复制即独创"⑥，基于此，社会公众逐步接受照片可受版权保护的观念⑦。

在摄影技术实现商业化运营之后，美国也毫不犹豫地以立法的形式

① BENTLY L,SHERMAN B. Intellectual property law[M]. New York:Oxford University Press, 2001.

② Walter v Lane[1900]AC 539.

③ YSOLDE G. An emerging intellectual property paradigm:perspectives from canada[M]. Lypiatts:Edward Elgar Publishing,2009.

④⑤⑥ University of London Press v. University Tutorial Press (1916) 2 Ch 601.

⑦ GAINES J. Contested culture:the image, the voice and the law[M]. Carolina:University of North Carolina Press,1991.

将照片纳入作品范围,而当时的司法实践也普遍承认照片的可版权性①。美国联邦最高法院在 1884 年审理 *Burrow-Giles Lithographic. Co. v. Sarony* 案②时指出,照片只要符合独创性要求即可以构成作品,肯定了初审法院的裁决结果。鉴于美国宪法第 1 条第 8 款第 8 项有关版权保护的规定没有明确照片属于作品,初审被告巴洛-盖勒斯平版印刷公司辩称,照片不可能成为"作品"或者"作者"的成果,因此,1865 年《版权法》第 4952 条明确扩展版权保护客体至照片是违宪的。尽管 1865 年《版权法》第 4952 条的合宪性被质疑,美国联邦初审法院纽约南区法院仍然裁决初审被告赔偿初审原告摄影师拿破仑·沙勒尼 610 美元③。美国纽约南区巡回法院与美国联邦最高法院均肯定了这一裁决。代表联邦最高法院撰写法庭意见的米勒法官指出,国会已经"适当地宣称作品包括所有形式的作品、印刷品、雕刻、蚀刻等,只要作者的思想能够有可见的表达",尽管"普通"照片仅仅是一种机械过程而不能成为艺术,此案涉及的照片并不属于"普通"照片之范畴。米勒法院引用初审法院的观点,"沙勒尼在拍摄照片时,为王尔德的拍照姿势和表情提供了指导,精挑细选其服饰、拍照背景及其他场景设置,慎重选择光和影"④,足以证明沙勒尼乃"独创性艺术作品"的"作者"。

　　广播电视产业兴起之后,版权法将广播纳入版权保护范围也是出于鼓励广播电视产业发展之目的。《1993 年 9 月 27 日欧盟理事会关于协调适用于卫星广播与有线电视传输的版权及有关权某些规则的第 93/83/EEC 号指令》⑤是协调欧盟成员国关于适用与卫星广播与有线电视传输相关的版权及相关权规则的指令。从该指令鉴于第(4)条可以看出,立法者试图"促进欧盟电视节目的传播与生产"⑥,第(5)条进一步指出欧盟成员国采用的不同法律规则与某些方面的法律不确定性阻碍了电视节目的跨区域卫星广播和有线电视转播,鉴于此,欧盟有必要制定该指令。

---

① Burrow-Giles Lithographic Co. v. Sarony,111 U. S. 53 (1884). Bleistein v. Donaldson Lithographing Co. ,188 U. S. 250 (1903).

②③④　Burrow-Giles Lithographic Co. v. Sarony,111 U. S. 53 (1884).

⑤⑥　The Council of the European Communities. Council directive 93/83/EEC of 27 September 1993 on the coordination of certain rules concerning copyright and rights related to copyright applicable to satellite broadcasting and cable retransmission[EB/OL]. [2018 – 03 – 10]. http://eur-lex. europa. eu/LexUriServ/LexUriServ. do?uri = CELEX:31993L0083:EN: HTML.

数字技术时代,立法者将计算机程序和数据库纳入版权保护范围也有着促进计算机产业和数据库产业发展之意图。世界各国确立的具体制度是否有助于其预期目标的实现有待商榷,其鼓励计算机产业和数据库产业发展的出发点不容忽视。《欧盟有关计算机程序法律保护的指令》①是欧盟首部关于计算机程序法律保护的立法。从鉴于部分可以看出,欧盟通过该指令的原因之一在于:"计算机程序在广泛的行业范围之内扮演着日益重要的角色,同时计算机程序技术相应的被认为对欧盟产业发展有着根本的重要性。"②该指令的现行版本是于 2009 年 5 月 29 日获得通过的《2009 年 4 月 23 日欧盟议会与理事会关于计算机程序法律保护的第 2009/24/EC 号指令》③,鉴于第(3)条仍然保留了这一陈述,强调了予以计算机程序以版权保护的促进计算机产业发展的价值。《欧盟有关数据库法律保护的指令》④是欧盟协调各成员国数据库法律保护的指令,鉴于第(2)条也可以看出立法者促进数据库产业发展的意图,即"鉴于各成员国立法为数据库提供的法律保护存在不同,会对关于数据库的欧盟内部市场运作尤其是自然人与法人提供在线数据库产品和服务自由……产生直接消极影响"⑤,协调数据库法律保护实有必要。

2.2.4　遵循创新扩散中的产品演进规律

伊科诺米蒂等人的创新扩散理论认为,阻碍创新扩散的原因除了不同潜在采用者知晓创新信息存在时间差,还在于他们从一种创新中获得的优势或者利润存在不同,从而提出网络外部性理论,指出创新扩散中存在一个关键临界点,只有突破这一临界点的创新扩散才能取得成功。根据摩尔的观点,突破临界点的具体措施是在创新扩散中不断完善产品,包括核心产品与服务于核心产品的互补性产品。版权产业的创新扩

---

①② The Council of the European Communities. Council directive 91/250/EEC of 14 May 1991 on the legal protection of computer programs[EB/OL]. [2018 – 03 – 10]. http://eur-lex. europa. eu/LexUriServ/LexUriServ. do?uri = CELEX:31991L0250:EN:HTML.

③ The European Parliament and the Council of European Union. Directive 2009/24/EC of the European Parliament and of the Council of 23 April 2009 on the legal protection of computer programs[EB/OL]. [2018 – 03 – 10]. http://eur-lex. europa. eu/LexUriServ/LexUriServ. do?uri = OJ:L:2009:111:0016:0022:EN:PDF.

④⑤The European Parliament and the Council of European Union. Directive of the European Parliament and of the Council of 11 March 1996 on the legal protection of databases[EB/OL]. [2018 – 03 – 10]. http://eur-lex. europa. eu/LexUriServ/LexUriServ. do?uri = CELEX:31996L0009:EN:HTML.

散不仅需要完善作品,也离不开促进作品创作、生产和传播的互补性产品,比如共生版权产业生产、制作与销售的电视机、收音机、VCR、DVD 播放器设备、摄影、录影设备、复印机、空白录像材料等。版权制度推动这些产业发展的具体体现是:推动基于新技术的作品形式的合理开发、促进服务于作品的互补性产品的发展。

(1)推动基于新技术的作品形式合理开发

新技术的产生通常会创造出新的作品形式。印刷出版时期,受版权保护的作品形式较为有限,仅包括作品的印刷复制、音乐作品与戏剧作品的现场表演等。随着机械复制技术、无线电广播技术、数字技术与互联网技术的推广和运用,受版权保护的作品形式扩张至包括作品的机械复制与机械表演、作品的广播、作品的数字存储与传播等。为了推动基于新技术的作品形式的合理开发,版权制度在应对技术进步时创设了新的版权权利类型,推动了版权产业的发展。下文以音乐产业发展历程为例,阐述版权法推动基于新技术的作品形式的合理开发从而促进音乐产业发展的具体表现。

鉴于音乐产业并非起源于留声机和唱片的发明,而是随着音乐的大规模传播和商业化使用而产生,音乐产业的兴起可以追溯到音乐生产和消费脱离西方封建法庭和教会时期。尽管 1501 年活页乐谱的印刷已经出现,这一活动仅能称为商业活动,并不能单独构成产业,因为当时的铜雕刻技术只为指定的精英贵族消费者提供少量手工制作复本。18 世纪,繁荣的音乐出版商业活动和新兴的公众音乐会文化为音乐产业的产生奠定了基础[1]。音乐会和歌剧的推广者成功筹划并推动了各种音乐公开表演。随后,音乐出版商以分销活页乐谱和适用于多种乐器的改编形式传播这些公开表演。此时,音乐出版商和音乐会推广者成为控制音乐向公众传播的把关人[2],从受版权保护的活页乐谱、音乐作品的现场表演中获取收益。

随着自动钢琴在美国市场的逐步推广,以机械方式录音成为普遍现象。为了充分保障音乐作品的新形式的合理开发,美国 1909 年《版权

① TSCHMUC P. Creativity and innovation in the music industry[D]. Dordrecht:Springer,2006:1.

② TSCHMUCK P. From court composers to self-made men. An analysis of the changing socioeconomic status of composers in Austria from the seventeenth to the nineteenth century. Trends and strategies in the arts and cultural industries[M]. Rotterdam:Barjesteh van Waalwijk van Doorn,2001.

法》创设了"机械复制权",音乐作品版权人有权禁止他人擅自以机械方式复制作品,此时,音乐出版商和音乐会推广者控制了自动钢琴、留声机等对音乐作品的机械复制行为。紧随其后,不少国家也陆续承认音乐作品的机械复制权与机械表演权,比如英国在 1911 年通过的版权法中也针对钢琴卷、唱片进行了调整,将两者作为音乐作品授予版权保护。1967 年,《伯尔尼公约》第 9 条第 1 款和第 11 条第 1 款对这些权利进行规范,确定了音乐作品的机械复制权与机械表演权的国际地位。版权法鼓励音乐产品新形式的态度,促进了新型音乐产业的繁荣。由于技术方面存在缺陷,自动钢琴发展到后来被留声机取代,本书着重考察唱片产业当时的发展状况①。美国于 1909 年创设"机械复制权"时,留声机用于传播音乐作品已有 20 多年。19 世纪 80 年代,随着留声机的广泛运用,一些留声机的独立分销商将留声机作为一种音乐盒(即自动点唱机)销售至酒吧、餐厅等场所,留声机逐步成为传播音乐作品的设备。太平洋留声机公司是经营自动点唱机业务的先驱。早在 1889 年,该公司就通过改进留声机相关技术,将其改造成一种自动点唱机。此种留声机投入市场一年之内就遍布美国 18 个地区,而且从一些地区每年获取的收益高达 1200 美元②。此时,留声机和唱片产业呈现繁荣发展的趋势,唱片产业公司已经遍布全球,1902 至 1910 年间,美国与欧洲的唱片产业公司已经将其经营业务扩张到世界上最偏远的地区③。比如,1910 年,英国留声机公司业务范围涉足海耶斯、汉诺威、巴黎、巴塞罗那、里加、莫斯科、圣彼得堡、第比利斯、米兰以及加尔各答等地区。1905 年,该企业留声机总产量估计高达 2100 万台④。同时期,美国的唱片产业在经历一段波动时期之后继续发展壮大,维克多公司和哥伦比亚公司的唱片与留声机产量再出新高,维克多公司的资产从 1913 年的 1390 万美元增长到1919 年的 3780 万美元。据统计,1919 年,美国已经有 166 家公司进入

---

① 陈志强. 音乐作品及其权利研究[D]. 福建:福建师范大学,2012:49.

② GALOPPI S. Die tonträgermedien in österreich von 1900 – 1918[D]. Vienna:University of Vienna,1987:19.

③ NOBLE T. Three years recording trip in Europe and Asia[J]. The talking machine world,1913,19:66.

④ GALOPPI S. Die tonträgermedien in österreich Von 1900 – 1918[D]. Vienna:University of Vienna,1987:21.

留声机产业①。1921年,美国的唱片产业销量达到历史最高值,高达1.06亿美元。

无线电广播技术兴起之后,美国的唱片产业有了新的竞争媒体——广播组织,唱片销量呈现下滑趋势。实质上,1920年至1925年,美国的几家唱片公司之所以销量损失高达25%,原因就在于他们拒绝广播技术,而且适应新技术的速度缓慢②。为了保障音乐产业充分利用无线电广播技术传播音乐作品,版权制度为音乐作品增设广播权,充分保障了音乐产业基于广播的新作品形式的开发。1927年,随着有声电影的引入,广播媒体不再只是传播音乐作品,还成为传播电影的媒介,唱片产业、电影产业与广播产业逐步融合,在这一背景下,唱片销量再次呈现出前所未有的景象。比如,来自以前播放的音乐剧《假日酒店》中的一首歌曲"白色圣诞节"的唱片销量高达3000万份,在流行音乐排行榜上连续18年位居榜首③。这一现象反映出新技术环境下流行音乐产业的生产逻辑已经发生变化,整合营销策略的采用对于音乐产业的发展有着重要作用。在这一生产逻辑中,强大的广播网络处于核心,音乐出版商和唱片生产商仅仅是供应者。正如彼得·西莫克所言,在当时的情形下,"广播权的开发比唱片销售能够获取更多的利润"④。

数字技术与互联网技术的推广与运用为音乐产业提供了前所未有的机遇,为促进数字形式的音乐作品的开发与传播,版权法将网络环境下的数字化复制纳入版权人控制的复制权范畴,将借助网络向公众传播的行为纳入版权人控制的传播权的范畴,并将技术措施纳入版权保护范畴。尽管不少学者指出,版权法的此种权利扩张逐步侵蚀公有领域,是过度保护版权人的表现⑤,版权法推动基于新技术的作品形式的合理开发的意图不容忽视。在获取法律授予的这些权利类型之后,音乐产业积

---

① AMABILE M,COLLINS A. Motivation and creativity[M]. Cambridge,UK:Cambridge University Press,1999.

② READ O,WELCH L. From tin foil to stereo. Evolution of the Phonograph[M]. 2nd ed. Indianapolis:Howard W. Sams & Co,1976.

③ CLECAK P. America's quest for the ideal self:dissent and fulfilment in the 60s and 70s[M]. New York:Oxford University Press,1983.

④ TSCHMUC P. Creativity and Innovation in the music industry[D]. Dordrecht:Springer,2006:70.

⑤ 黄汇. 版权法上的公共领域研究[D]. 重庆:西南政法大学,2009:136;易健雄. 技术发展与版权扩张[D]. 重庆:西南政法大学,2008:208;徐鹏. 论传播技术发展视野下的著作权合理使用制度吉林[D]. 长春:吉林大学,2011:165.

极探索保护自身权利的新的商业模式,以对抗非法传播版权作品的行为。比如,在应对 P2P 文件共享行为时,音乐产业是最早提供在线服务的产业类型。始于 iTunes 商业模式的成功,获得授权许可的数字音乐服务企业数量逐步增长,由 2004 年的不足 60 家增长到 2011 年的 500家①。这些服务为消费者提供了丰富多样的消费体验,包括免费下载、按月付费订阅服务、由广告支撑的免费流媒体服务、捆绑移动手机的音乐服务、云存储服务、数字广播服务等②。其中,大多数服务都能通过计算机、手机或者其他消费者的电子设备获取,有助于基于数字和网络技术的音乐产品的合理开发与推广,促进数字音乐产品市场的繁荣。

(2)促进服务于作品的互补性产品发展

服务于作品的互补性产品是指促进作品及其他受保护客体的创作、生产或者使用的产品,共生版权产业涉及的产品即属于互补性产品的范畴,比如电视机、收音机、VCR、DVD 播放器及其他相似设备、计算机及设备、音乐设备、摄影设备、录影设备、复印机、空白录像材料和纸张等。鉴于服务于作品的互补性产品是推动产品演进的重要力量,版权制度通常创设新的责任豁免规则等方式为互补性产品的研发与扩散创造了较为宽松的条件,体现在"实质性非侵权用途"的适用和"红旗"标准的确立。

Universal City Studios, Inc. v. Sony Corp. of America. 案中,美国联邦最高法院之所以首次采用"实质性非侵权用途"规则豁免了家庭录像机制造商索尼公司的侵权责任,就体现了美国法院试图鼓励基于新技术的新技术设备生产商——家庭录像机制造商发展,从而推动服务于作品传播的家庭录像机发展的意图。实质上,正是基于这一裁决结果,美国的家庭录像机得以迅速发展,促进了电影作品的销售,甚至是不受欢迎的票房收入较少的电影作品,因录制在家庭录像带上销售也为电影产业带来了可观收入③。

美国《数字千年版权法》确立的"红旗标准"也是立法者鼓励服务于

---

① IFPI. IFPI digital music report[EB/OL]. [2018 – 03 – 10]. http://www.ifpi.org/content/library/dmr2011.pdf.

② RIAA. RIAA CEO to tout "transfomed" music business to congressional penal reviewing "future of audio"[EB/OL]. [2018 – 03 – 10]. http://www.riaa.com/newsitem.php?content_selector = newsandviews&news_month_filter = 6&news_year_filter = 2012&id = 61653611-420D-A290-7F6A-5BA99CF94721.

③ ATLEY R. VCRs put entertainment industry into fast-forward frenzy[EB/OL]. [2018 – 04 – 20]. http://www.cedmagic.com/history/ampex-commercial-vtr-1956.html.

版权作品传播的互联网技术设备发展的重要体现。尽管《数字千年版权法》明确规定网络服务提供者没有承担监控侵权内容的义务,在某种程度上知晓侵权行为时,网络服务提供者要想基于"避风港规则"中的三种情形豁免责任就需要采取一定的行动。此种知晓不仅包括实际知晓,还包括意识到"来自明显侵权行为的事实或者情形",这就是所谓的"红旗"标准。这一标准包括主观因素和客观因素两部分,前者关注网络服务提供者实际知晓侵权行为存在,后者考察是否来自那些事实的侵权是明显的。国会创设这一标准的目标在于确保网络服务提供者无须承担事先审查的责任,同时也不能无视侵权行为存在。从美国国会委员会立法报告的这一目标来看,"红旗"标准的创设在于借助网络服务提供者促进作品的网络传播。正因"红旗"标准的存在,起着传输、缓存、存储、链接等定位工具作用的特定类型网络服务提供者才不用因网络用户的侵权行为承担过于沉重的义务,在某种程度上有助于特定类型的互联网技术设备的发展,从而借助互联网服务提供者的协助,抑制版权侵权行为发生,促进作品的网络传播。实质上,鉴于版权发展历史是一部权利扩张史,"红旗"标准更有其存在的必要,有助于有效抑制数字网络环境下版权保护的过度扩张。版权法通过免除特定情形的网络服务提供者的侵权赔偿责任,确保网络服务提供者承担更为合理的网络侵权责任,避免了将网络服务提供者卷入无休止的侵权诉讼当中,有助于新兴的互联网产业的发展[①]。

2.2.5 合理应对版权产业演进的衰退期

随着新技术的发展,进入衰退期的版权产业如果固守滞后于市场的商业模式,在不依据自身优势采取适当策略的情形下,必然会在激烈的市场竞争中被淘汰。鉴于此,版权制度的完善必然要放弃理应退出版权产业的企业。版权法鼓励印刷技术的发展,而手写工行会的反抗并未影响版权法制定,就在于基于印刷技术的图书传播模式已经成为图书行业发展的新途径,传统的手工抄写显然已经滞后于图书交易市场的需求。

近年来,报纸产业也因处于衰退期遭遇严重问题。这些问题是留待报纸产业解决的商业模式问题而不是需要版权法解决的问题,并非通过

---

① RADIN M. Internet commerce: the emerging legal framework[J]. Supplement, 2008, 22: 27 – 52.

新增法律保护的权利类型就能解决。根据某些报纸产业的观点,报纸产业的衰退是由互联网搜索引擎引发的①。报纸产业的衰退已经持续很长一段时间,并非出现在搜索引擎兴起之后。互联网出现之前,报纸产业的广告收入就已经因为模拟技术的出现呈现下降趋势。以全球范围报业最为发达的美国为例,自1950年开始,美国报纸发行量就呈现出急剧下降的趋势。美国报纸发行量在1914年降到最低。美国家庭人均发行量早就在20世纪40年代开始下滑,而且以更快的速度下降。自20世纪60年代以来,美国报纸人均发行量就开始以平稳的速度下降,从广告收入来看,美国报纸广告收入额占媒体广告收入额的比例由1949年的36%下降到2009年的13%,尤其是在1949年至1959年间,随着电视广受欢迎,10年之内的报纸广告收入额所占比例急剧下滑。随后出现短期的严重下滑的时间是1989年至1993年,而这正是万维网(World Wide Web)免费向公众开放的时期。与之相反,1949年的电视广告收入额所占比例为零,2009年上升为26%。直接邮寄广告的广告收入由1949年的15%增长到2009年的22%②。由此可见,报纸广告收入下降最为严重的时期是在互联网引入之前,尤其是有线电视广受用户青睐的时期,有线电视抢占了大部分报纸的广告收入市场份额。

报纸广告收入下滑的重要原因在于消费者阅读报纸的时间逐步减少。鉴于广告商只会将广告投放在消费者关注的领域,报纸产业已经不能满足消费者需求自然就无法吸引广告投入。据统计,2005年,社会公众阅读报纸的时间为187个小时。2009年,减少至162个小时,2011年,继续减少至154个小时。与之相反,社会公众花费在有线电视上的时间在2009年已经增长到1714个小时,2011年增长到1742个小时,如此巨大的增长速度与广告收入增长相一致。由此可见,消费者已经不再青睐报纸这种产品,传统报纸产业在应对数字网络技术的过程中,也仅仅将传统报纸内容置于网络上,提供的内容仍然没有任何变化,而消费者在网络环境下形成的消费习惯已经发生变化,他们越来越喜欢个性化的产品,需要能够快速获取大量新闻的媒介。消费者只会挑选自己感兴趣的新闻阅读,而且希望能够以最快的速度最广泛地获取新闻信息,基于此,报纸企业只有在为消费者提供符合其偏好的此类产品的情形下才

---

① PARTY W. How to fix copyright[M]. New York:Oxford University Press,2011:107.

② PARTY W. How to fix copyright[M]. New York:Oxford University Press,2011:182.

能重获消费者的青睐,从而吸引广告商的注意力。

由此看来,报纸产业收入下降是市场竞争的结果,并非由搜索引擎挖掘其网站内容导致,与他人未经授权的复制内容无关,不属于版权法调整的范畴。就算搜索引擎不再挖掘报纸网站内容,报纸产业收入仍然会继续下降,而且广告收入也不会增加,消费者更不会兴起购买印刷版报纸的消费行为。

报纸出版商呼吁立法者创设新的权利类型以控制数据挖掘其报纸网站的行为,他们认为,搜索引擎有义务因数据挖掘其网站而支付许可费。然而,这种呼吁创设新型权利的理由并不合理。版权法创设一种新的权利类型并不会解决报纸产业目前面临的问题。作为报纸出版商呼吁的回应,以德国为代表的国家创设"谷歌法",赋予新闻出版商控制搜索引擎和新闻聚合者挖掘并展示新闻内容的权利。尽管德国"谷歌法"豁免了搜索引擎和新闻聚合者展示短小片段之文本和数据挖掘的侵权责任,澳大利亚法律改革委员会也赞成符合合理使用条件的文本和数据挖掘行为作为版权侵权例外,这些立法举措远远不能满足消费者的需求,也不符合版权产业演进的规律。正因如此,在德国"谷歌法"获得通过之后,德国最大的报业集团主动加入谷歌,放弃"谷歌法"授予的新权利。

我国"今日头条"事件也并没有引起我国版权法修订要赋予出版商新权利,也是合理应对版权产业演进规律的代表。2012 年 3 月,北京字节跳动科技创设"今日头条"手机应用程序。作为新闻聚合服务提供平台,"今日头条"在信息过载的网络环境中,利用算法技术,针对性地为用户推荐新闻,缩减用户搜索筛选时长,私人定制式的新闻内容推荐更是增强了用户黏性,广受用户青睐。然而,随之而来版权纠纷频发。《广州日报》《新京报》《楚天都市报》《南方日报》等传统媒体以及搜狐、腾讯等新媒体纷纷将"今日头条"诉至法院,争议焦点主要涉及深度链接的合法性、临时复制、信息网络传播权、合理使用等问题,我国法院针对这些问题进行了讨论,在现有法律框架下解决了版权侵权问题,并没有涉及赋予出版商新的权利。

2.3　认清版权法的立法目的及其实现方式

法律制度只有实现其预先设定的目的才具有有效性。现阶段,立法者制定版权法的目的主要有三种:一是,为作者提供激励促进其创作作品,没有此种激励作者将不会进行创作;二是确保社会公众获取作者创作的作品;三是,尊重作者的精神权利。

随着新技术的发展,立法者为版权法设定的目标远非如此。比如,欧盟在应对网络技术的发展时制定的《欧盟信息社会版权指令》强调版权法在于"促进包括网络基础设施在内的实质性投资于创造力和创新,促进增长,提升欧盟行业的竞争力"①。为了实现这些宏伟目标,立法者通常基于版权对于智力创作的关键性作用,强调版权的高水平保护。尽管这种逐步修订版权法立法目的的措施有其合理性,有助于充分运用新技术完善版权法立法目的的实现方式,但这种方式却必须建立在慎重考察实现方式是否有效的基础上。纵观历史,尽管立法者强调版权保护的高水平,立法者却没有对这一"高度"进行界定。而且,立法者也没有提供证据证明这种高水平的版权保护是智力创作的关键,没有指明这种保护能够如何同时维护作者、表演者、制作者、消费者、文化、产业和社会公众的利益。

此外,上述三种目的之间存在严重矛盾冲突:授予某些作者权利就会限制基于这些作者作品创作新作品的某些作者之权利;授予版权人专有权利保护其投资的同时,也容易引发版权人控制垄断价值并限制他人获取作品;授予作者精神权利,阻止某些类型的作品使用,也会不利于许多出于维护社会公共利益目的的使用。易言之,版权法在授予某人权利的同时也会阻碍他人创作和参与竞争。实质上,立法者预先设定的这些目的并非都是合理的,而且某些目的的实现也并非在于完善版权法。考察版权法有效应对技术进步的情形,立法者与司法机构通常都会明确版

① The European Parliament and the Council of European Union. Directive 2001/29/EC of the European Parliament and of the Council of 22 May 2001 on the harmonisation of certain aspects of copyright and related rights in the information society[EB/OL]. [2018 - 03 - 10]. http://www.wipo.int/wipolex/en/text.jsp?file_id = 126977.

权法的立法目的,认清实现立法目的的方式。

2.3.1 立法目的概述

立法活动是立法者为了自身的需要,根据其享有的职权和特定的程序,采用特定的立法方法和技术,"制定、认可和变动法这种特定的社会规范的活动"①。立法目的是立法者在确定立法方案之前事先设定的"立法需要实现的具体目标"②,是立法的前提和基础。鉴于不同法学流派所处时代不同以及认知社会关系和法的本质的观点不同,不同法学流派对立法目的的认识也存在差别,下文分别阐述自然法学派、功利主义法学派、社会法学派和实证分析法学派关于立法目的的看法。

自然法学派、功利主义法学派和社会法学派均承认立法目的的存在。自然法学派以亚里士多德和洛克为代表。亚里士多德主张,立法的根本目的在于实现正义。亚里士多德认为,法律的实际意义在于"促成全邦人民都能进于正义和善德的制度"③。洛克认为,法律的最终目的在于保障包括民主、平等和自由等权利在内的公共利益的完全实现,主张"法律除了人民的福利这一最终目的之外,不应再有其他目的"④。边沁是功利主义法学派的代表人物,他认为法的目的在于确保最大多数人的最大幸福。社会法学派的代表人物是庞德和韦伯。庞德认为法律的目的在于实现社会公正,法律是实现社会正义的工具。庞德的观点与自然法学派代表亚里士多德有着相似之处,然而,庞德所主张的正义与亚里士多德主张的正义有所区别,他认为正义是"所在社会所能企求的和谐人际关系"⑤,把人们之间的矛盾和冲突减少到最低限度并达到最大程度的统一。这种正义是通过法律实现的,也是法律所追求的目的。韦伯认为,立法目的在于依靠政治权威机构维持社会秩序,借助法律促使人民服从或者制裁违法行为,从而保护政治权威机构的利益,证明政治权威的正当性⑥。

---

① 周旺生.立法学教程[M].北京:北京大学出版社,2006:60.
② 陈雪平.立法价值研究——以精益学理论为视角[M].北京:中国社会科学出版社,2009:71.
③ 陈金全.西方法律思想史[M].北京:人民出版社,2012:50.
④ 严存生.西方法律思想史[M].北京:中国法制出版社,2012:162.
⑤ 严存生.西方法律思想史[M].北京:中国法制出版社,2012:327.
⑥ 陈雪平.立法价值研究——以精益学理论为视角[M].北京:中国社会科学出版社,2009:56.

实证分析法学派关于立法目的有着不同看法,以萨维尼和凯尔森为代表的实证分析法学派均否定立法目的的存在。萨维尼主张法律是自然产生的,并非由立法者制定,立法者仅仅承担着帮助人们揭示世代相传的"民族精神"并以法律形式确立,法律是"客观、完全独立、排除任何人意见的东西"①。凯尔森认为,法律的制定不应该以正义、自由等立法目的为基础,因为正义、自由等立法目的具有主观性,不同主体的理解存在差异。他认为,作为一种科学,法律不能因不科学的正义、自由等立法目的而模糊其科学性,他更加注重的是技术性分析法律的形式与结构②。

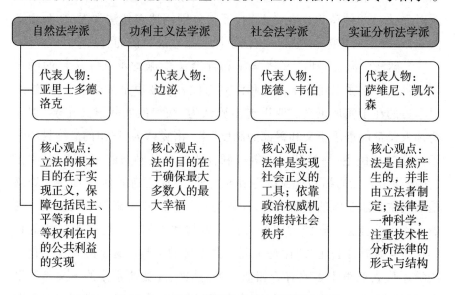

图 2-5   不同法学流派对立法目的的解释

相较而言,笔者更认可自然法学派、功利主义法学派和社会法学派承认立法目的的存在的观点,而且立法者只有认清立法目的才能制定更为合理的法律制度。从不同法学派的主张来看,法律制度的最终目的在于实现公平、正义、自由等社会公共利益。

2.3.2   版权法的立法目的及其实现方式

基于不同的文化传统和哲学背景,传统版权法的立法目的及其实现方式可以分别从英美法系和大陆法系国家来阐述。尽管随着《伯尔尼公

① 萨维尼.法学方法论笔记与格林笔记[M].杨代雄,译.北京:法律出版社,2008:77.
② 萨维尼.法学方法论笔记与格林笔记[M].杨代雄,译.北京:法律出版社,2008:85.

约》《保护表演者、录音制品制作者和广播组织罗马公约》《世界知识产权组织版权条约》《世界知识产权组织表演和录音制品条约》《与贸易有关的知识产权协议》等版权相关国际条约的签订以及两大法系主要国家的纷纷加入,世界各国的版权法有着逐步融合、相互借鉴的趋势,版权法立法目的和价值取向上的不同却仍然存在。也正因如此,各国版权法在应对技术进步的过程中采取了不同策略,最终产生不同立法效果。

(1)英美法系国家版权法的立法目的及其实现方式

以英国和美国为代表的英美法系国家将"版权"称之为"版权",遵循功利主义哲学传统。版权法的立法目的在于以最低可能性的价格激励最广泛可能性的多种多样创意产品的生产①。在版权体系下,理想的版权立法者将会论证每一种扩张版权的建议是否符合功利性标准,并且只会赞同明显可以激励新作品创作的完善版权制度的方式。基于功利主义哲学传统,立法者确立的版权法的立法目的在于实现公共利益,保护作者的个人权利(主要是经济权利)、激励创作均为实现公共利益的方式。

考察300多年前世界上首部版权法——英国议会通过的《安妮法》②,其序言提到制定该法的目的在于两个方面:一是,防止"盗版"泛滥损害图书原稿作者或者所有者的权利而经常导致这些权利人家境败落或破产;二是,鼓励有学问的人士写作有益的图书。《安妮法》一方面保护作者或者所有者的个人权利,另一方面鼓励学者创作,从而提供有益于社会的图书。关于两者之间的关系,我们可以从《安妮法》的全称《于法定期间授予被印图书原稿之作者或购买者复制原稿权以鼓励学术之法》看出,《安妮法》强调前者是手段,后者是最终目的。《安妮法》首先在于"授予被印图书原稿之作者或购买者复制原稿权",并最终实现"鼓励学术"的目的。此外,获得通过的《安妮法》与书商公会提交的请愿书中存在的明显区别还表明了立法者实现防止书商公会垄断图书市场的意图。比如,将请愿书中的"鼓励学术、保护图书原稿之正当所有者的财产权"改为"于法定期间授予被印图书原稿之作者或购买者复制原

---

① GOLDSTEIN P. International copyright: principles, law, and practice [M]. New York: Oxford University Press, 2001.

② 《安妮法》的英文全称为: An act for the encouragement of learning, by vesting the copies of printed books in the authors or purchasers of such copies, during the times therein mentioned。

稿权以鼓励学术之法",直接指明"作者"对复制原稿权享有的权利,防止书商以"正当所有者"之名独占复制原稿权。此外,该法对授予作者或者购买者的权利期限进行了限制也体现立法者防止垄断的意图①;在作者和书商所主张的这种新型权利的正当性尚不明确的情形下,为避免赋予新型权利过于强大的效力,将"财产"(Property)改为"复制件"(Copies),明确了版权是一种法定权利而非永久性的自然权利。

随后,英美法系国家的传统版权法沿袭了《安妮法》的立法传统,在保护作者经济权利的同时,将"鼓励学术"作为最终目标,并进一步明确了版权法公共利益目标。美国 1790 年的首部版权法根据宪法中的有关版权的"促进科学发展"②的条款确立了"鼓励学术"的立法目的,承认作者在有限的时间内对其创作的作品享有专有权。美国联邦最高法院在Washing Pub. Co. v. Pearson 案中强调,版权法"通过赋予作者与出版商等权利人有效的、有价值的权利,以鼓励造福于人类的传世之作的创作"③。1909 年,美国版权法在进行全面修订时,美国众议院报告指出,版权"并不是建立在作者对其作品享有的自然权利基础上……而是建立在其为之服务的公共福利"④。英国版权法发展历史也沿袭了这一传统。亚当·斯密认为,"作为鼓励学人的劳动"⑤,需要予以版权以有限的法律保护。杰里米·边沁认为,"个人在对可能的收获不抱有希望时不会不怕麻烦去耕种"⑥。托马斯·宾顿麦考利反对提交至英国下议院的将版权保护期限由 28 年扩张到作者死后 60 年后的议案⑦。塞缪尔·约翰逊指出,"只有傻瓜才会在不会获取金钱时写作"。

---

① 《安妮法》第 1 条规定:"任何已经完成但未印刷出版或者以后将要完成的一部图书或多部图书的受让人,自其首次出版之日起 14 年内享有印刷和重印的独占自由。"

② The United States Congress. The Constitution of the United States of America[EB/OL]. [2018 – 03 – 10]. https://www. gpo. gov/fdsys/pkg/GPO-CONAN-REV-2014/pdf/GPO-CONAN-REV-2014-6. pdf.

③ The United States Supreme Court. Washing Pub. Co. v. Pearson[EB/OL]. [2018 – 03 – 10]. http://caselaw. findlaw. com/us – supreme – court/306/30. html.

④ LANDES W,POSNER R. An economic analysis of copyright law[J]. The journal of Legal studies,1989,18:325.

⑤ SMITH A. Glasgow edition of the works and correspondence Vol 5 lectures on jurisprudence [J]. Liberty fund,1762,83.

⑥ BENTHAM J. A manual of political economy[J]. The works of jeremy bentham, 1839,3 (31):71.

⑦ MACAULAY T. Macaulay:prose and poetry[M]. Cambridge, Massachusetts:Harvard University Press,1967.

　　然而,英美法系国家在完善版权法时也并非遵循严格的功利主义理论。基于功利主义理论,在扩张版权保护至新型客体或者权利时,立法者理应证明此种扩张有助于激励创作。立法者通常都没有依据任何实证数据论证此点,版权的扩张能否真正实现激励创作之目的有待商榷。此外,英美法系国家的版权法也深受自然权利理论的影响。考察英国的文学作品和版权案例,我们可以发现,强而有力的自然权利理论影响着英国的版权法发展进程。曼斯菲尔德法官在 Millar v. Taylor 案指出,永久性的版权存在于普通法之中,"作者从自己的智慧和劳动中收获经济利润是公平的"①。在首部国家版权法颁行之前,美国许多州的版权法都将自然权利理论作为保护版权的正当性理由,而且 19 世纪美国学者的不少论文也经常以自然正当原则而非公共利益标准作为延长版权保护期限的基本原理②。

　　(2)大陆法系国家版权法的立法目的及其实现方式

　　以法国和德国为代表的大陆法系国家将"版权"称之为"作者权",遵循自然权利哲学传统。大陆法系国家的版权法认为,作为一种权利与正义,作者有权保护自己的作品③。在作者权体系下,理想的版权立法者并不会基于考虑社会必要性而选择扩张版权,只会拒绝权利扩张将实质性妨碍受保护作品的具有社会价值的使用之情形。大陆法系国家着重强调保护作者的个人权利,包括精神权利和经济权利。

　　法国于1791 年和1793 年先后颁布《表演者权法》和《作者权法》,被认为是法国版权法的雏形。德国首个有关版权的立法是 1837 年的普鲁士法,该法赋予作者对科学和艺术作品的复制享有权利,权利期限为作者终身加死后 30 年。此时,大陆法系国家的版权法并没有与自然权利理论形成密切联系。直到 19 世纪后期,欧洲大陆普遍颁行版权法,自然权利理论才与大陆法系国家的作者权传统紧密相连。该理论的基本原理最早可以追溯到奥特·冯·基尔克的作品,基尔克基于康德有关文学创作和作者个性的联系之观点展开论述,认为版权在于作者控制作品利

---

①　PATTERSON L. Copyright in historical perspective [M]. Nashville: Vanderbilt University Press,1968.

②　WEINREB L. Copyright for functional expression[J]. Harvard law review,1998,111:1149, 1211 – 1214.

③　GOLDSTEIN P. International copyright:principles,law,and practice[M]. Oxford:Oxford University Press,2001.

用的每个方面（包括人身的和物质的）①。在"天赋人权"和"主权在民"等自然权利思想的推动下,欧洲大陆国家普遍建立起版权保护制度,强调作品是对作者人格的反映,作者的精神权利被放在首位,经济权利则处于次要地位。尽管此时的法律被认为是照抄《安妮法》,没有规定作者的精神权利,随后的司法实践逐步确立了作者精神权利的地位。

在大陆法系国家内部,关于版权控制作品的精神权利和经济权利的不同看法导致自然权利理论出现两大分支:以法国为代表的二元论和以德国为代表的一元论。法国版权法区别对待作者的经济权利与精神权利,认为作者的经济权利可以转让并具有一定保护期限,受例外与强制许可的限制,作者的精神权利至少在名义上是永久的、不可转让的、不受限制的②。德国版权法采用同一标准和原则对待作者的经济权利与精神权利,认为两种类型的权利至少在名义上是不可分割的(如法国版权法中的精神权利),都受到一定的时间限制(如法国版权法中的经济权利)。

(3)版权法立法目的及其实现方式的逐步融合

随着国际版权制度相继建立,缔约国遵循相同的版权保护最低标准,采取实质相似的规则,不同法系版权法的相似性逐步多于法律哲学起源导致的不同。英美法系与大陆法系国家均将计算机程序作为文学作品予以法律保护。关于录音制品与广播享有何种程度版权保护的问题,两大法系的许多国家均持有相同态度③。当然,不同法系国家关于权利转移的态度可能有所不同,与英美法系国家相比,大陆法系国家可能更严格限制版权的自由转移。但是,前述两大法系国家存在的不同也仅仅是程度上而非性质上的不同,而且这种不同的程度差距通常是相当小的。

1886 年,首部国际版权条约《伯尔尼公约》获得通过。该公约由法国和德国等大陆法系国家推动制定,遵循的是大陆法系国家推崇的自然权利理论,也正因如此,最初的 10 个签署国多为大陆法系国家,包括德国、比利时、西班牙、法国、意大利、瑞士、海地、突尼斯等,英美法系国家

---

① KASE F. Copyright thought in continental europe:its development[J]. Legal theories and philosophy,1967,9:10 – 11.

②③ KEREVER A. Copyright:the achievements and future development of european legal culture [J]. Copyright,1990,26:130.

则只有英国和利比里亚。作为英美法系国家重要代表,美国则因为本国政治压力以及本国版权法与该公约确立的版权保护最低标准不相符等原因而没有成为缔约国,直到 1989 年 3 月 1 日才加入该公约。

1952 年,《世界版权公约》获得通过。该公约主要目标在于协调《伯尔尼公约》缔约国和许多因本国法律与《伯尔尼公约》确立的最低标准不符而没有成为缔约国的国家之间的多边版权关系。除了美国之外,许多拉丁美洲国家、苏联以及一些非洲与亚洲国家也没有加入《伯尔尼公约》。经过多方努力,36 个国家签署《世界版权公约》。为了适应美国需求,该公约的最后版本允许成员国将履行版权登记手续作为保护版权的条件,同时允许以作品的出版日期而不是作者死亡的时间作为衡量版权保护期限的标准①。

1994 年,《与贸易有关的知识产权协议》获得通过,进一步强化了不同法系国家之间保护版权的联系性与一致性,至今仍然影响和主导着知识产权国际贸易。该协议前沿明确指出承认版权为私权、各国内版权制度维护公共利益之目的。1996 年 12 月,为了应对信息技术和数字网络的飞速发展,150 个世界知识产权组织成员国又在日内瓦签署了《世界知识产权组织版权条约》和《世界知识产权组织表演和录音制品条约》。这两个条约所确定的传播权、适用于计算机程序、电影作品和录音制品的租赁权、关于技术措施与权利管理信息等规定,对世界各国版权法的修订起了重要的示范和促进作用。其中,两个条约的前言也强调平衡保护作者、表演者和录音制品制作者的个人权利与实现更广泛公共利益尤其是教育、研究和获取信息的重要性②。

由此可见,在应对技术进步的过程中,国际版权制度逐步确立了保护版权人个人权利与实现教育、研究和获取信息等公共利益的双重目的,立法目的的实现方式在于扩张版权保护范围、强化版权保护力度。

(4)版权法基本原则与具体条款呈现的立法目的

版权法确立的基本原则以及版权法规定的具体条款也反映出版权法的立法目的,具体体现在保护特定类型的作品同时,为社会公众自由使用作品留有一定空间。首先,借助"独创性"标准和"思想/表达两分"

---

① CARTINEY S. Universal copyright convention[J]. Music research,2008,12:46-48.

② LIPTON J. Law,technology and the arts symposium:the WIPO copyright treaties:10 years later [J]. Case western reserve law review,2007,29(7):38.

原则,版权法明确了社会公众可以自由使用特定的不受版权保护的材料。只有具备"独创性"的作品才能受到版权法保护,社会公众可以自由获取那些"非独创性"的内容。根据"思想/表达两分"原则,版权法只保护表达,对于思想,社会公众也可以自由使用。其次,依据"保护期制度",版权法确保社会公众自由使用超过保护期限而进入公有领域的作品。此外,版权法还通过版权限制与例外条款,保障社会公众在特定情形下自由使用受版权保护的作品。以大陆法系国家为代表的版权法详细列举了允许社会公众自由使用作品的类型。以美国为代表的英美法系国家的版权法则通过合理使用条款列举了相关允许社会公众自由使用作品的情形①。比如,世界各国的版权法普遍将"时事新闻"等作品排除在版权保护之外,允许社会公众出于个人学习、科学研究之目的合理使用作品而无须获得版权人许可等。

2.3.3　明确版权制定法而非普通法权利的权利属性

关于版权的权利属性的争论由来已久,主要存在两种观点:一种认为版权是法律授予的制定法权利;一种认为版权是作者与生俱来的普通法权利。考察历史,前者才是版权的本质。版权法产生之前,早期的印刷特权就是统治者授予印刷者的制定法权利。比如,威尼斯共和国授予引入印刷术的约翰为期5年的特权②,英国查理二世制定的《许可法》授予印刷者的权利③等。就算当时的印刷者权利与现代意义的版权存在明显不同,有人会质疑这些特权论证版权的权利属性不具有理论依据。考察首部版权法《安妮法》,我们仍然能看出立法者强调版权制定法权利属性之意图。《安妮法》之所以将书商公会提交的请愿书中的"保护"作者或者购买者的权利改为"授予"权利,就在于强调版权的法定权利属性④。

版权乃普通法权利的观点是版权利益集团企图最大限度维护自身

---

①　Iowa State University Research Foundation, Inc. v. American Broadcasting Cos. , 621 F. 2d 57,60(2d Cir. 1980) ; Triangle Publications, Inc. v. Knight-Ridder Newspapers, Inc. ,626 F. 2d 1171,1181(11th Cir. 1980).

②　雷炳德. 著作权法[M]. 张恩民,译. 北京:法律出版社,2005:16.

③　BLAGDEN C. The stationers' company: a history, 1403 − 1959[M]. Boston: Harvard University Press,1960.

④　FEATHER J. Publishing, piracy and politics-an historical study of copyright in britain[M]. Britain: Mansell Publishing Limited,1994.

利益的工具。英国书商公会则是这一观点的最初推动者,在推动《安妮法》的制定过程中,借助丹尼尔·笛福关于作者财产权的观点,提议立法保护图书原稿之"正当"所有者的"财产权"①。《安妮法》并未使用财产权的表达,而且《安妮法》通过之后,认定作者和书商享有永久性财产权仍然为主流观点②。此外,英国书商公会也从未间断对版权是一种"财产权",乃普通法权利的主张。然而,英国议会一直未能支持书商的这一观点,体现在书商公会延长《安妮法》所规定的保护期限的努力失败。英国法院的相关判决结果也再次强调版权的特权属性。1741年,在作家蒲柏与出版商科尔的争论中,哈德威克法官指出:原稿所有权与纯粹的文字、符号中的权利存在区别,后者是文学产权,是一种"特殊权利"③。1774年,英国上议院在 Donaldson v. Beckett 案中裁决,"永久的版权是非法的",法院得出的结论是,"版权不存在什么自然法则,版权是一个纯粹的法定权利,它是出于鼓励文学创作之功利目的而创设的"④。

实质上,在 Donaldson v. Beckett 案判决之后的 20 年间,英国图书出版业呈现出最为显著的增长趋势。法院否决书商永久性版权的观点推动了英国图书市场的繁荣,仅初版书种类就增长了 54%。1700 年,英国图书市场上的初版书为 3407 种,经过 10 年的缓慢增长后,1710 年至 1740 年呈现急剧下降趋势,1740 年的初版书种类降为 2962 种。随后,初版书种类数量再次增长,1770 年增长为 5052 种。然而,30 年之内的总增长数量仍然只有 2090 种。在 Donaldson v. Beckett 案之后,初版书种类数量急剧上涨,尤其是 1780 年至 1790 年仅 10 年的图书初版书种类数量就增长了 3044 种,比此案做出裁决之前 30 年间的总增长数量还多出 954 种⑤。在法院做出此项裁决之后,英国所有阶层的公民都开始了阅读⑥:丹尼尔·笛福的《鲁滨孙漂流记》于 1719 年出版,因此,该书本

---

①③ DEAZLEY R. On the origin of the right to copy—charting the movement of copyright law in eighteen-century Britain (1695 – 1775)[M]. Britain:Hart Publishing,2004.

② GOLDSTEIN P. Copyright's highway:from gutenberg to the celestial jukebox[M]. New York:Hill and Wang,1994.

④ FEATHER J. Publishing,piracy and politics—an historical study of copyright in Britain[M]. Britain :Mansell Publishing Limited,1994.

⑤ RAVEN J. The business of book:bookseller and the English book trade[M]. New Haven:Yale University Press,2011.

⑥ RAVEN J. Judging new wealth:popular publishing and responses to commerce in England [M]. New York:Oxford University Press,1992.

来到 1747 年就该进入公有领域,但是,直到 1774 年 Donaldson v. Beckett 案判决之后,其才进入公有领域。随后 5 年间该书的销售量比该书进入公有领域之前几十年的销售量都要大①。

2.3.4 鼓励复制促进版权法立法目的的实现

考察现行版权法,立法者往往提倡强化版权保护,主要原因在于:版权是创造力的基础,只有提高版权保护水平,才能实现版权法激励创作的目的。然而,已有研究成果表明,创意产品和服务的生产不是由相对较强的版权保护推动的②。除了需要理解创意作品的市场是如何运作的之外,我们还应该知晓不同类型作品的市场运作情况。因为不同类型作品的市场运作是不同的,如果针对不同类型作品制定相同的法律政策,那么这些法律政策可能无法达到预期效果。如果立法者试图激励创造力,就必须从微观层面制定版权法。目前,世界各国的版权法忽视了这一重要不同点,以相同的法律政策试图激励不同类型作品的创作。

立法者主张的强化版权保护力度有助于激励公众创作的想法是建立在创作力能够由外部力量推动的基础上的,而学术界关于创造力能否受到外界影响一直存在争议。一种观点认为创造力是后天养成(Nurture)的,认为人类的创造力可以通过学习获得,因此,花费在教育人们增强创造力上的精力越多,创造力作品的供给就会越多;另外一种观点则认为创造力是天生(Nature)的,是人们与生俱来的,不能通过学习获得③。如果前一种观点是正确的,那么增强创造力的方式就不在于强化版权法,而是投入更多的资金于学校或者其他教会人们增强创造力的项目上。如果后一种观点是正确的,那么我们就没有办法增加艺术家和作者的数量,不过我们可以支持和保护其创造力成果。这是一种有关艺术家和作者的浪漫观点,是与版权法最一致的看法。然而,这一观点也没有解释版权法能够鼓励创造力,只是证明了版权法能够保护创造力成果,但是不为创造力成果的存在负责。

不可否认的是,天生具有较强创造力的天才是存在的,但是他们这

---

① RAVEN J. Judging new wealth: popular publishing and responses to commerce in england [M]. New York: Oxford University Press, 1992.

② TOWSE R. Creativity, copyright and the creative industries [J]. Kyklos, 2010, 63(461): 463.

③ KAUFMAN J, STERNBERG R. The Cambridge handbook of creativity 8 – 9 [M]. London: Cambridge University Press, 2010.

种天生的创造力往往是通过后天培养得以不断增长的。此外,还有一些群体在某些特定的领域是没有天分的,而且他们无论通过怎样的后天努力也没有办法获得必要的创造技能。由此可见,创造力形成并非只有一种因素,而是多方因素共同努力的成果。然而,立法者往往会模糊掉人类创造力形成的这一本质,反而声称版权法是激励人们创作的工具,通过强而有力的版权保护可以促进人们创作更多的作品。立法者的这种观念并没有证据支撑,反而会导致人类共同的文化遗产被少数声称享有版权的个人或者组织所控制。

考察版权发展历史,鼓励复制才是鼓励创造力的基础。目前,我们几乎很难找到这种观念的痕迹。随着新技术的发展,版权利益集团逐步将版权的有限特权属性鼓吹为财产权,导致所有的复制行为都被归为盗窃。版权利益集团的这些努力相当成功,而且证明了思想的强大力量,正如约翰·梅纳德·凯恩斯所言,思想"比我们通常所理解的更强大,事实上,世界是由思想统治的"①。复制等同于缺少创造力的思想是相当有害而且与历史不相符的。

300 多年来,版权法赋予的复制权并不是由财产权规则决定的,而在于考察被告的作品是否增加了新的见解、是否也是一个创造性的作品。只有逐字的复制或者对文章核心内容的实质性复制等才是被阻止的,因为这些复制没有提供任何新的见解或者有任何创造力的证据,反而是原作的替代品。除了替代性复制之外,后来的作者还认为未经授权的复制还有可能包括其他类型。在 1803 年英国案件 Cary v. Kearsley 案中,埃伦伯勒法官总结这一政策为:"某个作者作品中的一部分内容在另外一部作品中也存在,该内容本身不是盗版,或者并不充分构成盗版;个人可以公正地采用他人作品的部分:他能够充分利用他人劳动来促进科学进步和公众利益……虽然我认为自己一定会确保每个人享受他的版权,这种权利不能束缚科学的发展。"②

2.3.5 强调版权法鼓励新作品创作的重要性

版权法立法目的实现方式毫无疑问在于鼓励新作品的创作,从版权

---

① KEYNES J. The general theory of employment, interest and money[M]. Sahibabad: Atlantic Publishers & Distributors, 2006.

② PARTY W. How to fix copyright[M]. New York: Oxford University Press, 2011:116.

合理使用制度的起源到新型合理使用的产生,无不体现版权法鼓励新作品创作的意图。

(1)版权合理使用制度的创设在于鼓励新作品创作

版权合理使用制度始于英国的判例法,后来经过美国的判例法发展最终以成文法形式确立下来。英国早期司法实践之所以创设合理使用制度,目的在于鼓励新作品的创作,即"后任作者以创作新作品为目的,并以善意使用为原则,可以不经授权、不付报酬而使用前任作者的作品"①。

版权合理使用制度在英国最初被称为"合理缩写"(Fair Abridgement),由 1740 年 Gyles v. Wilcox 案中衡平法院的判决确立,允许在某些情形下未经授权地缩写版权作品。针对节略使用的合理性,代表法院撰写意见的哈德维克法官做出如下解释:关于已出版图书的真正缩写可能被作为一部完全独立的新作,因为这种缩写呈现出编者的劳动、独创性、学历和判断②。此案判决鼓励后任作者以缩写前任作者作品的形式创作出新的作品。在 1803 年的 Cary v. Kearsley 案中,法院以"合理的使用"(Used Fairly)取代了"合理缩写"的表述,考察其目的在于将所有类型的有益于公共利益的创作新作品的行为纳入合理使用范畴,借用法官的观点就是"'合理缩写'表述的基本含义只包括对作品的摘用与缩写",而"'合理的使用'则可以包括对他人作品提供的材料有着完全崭新的创造"③。此案将鼓励新作品创作的形式由缩写扩张至所有类型的新创作。在 1839 年的 Lewis v. Fullarton 案中,法院首次采用"合理使用"(Fair Dealing)的概念,此案运用这一概念指明引用他人作品而进行新创作的合理性,明确了简单的复制不属于这一范畴④。到 19 世纪,英国法院已经普遍认可了合理使用的规则。英国的 1911 年版权法以成文法的形式明确规定了合理使用制度⑤,以列举例外的模式定义允许使用版权作品的情形,包括出于个人研究、批评、评论以及报纸登载等目的的使用作品

① 吴汉东. 著作权合理使用制度研究(修订版)[M]. 北京:中国政法大学出版社,2005:18.

②③ PATRY W. Fair use pricilege in copyright law[M]. 2th ed. Washington:The Bureau of National Affairs,Inc,1995.

④ BURRELL R,Coleman A. Copyright exceptions:the digital impact. Cambridge studies in intellectual property rights[M]. Cambridge,UK:Cambridge University Press,2005.

⑤ JOHN C,MCLEOD J. The dearest birth right of the people of England:the jury in the history of the common law[M]. Oxford:Hart Publishing,2002.

的行为。其中,出于个人研究、批评与评论之目的的例外形式均与鼓励新作品的创作密切相关。

为了鼓励新作品的创作,我国现行著作权法第 22 条也规定了合理使用的范围,以列举的形式将 12 种类型的行为归入合理使用,在不损害版权人权益的前提下,鼓励作品的创作与传播。

(2)新型合理使用的产生在于鼓励新作品创作

考察版权法发展历史,版权人推动权利扩张的同时,合理使用制度几乎都是处于被动调整的状态。尽管针对版权合理使用制度的调整是被动进行的,法院和立法者都认知到合理使用制度之于版权法立法目的实现的本质不容忽视,具体体现在创设新的合理使用类型以鼓励新作品创作,谷歌公司数字图书馆计划相关判决就反映了这一问题。

2004 年,全球最大的搜索引擎公司谷歌与哈佛大学、牛津大学、密歇根大学、斯坦福大学以及纽约公立图书馆合作,开启谷歌数字图书馆计划。谷歌研发出一种实现图书批量化扫描的新技术,可以在不损害纸质图书的情况下,快速高效地批量扫描其内容。基于该技术,谷歌通过将全球纸质图书大规模数字化整合,搭建数字图书馆,供用户检索与查询,而且用户可以浏览图书片段信息。该计划的实施,使得用户可以在谷歌上检索到各种不同语言的数百万本图书,包括绝版、珍本或者一般情况下图书馆不允许外借的图书。谷歌宣称该计划的使命是:使全世界的信息组织在一起,并使全世界的人们都能访问和使用这些信息①。然而,自该计划实施以来,谷歌一直官司不断,美国作家协会、美国出版商协会、大型出版集团以及知名作家纷纷以谷歌扫描复制其版权作品为由将谷歌诉至法院,版权战持续长达 11 年。2015 年 10 月 16 日,美国纽约第二巡回上诉法院做出裁决,支持 2013 年下级法院的判决结果,认为谷歌的行为属于合理使用,没有实施版权侵权行为,数字图书馆计划并没有违反美国版权法。2016 年 4 月 18 日,美国最高法院维持上诉法院的判决。作为此案主审法官,陈卓光对合理使用进行重新释义,反映了美国法院鼓励新作品创作的企图,尤其是对合理使用四项原则中第一项"使用目的和性质"的分析,最能体现这一观点。陈卓光认为,判定"使用目的和性质"的关键不在于行为是否具有商业性,而在于谷歌对版权作品的使

---

① 张大伟,于成.“谷歌侵权案”判决中的“合理使用”:新技术、新市场与利益再平衡[J].
　新闻大学,2016(6):118.

用是否具有"转变性",易言之,基于谷歌提供的服务,新作品是增加了某些新的东西还是仅仅对原作的改良或移植。他认为,谷歌基于新技术将纸质图书内容转变为文字索引和数据,一方面可以帮助用户找到需要检索和查询的图书,另一方面有助于用户出于科学研究目的进行数据挖掘,它这种使用文字作品的方式前所未有,增加了原作的价值,因而,可以断定,谷歌使用版权作品的行为具有高度的转变性。实质上,基于谷歌数字图书馆计划,传统图书馆行业找到了数字化转型的新契机。正如斯坦福大学图书馆馆长所言,"长期以来,图书馆均在积极探索图书数字化的方法。受制于技术和资金方面的双重压力,图书馆的数字化速度极其缓慢。谷歌数字图书馆计划使得图书数字化规模从小作坊生产迈向工业化生产。我们图书馆通过加入这个项目,提升了数字图书馆建设的整体服务水平和质量。"①

近年来,新一轮的版权法改革过程中,国际组织以及包括加拿大、英国、美国和澳大利亚在内的许多国家的立法者开始创设新的合理使用类型,以鼓励新作品的创作。其中,最具代表性的就是英国关于版权合理使用制度的修订。英国知识产权局于 2014 年初向议会提交了主要涉及修订版权合理使用制度的版权法修订草案,该草案经议会批准后分别于 2014 年 6 月 1 日和 10 月 1 日起正式实施。英国此次版权法修订几乎重构了英国的版权合理使用制度,反映了国际社会应对技术进步的版权法改革新趋势。此改革涉及范围极其广泛,主要目的在于鼓励新作品的创作,体现在:①扩张现有例外的范围。扩张研究与个人学习例外至所有作品类型,将现行版权法不包括的录音制品、电影和广播等作品纳入该例外适用的范围,还允许大学机构、图书馆、档案馆和博物馆等机构通过技术终端为社会公众提供受版权保护的作品②。引用例外扩大到任何出于非营利性目的的引用,将为说明或者分析目的进行的引用纳入例外,同时将适用该例外的作品范围扩张至包括表演及其录制品③。扩张教育

---

① 付晨普. Google 数字图书馆发展综述[J]. 情报探索,2010(6):21-23.

② The Secretary of State. The copyright and rights in performances (research,education,libraries and archives) regulations 2014[EB/OL]. [2018-03-06]. http://www. legislation. gov. uk/uksi/2014/1372/contents/made.

③ The Secretary of State. The copyright and rights in performances (quotation and parody) regulations 2014[EB/OL]. [2015-06-23]. http://www. legislation. gov. uk/uksi/2014/2356/contents/made.

使用例外,保障学校在教育过程中使用各种类型的新型作品,比如将远程教育纳入教育使用例外的范畴①。扩张图书馆与档案馆例外,比如将可适用该例外的范围扩张至包括博物馆以及其他的教育类型机构等②。扩张公共管理例外,为社会公众及时准确地获取所需信息提供了支持③。②增设新的例外类型。创设私人复制例外,允许社会公众以备份、格式转换等形式复制其合法获得的版权作品④。创设文本和数据挖掘例外,有助于为非商业研究的文本和数据挖掘活动扫除版权障碍,从而保障英国科学团体和学术团体充分利用该分析技术推动医学、技术和研究领域新的进步⑤。创设滑稽模仿例外,允许社会公众出于讽刺或滑稽模仿等目的而自由使用他人创作的作品⑥,这是一种典型的鼓励新作品创作的例外形式。

我国著作权法第三次修订中也体现了对新型合理使用的规范,《修改草案》对个人复制使用的行为进行了极大的限制,现行著作权法规定的是"为个人学习、研究或者欣赏,使用他人已经发表的作品"属于合理使用,而修订稿第一稿改成"为个人学习、研究,复制一份他人已经发表的作品",将个人的欣赏行为排除在合理使用之外,同时限制只能复制一份。《修改草案第二稿》则放松了这种极度限制,修改为"为个人学习、研究,复制他人已经发表的文字作品的片段",较之《修改草案》更为客观可行,实质也体现了鼓励新作品创作的目的。此外,此次修订鼓励新作品创作的表现还体现在:一是,将"三步检验标准"列入著作权法中并作为单独条文适用;二是,加入的第(十三)项"其他情形",是一项弹性条款,我国现有的合理使用制度是封闭式立法,修改后的则是混合式立法,在遇到新型侵权问题时,具有一定程度上的自由裁量权。后来的《修改草案第三稿》和《送审稿》都保留了这一修改。

①②⑤　The Secretary of State. The copyright and rights in performances (research, education, libraries and archives) regulations 2014 [EB/OL]. [2018 - 03 - 06]. http://www. legislation. gov. uk/uksi/2014/1372/contents/made.

③　The Secretary of State. The copyright (public administration) regulations 2014 [EB/OL]. [2018 - 06 - 23]. http://www. legislation. gov. uk/uksi/2014/1385/contents/made.

④　The Secretary of State. The copyright and rights in performances (personal copies for private use) regulations 2014 [EB/OL]. [2018 - 06 - 23]. http://www. legislation. gov. uk/uksi/2014/2361/introduction/made.

⑥　The Secretary of State. The copyright and rights in performances (quotation and parody) regulations 2014 [EB/OL]. [2018 - 06 - 23]. http://www. legislation. gov. uk/uksi/2014/2356/contents/made.

2.3.6　兼顾弱势群体自由使用版权作品的重要性

版权法的立法目的的实现方式还包括兼顾弱势群体自由使用版权作品的重要性。世界各国的现行版权法基本上都有规定与残疾人有关的例外，主要涉及与盲人有关的例外。

然而，近年来，世界各国的版权法改革注意到不仅只有盲人在获取和使用文化产品中存在障碍，所有类型的视觉障碍者都会存在阅读障碍。鉴于此，2013年7月31日，世界知识产权组织通过了《马拉喀什条约》。该条约旨在保障视觉障碍者更加便利地获取已经发表的作品，规定了涉及复制权、发行权、向公众提供权以及公开表演权等方面的限制与例外，从而吸引更多的出版者制作并传播方便视觉障碍者阅读的作品。此外，该条约还规定技术措施不能够妨碍视觉障碍者利用前述限制与例外①，扩张了残疾人从版权法中获益的范围。

《马拉喀什条约》颁布之后，各缔约国先后调整本国版权法以完善残疾人例外，甚至尚未签署该条约的国家也在考察这一问题。2013年10月29日，爱尔兰版权评论委员会在公布的名为《版权现代化》的报告中指出，出于实施《马拉喀什条约》之目的，完善爱尔兰现行版权法第104节，具体体现在与该报告一起公布的《2013年版权与有关权（改革）（修正）案》第104至104E节，包括调整出版者的义务以及规范技术保护措施等②。2013年11月29日，澳大利亚法律改革委员会公布了名为《版权与数字经济》的最终报告，全面改革版权法。尽管该报告制定时，澳大利亚并没有签署《马拉喀什条约》，但该报告也着重关注了残疾人例外，建议澳大利亚引入一种新的合理使用例外，将允许残疾人访问作为认定例外的目的之一③。2013年12月5日，欧盟委员会在就欧盟版权规则的审查公开征求意见时，也着重关注了数字网络环境下残疾人例外的适用范围问题，认为《欧盟信息社会版权指令》第5条第(3)款第(b)项有

---

① World Intellectual Property Organization. Marrakesh treaty to facilitate access to published works for persons who are blind, visually impaired, or otherwise print disabled [EB/OL]. [2018 – 06 – 23]. http://www.wipo.int/meetings/en/doc_details.jsp?doc_id = 245323.

② Copyright Review Committee. Modernising copyright [EB/OL]. [2018 – 06 – 23]. https://www.djei.ie/en/Publications/CRC-Report.pdf.

③ Australian Law Reform Commission. Copyright and the digital economy. Final report [EB/OL]. [2018 – 02 – 22]. http://www.alrc.gov.au/sites/default/files/pdfs/publications/final_report_alrc_122_2nd_december_2013_.pdf.

关残疾人例外的规定是一种一般性条款,无法为残疾人例外的实施提供指导,有待进一步完善①。英国在吸收该条约相关成果的基础上,对与残疾人有关的例外进行了调整,《2014 年版权与表演权(残疾)条例》于2014 年 6 月开始实施②。加拿大下议院于 2015 年 6 月对版权法有关残疾人的相关条款进行审查③。

2.4　动态维系版权制度的利益平衡机制

版权制度的利益平衡传统可以追溯到首部版权法《安妮法》。该法在赋予出版商垄断权的同时,对其权利也进行了限制。尽管版权制度发展至今已有 300 多年历史,世界各国完善版权制度时仍然注重维护版权人和更广泛的公众之间的利益平衡,以期实现公共利益。

版权的保护涉及多方利益的矛盾和冲突,平衡各方主体利益关系成为完善版权制度的重要手段。纵观历史,技术的发展可能会引发版权制度的利益失衡,或是向版权人或是向版权使用者倾斜,能够有效应对技术进步的版权制度都强调实现版权各方主体的利益平衡,并最终实现版权制度的最终目标。利益平衡的实现是建立在一定的基础或者条件上,在这一基础或者条件发生变化的情形下,利益平衡的状态就会被打破,追求新的利益平衡成为必要。技术进步影响版权利益关系平衡,如果新技术的出现打破传统利益格局就会产生完善版权制度的需求。

2.4.1　法律制度与利益平衡的关系

实现利益平衡是法律制度的功能。功利主义法学家边沁认为,立法者的职责就是调和公共利益与私人利益之间的关系,他认为个人利益处

---

① The European Commission. Public consultation on the review of EU copyright rules[EB/OL].　[2018 – 03 – 10]. http://ec. europa. eu/internal _ market/consultations/2013/copyright-rules/docs/consultation-document_en. pdf.

② The Secretary of State. The copyright and rights in performances (disability) regulations 2014　[EB/OL]. [2018 – 03 – 06]. http://www. legislation. gov. uk/uksi/2014/1384/contents/made.

③ Harpur P,Suzor N. Copyright protections and disability rights:turning the page to a new international paradigm[J]. University of New South Wales law journal,2013,36 (3):78.

于首位,个人利益相加的总和就是整个社会的利益①。德国法学家耶林与边沁有着相似的观点,认为法律的目的就是在个人利益和社会利益之间形成一种平衡,只不过其认为个人利益和社会利益的结合更加重要,而不是如边沁仅仅强调个人利益的重要性②。利益法学家赫克认为,法起源于对立利益之间的斗争,平衡对立利益之间的冲突是法的最高任务③。法社会学家庞德认为,人具有合作的本能和利己的本能,两种本能之间的均衡需要由法律来调整,法律在调节两者之间的关系时既不能因为强调合作的本能而忽视个人利益的保护,也不能因为偏向于利己本能而损害公共利益④。

然而,利益平衡只是一种假想的状态,绝对的平衡不可能存在。法律制度协调各方利益冲突达成的妥协总有偏向性,不可能存在绝对的平衡。威廉·帕尔蒂认为的"平衡"只是一种隐喻⑤。这种隐喻唤起人们一种和谐的概念,通过衡量这种平衡,每个人都能被照顾到,从而实现一种对于所有利益主体来说都是理想的平衡状态。然而,这种隐喻是以假定存在相反的力量为前提的。在法律制度中,隐喻假设立法者或者法官能够客观衡量这些相反力量的利益关系,并基于正确与公正得出正确的结论。然而,现实并非如此。那些希望维持现状的利益主体认为,目前的状态就是最好的平衡,任何的改变都会损害这种平衡;那些希望改变现状的利益主体则认为,法律现状已经失衡,唯有做出改变才能恢复平衡。在实践过程中,政策制定者总是以牺牲一方利益为代价来维护另一方的利益。

因此,如果平衡是一种正确的隐喻,那么我们要想实现最佳的利益平衡,不能仅仅依靠利益得失来衡量是否需要重新调整利益格局,唯一有效的方法就是明确试图承认和阻止的行为。只有在找到这些问题的答案之后,立法者才能以此确保利益平衡的实现。易言之,利益平衡的实现首先要根据法律制度的最终目的决定利益分配的前提、侧重点。

① BENTHAM J. A manual of political economy[J]. The works of jeremy bentham, 1839, 3 (31):71.

② 耶林. 为权利而斗争[M]. 郑永流,译. 北京:法律出版社,2007:32-45.

③ 吕世伦,孙文凯. 赫克的利益法学[J]. 求是学刊,2000(6):61-67.

④ 邓正来. 社会学法理学中的"社会"神——庞德法律理论的研究和批判[J]. 中外法学,2003(3):257-286.

⑤ PARTY W. How to fix copyright[M]. New York:Oxford University Press,2011:92.

此外,法律制度的完善要建立在动态实现利益平衡的基础上。随着社会的变化尤其是技术的发展,总会产生新的利益,某些传统的利益也会逐步消失,参与实现法律制度最终目的的利益主体会发生变化。立法者有必要将新的利益纳入法律制度框架,并剔除过时的利益,从而重塑新的利益平衡机制。

2.4.2　版权法中的利益平衡哲学观

版权法的利益平衡哲学观的早期雏形在首部版权法《安妮法》中就有体现:首先,该法不仅授予出版商权利,还保障创作者的权利,表明创作者对其创作的作品享有获得报酬的权利;其次,该法在授予出版商权利的同时,还出于确保有用图书的创作可为公众提供更多的可供阅读的作品以"鼓励学术"之目的,对此项权利进行了限制,表明出于平衡公共利益之目的限制垄断权利的思想。而且,该法强调的利益平衡也具有侧重点,体现为"鼓励学术"的最终立法目的,也就是说,《安妮法》偏重"鼓励学术"的社会公众利益,保护出版商和作者的权利只是实现这一利益的手段。

随后,世界各国相继进行的版权立法都延续了《安妮法》遵循利益平衡原则的传统,包括将创作者纳入版权法保护的主体范围,授予版权人排他性的各种专有权利的同时也对这些权利的内容和时间进行了限制。在制定《伯尔尼公约》的过程中,立法者将利益平衡作为一项根本原则①。《世界知识产权组织版权条约》的前言部分明确强调利益平衡的重要性:"认知到维持作者的权利和更大的公共利益尤其是教育、研究和获取信息之间的利益平衡的需求,正如《伯尔尼公约》所反映的那样。"②

然而,鉴于各国不同立法传统,不同国家有关利益平衡的侧重点有所不同。大陆法系国家的版权制度沿袭"天赋人权"的思想,更加强调作者的权利,而英美法系国家的版权法则建立在激励理论的基础上,更重视社会公共利益。考察两种不同的利益平衡模式,后者具有更为重要的参考价值。尽管激励理论的正当性尚待商榷,该理论强调社会公共利益高于个人利益的观点值得肯定。

---

① AUSTIN W. The berne convention as a canon of construction:moral rights after dastar[J]. Social science electronic publishing,2005,61(2):127.

② LIPTON J. Law,technology and the arts symposium:the WIPO copyright treaties:10 years later [J]. Case western reserve law review,2007,29(7):38.

　　每一轮新技术的发展都会引发版权人的恐慌,他们基于版权的"自然权利"属性和"财产权"本质,主张新技术的发展威胁到版权保护,版权确立的利益平衡机制失调,从而以此推动了版权权利的逐步扩张。在此背景下,版权法及其遵循的利益平衡原则面临越来越大的压力。在版权保护期逐步扩张、新型版权权利类型出现的情形下,为了重塑版权法的利益平衡机制,立法机构和司法部门借助调整版权限制与例外制度涵盖的范围,以确保作品使用者和社会公众的利益,最终实现版权制度的最终目标。比如,合理使用制度扩展至包括适用于出于研究、批评和评论等目的的使用作品的行为,将图书馆、档案馆、教育机构等特定类型的行为纳入例外;法定许可使用制度的扩张等。这些措施有效地反击了版权人权利的扩张,同时有助于维持适当的利益平衡。

　　为了实现版权法促进作品创作与传播的目的,版权法规定了版权人享有的权利,并为社会公众使用作品设定了例外。在修订法律以适应技术进步的过程中,这种关系也需要进行调整。当然,并不是说,每一种权利的变化都需要相应例外的修订,反之亦然。此外,我们也必须认识到,就算版权法应对新技术的修订实现了权利与限制之间适当的平衡,也并不意味着实现了一种完全的均衡,这种利益平衡总是处于一种动态的发展与完善过程中。考察历史发现,世界各国均在积极维系版权制度的利益平衡机制,具体体现在两个方面:一是,当技术进步没有引发利益失衡时,维持版权利益平衡现状;二是,当技术进步引发利益失衡时,将新型利益纳入版权制度框架。详见图2-6。

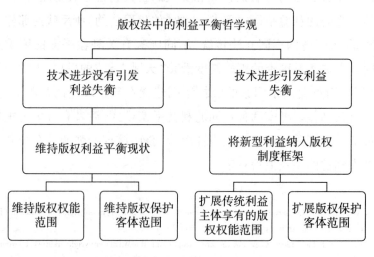

图2-6　技术进步与版权法中的利益平衡动态维系

2.4.3 维持版权利益平衡现状

新技术的出现并不一定会导致版权制度微妙的利益平衡状态失衡。在仍然处于利益平衡状态时,立法者有必要维持这一现状,而不应该调整利益主体的权利与义务。在应对新技术的过程中,版权人通常借由新技术导致利益失衡推动版权的逐步扩张。然而,在某些情形下,维持版权制度的现状才是保护版权人权利的最佳方式。

(1)维持版权权能范围

基于经济利益方面的考虑,某些新技术在发展初期并没有威胁到版权人享有的现有利益,在应对这些新技术的过程中,版权制度并没有扩张版权权能保护范围。

起初,版权法规定的表演权只保护现场表演,包括戏剧作品和音乐作品的现场表演。在音乐盒、手摇风琴等机械乐器出现之后,机械表演随之产生①。但是,在当时的环境下,以法国、英国和美国为代表的国家并没有将机械表演行为纳入版权人专有权利的控制范围,仍然只保护音乐作品的现场表演。最主要的原因在于,当时以音乐盒和手摇风琴为代表的机械乐器的演奏效果较差,并不会对音乐作品版权人从现场表演中获利产生威胁②。也正因如此,包括作曲家、音乐作品出版者在内的音乐作品版权人并没有反对制造和销售这些机械乐器的行为③。

私人复制起初也没有纳入版权法保护的范围,在静电复制技术、磁带录音、家庭录像技术兴起初期,立法者并没有将基于这些技术的私人复制纳入版权人控制的权利范围。《安妮法》最初控制的是商业性的行为,非商业性的私人复制行为并不是版权法的控制对象④。而且,《安妮法》之所以产生,最重要的原因在于,印刷技术的推广威胁到书商自身垄断利益,此时围绕印刷技术出现了一些利益相关群体,利益相关群体的商业利益争夺促成版权法产生。由此可见,《安妮法》的产生源于商业竞争需求,根本没有触及私人复制行为,当时的私人复制仍然是抄写,并没

---

① ③ LADAS S. The international protection of literary and artistic property, volume 1: international copyright and Inter-American copyright[M]. New York: The Macmillan Company, 1938.

② PATTERSON R, LINDLBERG S. The nature of copyright: a law of users' right[M]. Georgia: The University of Georgia Press, 1991.

④ BRACHA O. The adventures of the statute of anne in the land of unlimited possibilities: the life of a legal transplant[J]. Berkeley technology law journal, 2010, 25(3): 1429.

有威胁到版权人的利益。因此,印刷技术时期的版权法并不规范私人复制行为。然而,随着静电复制技术、磁带录音、家庭录像技术的逐步发展,私人复制行为对版权人从作品销售中获取的经济利益产生威胁,版权人积极推动将私人复制纳入控制范围。美国法院的早期实践活动并没有将基于这些新技术的私人复制纳入版权保护范围,而是维持了传统的版权保护模式①。

关于静电复制技术引发的私人复制问题,美国联邦最高法院起初采取了不予规范的态度。以 Williams & Wilkins Co. v. The United States 案② 为例,1968 年 2 月 27 日,专业医学出版商以美国政府所属国家医学图书馆利用复印机帮助读者复制其出版的论文为由,将美国政府诉至美国联邦索赔法院,美国政府以合理使用进行抗辩,认为图书馆为学者出于个人使用之目的复制一份作品是一种长期存在的"惯例"。美国联邦索赔法院认为,被告复印原告出版的论文的行为侵犯原告版权③,然而,美国联邦索赔法院二审判决否决了该院的观点,认为被告行为并不构成侵权,理由就是基于保护医药和医学研究的目的,认为不适合将图书馆的行为认定为侵权④。最高法院的判决也支持二审法院的观点⑤。关于家庭录音中的私人复制行为,美国起初也没有进行规范,在磁带录音技术逐步推广的背景下,美国制定了 1971 年《录音制品法》,主要是解决商业竞争中的复制录音制品的问题,还没延伸到对家庭录音的控制。《录音制品法》的起草者甚至在其立法报告中明确提到:"本委员会并不打算限制对广播或已有磁带或其他录音制品中的已有录音再进行家庭录音的行为,因为家庭录音仅为私人使用而无商业目的。"⑥关于家庭录像技术引发的私人复制问题,美国联邦最高法院在 Universal City Studios, Inc. v. Sony Corp. of America. 案中也没有将其纳入版权人控制的范围。

计算机技术在美国推广之初,其在使用过程中产生的临时复制也不

---

① Williams & Wilkins Co. v. The United States, 172 Ct. Cl. 670 (1972). ; Sony Corp. of Am. v. Universal City Studios, Inc. ,464 U. S. 417 (1984).

② Williams & Wilkins Co. v. United States, 487 F. 2d 1345 (Ct. Cl. 1973).

③ Williams & Wilkins Co. v. The United States, 172 Ct. Cl. 670 (1972).

④ PERLMAN H, RHINELANDER L. Williams & Wilkins Co. v. United States: photocopying, copyright, and the judicial process[J]. The supreme court review, 1975, 52:367.

⑤ Williams & Wilkins Co. v. The United States, 420 U. S. 376 (1975).

⑥ PALS M. Facing the music: webcasting, interactivity, and a sensible statutory royalty scheme for sound recording transmissions[J]. Journal of corporation law, 2011, 36(3):75.

受版权法控制。主要原因包括：①计算机最初的主要使用者是科学研究者，如果将计算机使用过程中产生的临时复制纳入版权保护范畴，将不利于科学研究的发展；②计算机使用过程中产生的临时复制并没有给版权人的经济损失造成严重威胁①。最终，美国1976年《版权法》没有将临时复制纳入版权人专有权利控制的范围。

随着移动互联网技术的发展，人们越来越依赖手机、平板等移动设备获取信息和知识。鉴于PC端和移动端平台内容的呈现技术不同，网络服务提供者在PC端提供的内容，在移动端呈现时经常会出现乱码或者无法呈现完整页面的情形，阅读体验较差，展示效果不佳。鉴于此，网络服务提供者通常都会出于用户阅读体验方面的考虑，将PC端的格式转换成适合移动端阅读的格式，这一过程即版权法领域所谓的"转码"。基于转码技术，网络服务提供者在将PC端页面转码后向用户提供的过程中，存在对网页内容进行复制的现象，即在自己的服务器内存或者硬盘上存储有内容的临时复制件，在将复制件提供给用户之后，会自动删除这些复制件，这种行为也属于"临时复制"。对于此种临时复制，我国通常不建议将其纳入版权法控制的复制权范围，主要原因在于这种临时复制是转码过程的必要组成部分，并不具有独立的经济价值，如果此种行为被认定为版权侵权，实质上就是宣判转码技术的死亡，不利于互联网产业的发展，而且也违背版权法的根本宗旨②。当然，如果这种临时复制件没有被删除，此种行为无疑侵犯信息网络传播权。以我国网络文学相关侵权案件为例，在北京晋江原创网络科技有限公司与广州市动景计算机科技有限公司侵害作品信息网络传播权案中，法院认为转码过程中，网络小说的内容仍然是存储在原网站，被告服务器内存和硬盘上没有存储网页内容，"临时复制"的内容没有独立的经济价值，不构成侵权。

（2）维持版权保护客体范围

新技术的发展通常会产生新的产品类型。起初，这些产品类型可能只是一种消遣娱乐的工具，并不会产生相应的经济利益。在此种情形下，版权制度通常无须考虑将此类产品纳入版权保护客体的范围。

---

① KARJALA S. Copyright protection of computer program structure[J]. Social science electronic publishing, 1998, 64(2): 521.

② 彭桂兵. 网络文学版权保护：侵权形态与司法认定——兼评近期的几个案例[J]. 出版科学, 2018(4): 23-27.

在摄影技术在英国和美国发展之初,照片仅仅被作为纯粹的机械过程的产物而没能成为版权保护客体①。电影在产生初期也被作为一种没有文学艺术价值的娱乐产品,并没有被认为是一种可以受到版权法的保护的文学艺术作品。1895 年 12 月 28 日,奥古斯塔·卢米埃尔和路易斯·卢米埃尔在巴黎首次放映电影,在此之后 10 年之内,法国一直拒绝将电影纳入版权保护范围②。

在广播技术产生初期,英美法系国家立法者认为广播组织创作的"广播"是社会公共服务,自然不能成为版权保护客体。20 世纪 20 年代,世界上第一家广播电台出现③。自此,广播电视产业迅速繁荣发展,成为公众生活的重要组成部分,为社会公众提供了前所未有的获取和传播信息的平台。然而,随之而来的盗播广播信号获取非法收益的活动为广播组织带来了挑战。鉴于此,英美法系国家的广播组织开始寻求权利保护。然而,社会普遍质疑广播节目能否受到保护。以美国为例,当时美国社会公众普遍认为接收广播电视节目理应免费,因为广播组织是一个为公众服务的机构,公共机构不应当从其服务活动——提供广播中获利④,所以保护广播组织创作的"广播"受到了广泛质疑。

起初,计算机技术在美国推广之时,尽管有建议主张将计算机软件作为作品纳入版权保护范畴⑤,但最终获得通过的 1976 年《版权法》并没有确立计算机软件的客体属性。随后,保护版权的新技术使用国家委员会经过 4 年努力,才推动 1980 年修订的版权法确定计算机软件的可版权性⑥。将计算机软件纳入作品范畴的建议之所以遭受社会公众强烈反对,最主要的原因在于,基于当时的技术条件,计算机软件既不适合也不需要版权法的保护⑦。首先,许多计算机软件并没有与计算机硬件相

---

① REESE A. Photographs of public domain paintings:how, if at all, should we protect them? [J]. Journal of corporation law,2009,34(4):1054.
② 罗施福. 电影著作权制度研究[D]. 厦门:厦门大学,2012:98.
③ 陈绍玲. 公开传播权研究[D]. 上海:华东政法大学,2012:65.
④ LAFRANC M. From whether to how:the challenge of implementing a full public performance right in sound recordings[J]. Harvard journal of sports & entertainment law,2011,2:229.
⑤ MEYER P. Harbingers of change in United States computer software copyright protection[J]. International finacing magazine,2003,41(2):110 – 111.
⑥ MENELL P. Tailoring legal protection for computer software[J]. Stanford law review,1987,39(6):1329.
⑦ KARJALA S. A coherent theory for the copyright protection of computer software and recent judicial interpretations[J]. Social science electronic publishing,1997,66(1):109.

互分离,两者是整体出售的,如果将计算机软件作为版权客体予以保护,无疑也会将计算机硬件纳入保护范畴,而此种举措显然不合理。因此,计算机软件不适合予以版权法保护。其次,每台计算机都有自己特有的软件,相互之间并不兼容,在不对计算机软件予以版权保护的情形下,盗版计算机软件的行为也不会经常发生。因此,计算机软件也不需要版权法的保护[①]。实质上,1976 年至 1980 年,在没有版权法干预的情形下,美国的计算机技术继续迅猛发展。

数据库至今都未能成为美国版权法保护的专门客体。尽管美国版权法有关汇编作品的相关规定可能为某些特定类型的数据库提供版权保护,与欧盟专门立法不同,美国数据库产业推动的国会数据库立法议案始终未能获得通过。尽管没有强有力的版权保护,自 1969 年美国IBM 公司开发出世界上首个电子数据库以来,美国电子数据库的研究与开发始终处于世界领先水平,形成了其他国家无法比拟的数据库技术与系统,成为数据库产业最发达的国家[②]。无论是数据库的数量、质量与种类,还是数据库生产者与提供者的数量,其他国家都无法与美国抗衡[③]。

2.4.4 将新型利益纳入版权制度框架

新传播技术的推广通常会产生新型利益,在暂时的利益平衡状态已经严重倾斜的情形下,将新型利益纳入版权制度框架很有必要,主要体现在两个方面:一是,增加传统利益主体享有的版权权能范围;二是,扩大版权保护客体的范围。

(1)扩展传统利益主体享有的版权权能范围

起源于印刷术时代的传统版权制度主要授予版权人复制权、发行权、表演权、翻译权与改编权等。其中,深受技术影响的权利类型主要是复制权和表演权。《安妮法》规定了图书原稿的作者或者购买者(包括印刷商、出版商或者其他人)对图书享有印刷、重印等权利,并规定了未经许可擅自印刷、重印、进口图书或者销售此类图书的行为侵犯版权,应

① KARJALA S. Copyright protection of computer software in the United States and Japan[J]. Journal of teacher education,1991,51(1):36.

② RESNIK D. Strengthening the United States' Database protection laws:balancing public access and private control[J]. Science and engineering ethics,2003,9(3):302.

③ SAFNER R. The perils of copyright regulation[J]. The review of austrian economics,2014,3:6.

该受到相应处罚①。法国 1791 年《表演权法》赋予戏剧作家对其戏剧作品享有表演权。根据《表演权法》第 3 条的规定，"未经作者的书面同意，任何人不得在法国公开剧院表演作者享有版权的作品，违反此规定者将被没收从公开表演获得的全部收益，并将所得利润部分赔偿给作品的作者"②。

随着新技术的出现，版权的权能范围的扩张主要表现为两种形式：一是，传统权能范围逐步扩张；二是，创设新的版权权利类型。

首先，传统权能范围逐步扩张主要体现在复制权和表演权两种权利类型中。就复制权的扩张而言，起初的复制仅指印刷，随着自动钢琴的发展，1909 年美国《版权法》将复制扩张至包括以机械方式复制作品的行为，授予版权人"机械录音权"。静电复印、磁带录音、录像技术出现后，在印刷技术时代不受版权人控制的私人复制行为也被纳入版权法规范的领域。电子计算机出现之后，版权的触角开始向"临时复制"延伸。目前，美国和欧盟通过判例或者立法将"临时复制"定性为版权法意义上的复制行为。在具有代表性的 MAI Systems Corp. v. Peak Computer, Inc. 案中，美国联邦第九巡回上诉法院认为：计算机软件运行时在内存中形成的"临时复制"完全符合美国版权法关于复制的定义③。欧盟则在 2001 年通过的《欧盟信息社会版权指令》第 2 条规定："成员国应规定（权利人享有）授权或者禁止直接地或者间接地、临时地或者永久地通过任何方法和以任何形式全部或者部分复制的专有权。"④这意味着"临时复制"作为一种复制行为被纳入复制权的控制范围。随着搜索引擎、网络信息聚合、云计算服务等依托缓存、索引技术的新传播方式的发展，一种新型的临时复制行为出现，即用户在浏览网页过程中，电脑屏幕与计算机缓存会对受版权保护的作品进行临时复制，现阶段，版权人又在积极推动法院与立法机构将这种临时复制纳入版权保护范畴。最初，许多保护表演权的国家都只保护现场表演，比如法国 1791 年颁布的《表演权

① FEATHER J. Publishing, piracy and politics—an historical study of copyright [M]. Britain：Mansell Publishing Limited, 1994：95.

② STERLING J. World copyright law [M]. 3rd ed. London：Sweet & Maxwell, 2008：1565.

③ MAI System Co., v. Peak Computer Inc., 991 F. 2d 511, 513（9th Cir, 1993）.

④ The European Commission. Public consultation on the review of EU copyright rules [EB/OL]. [2018 – 03 – 10]. http：//ec. europa. eu/internal_market/consultations/2013/copyright-rules/docs/consultation-document_en. pdf.

法》、英国 1833 年《戏剧文学财产法》以及美国 1856 年《戏剧作品版权法》均只保护戏剧作品的现场表演。巴黎上诉法院 1849 年判例扩张了 1791 年《表演权法》关于现场表演的范围,将现场表演的范围由戏剧作品在公开剧院的现场表演扩展至包括在"任何社会公众聚集的场所"①的现场表演。英国 1842 年《版权修订法》和美国 1897 年《版权法》将表演权范围扩张至包括音乐作品的现场表演②。留声机与唱片等录音技术出现之后,美国 1909 年《版权法》将表演权范围扩展至包括播放录有他人音乐作品的唱片,电影技术的发展推动此项权利继续扩展至包括电影放映行为③。

其次,创设新的版权权利类型。20 世纪 80 年代,随着翻录等技术的迅猛发展,从事音像制品租赁活动的租赁产业在全球范围内逐步兴起④。大规模音像制品的商业租赁活动可以追溯到 20 世纪 80 年代初期的日本,随后,美国和欧洲的音像制品租赁产业也逐步发展起来。据统计,20 世纪 80 年代中期,不少国家的作品租赁市场已经出现替代作品发行市场的趋势⑤。作品租赁产业呈现出的繁荣局面,消费者更倾向于租赁而非购买作品,租赁产业盈利逐年增长,而依靠销售作品盈利的企业则损失惨重。在此种背景下,版权人积极推动立法者将租赁纳入版权控制的范畴,以重新调整失衡的利益关系。数字网络技术出现之后,《世界知识产权组织版权公约》明确赋予版权人"向公众传播权",将网络传播行为纳入版权保护范畴,而美国则通过复制权与发行权、公开展示权、公开表演权规范网络传播行为。同时,《世界知识产权组织版权公约》还对技术措施与权利管理信息的保护做出规定,进一步扩大了版权的内容。网络技术的发展颠覆了版权作品的传播方式,将传统版权环境下的版权扩展适用于网络环境似乎具有合理性⑥。实质上,随着数字与网络技术的发展,世界各国也在积极推动传统版权制度向数字网络环境的逐步扩张,

① VAREILLE B. Cour d'appel de limoges. Atelier régional de jurisprudence [J]. Semaine juridique,2012,100(4):93.
② FRANKEL S. Digital copyright and culture [J]. Journal of arts management law & society, 2010,40:149.
③ Kalem Co.,v. Harper Bros.,222 U. S. 55(1911).
④ EISENACH A. The sound recording performance right at a crossroads:will market rates prevail? [J]. Social science electronic publishing,2012,21(7):357.
⑤ GRACEY J. A publisher asks:lending rights for us too? [J]. Books Ireland,1976,3:72.
⑥ WAYNER P. Digital copyright protection[J]. Computer engineering,2006,32(2):152.

比如"向公众传播权"范围的逐步扩张等。

(2)扩展版权保护客体范围

新技术的发展创造了新型可受版权保护的客体形式,各国都注重将这些新型客体纳入版权保护。《安妮法》最初保护的只是文字作品,但摄影技术的发展推动照片成为版权保护客体,录音录像技术的发展推动录音录像作品成为版权保护客体,电影技术产生了电影作品,以及计算机技术出现之后,计算机软件、数据库成为版权保护客体。法国1791年《表演权法》规定的表演权最初保护的客体只有戏剧作品,在1849年巴黎上诉法院通过判例实现了对1791年法案保护客体的扩张,实现了对音乐作品与戏剧作品的平等保护。1790年,美国首部版权法出台,规定受版权保护的客体包括图书、图表与地图,未经许可印刷作者上述作品的行为构成侵权。后来,立法者运用类比的方法,将电影作品、录音录像作品、摄影作品、计算机软件作品纳入版权保护的客体范畴[1]。在借助类比文字作品的方式产生的新类型作品中,有些作品的文字内容仅占整个表达的相当小的部分,而有些作品的表达根本没有文字出现[2]。技术的发展创造了新的客体形式,世界各国都通过修改版权法扩大作品的范围。目前,可受版权法保护的客体已经包含了数十种作品类型,其中许多作品类型都不属于早期作品的范畴,比如计算机程序、建筑作品、音乐、雕塑、电影作品等。

随着微视频、微电影、网络直播等新型作品类型纷纷出现[3],《伯尔尼公约》及其成员国版权法对"电影作品"的定义已经无法涵盖新的作品形式。鉴于此,世界各国开始使用"视听作品"的概念,以涵盖不断出现的新型作品。根据《视听作品国际注册条约》第2条的规定,"'视听作品'意指由一系列相关的固定图像组成,带有或不带伴音,能够被看到的,并且带有伴音时,能够被听到的任何作品"[4]。我国现行《著作权法》第3条第(六)款遵循《伯尔尼公约》,对"电影作品和以类似摄制电影的

---

① FUKUI K. Information infrastructure and digital copyright[J]. Journal of information processing & management,2014,56(10):665.

② GRIFFIN J. The rise of the digital technology"meritocracy":legal rules and their impact[J]. Information & communications technology law,2006,15(3):215.

③ 李伟民. 视听作品著作权主体与归属制度研究[J]. 中国政法大学学报,2017(6):87 - 160.

④ 郑成思. 知识产权法[M]. 北京:法律出版社,2003:300.

方法创作的作品"进行规定。为了涵括新型作品,我国第三次版权法修订中首次提出"视听作品"的概念,将"视听作品"作为此次修订的重要内容,对其进行了详细界定和分类,并将"视听作品"定义为"由一系列有伴音或者无伴音的连续画面组成,并且能够借助技术设备被感知的作品"[①],包括电影、电视剧以及类似制作电影的方法创作的作品。随着新技术的进一步出现与发展,纳入版权客体范围的作品类型可能会逐步增长。

---

① 中华人民共和国司法部. 中华人民共和国著作权法(修订草案送审稿)[EB/OL]. [2018 - 12 - 10]. http://zqyj. chinalaw. gov. cn/readmore?listType = 1&id = 125.

3 版权法应对技术进步的失灵与异化

本书前一章讨论了呈现制度正功能的版权法应对技术进步的理性选择,本章主要分析呈现制度负功能的版权法应对技术进步的失灵与异化。鉴于制度总不可避免地要受到自身因素与外界多种社会因素的影响,制度并不是总能有效地发挥预期作用。在制度因受到多种因素影响而逐步偏离其预期设定的目标时,制度可能就会呈现出负功能,主要体现在制度失灵与制度异化[①]。

制度虚设是制度失灵的表现[②],是一种大多数社会成员不认同且选择不遵守某种制度而导致该制度不能发挥作用的现象。制度失灵产生的原因主要包括:①制度变迁受到路径依赖等因素的影响,不合理的制度可能会在制度变迁的某一阶段持续存在,社会公众可能会对不合理制度进行抵制[③];②制度本身承载的理念与社会公众对该制度的认识存在偏差,导致制度通常缺乏社会公众的广泛支持[④];③某种制度的实施机制较弱,社会公众违反该制度的成本相对较低,导致社会公众在机会主义行为的驱动下试图通过不遵守该制度获取更大的利润[⑤]。制度异化是一种制度朝着预先设定的目标和功能相反方向发展的现象。在制度异化的环境中,制度不再是促进人类社会发展的重要工具,而成为以压制某

---

① 辛鸣. 制度论——哲学视野中的制度与制度研究[D]. 北京:中共中央党校,2004:96.

② ACHESON J. Institutional failure in resource management[J]. Annual review of anthropology, 2006,35:119.

③ MINKLER A. Market and non-market hierarchies:theory of institutional failure[J]. Journal of economic literature,1993,31(2):937.

④ KOHLI R. Supervising the regulators? [J]. Economic and political weekly,2010,45(15): 10.

⑤ SINGH R. Delays and cost overruns in infrastructure projects:extent,causes and remedies[J]. Economic and political weekly,2010,45(21):52.

一部分利益主体的发展为代价维持另一部分利益主体发展的手段①。制度异化产生的原因主要包括：①制度内容的相对稳定与人类需求的客观变化之间存在矛盾，制度本身具有稳定性特征，而人类社会需求通常不断变化，尤其是随着技术进步而产生新的需要，导致制度内容滞后于人类社会需求②；②制度规范的利益主体之间存在不平等，以压制某一部分利益主体的发展为代价，维持另外一部分利益主体的发展③。

　　本章考察版权制度失灵与异化的主要原因，阐述版权制度呈现负功能的具体表现：版权制度变迁的路径依赖、忽视社会公众的版权法认知偏误、威慑执法措施调整社会规范的无效性与反作用、版权法变革的公共利益价值缺位、借由隐喻解读版权概念的局限性与版权法未能及时应对技术进步。

3.1　版权制度变迁的路径依赖

　　版权法之所以很难具有颠覆性的变革，而且许多并不是最优的版权制度仍然能够长久存在，这在很大程度上与版权法律制度自身的路径依赖有关，这也是数字环境下版权制度失灵的重要原因。

3.1.1　制度变迁的路径依赖理论

　　路径依赖概念起源于保罗·戴维和马兰·阿瑟对技术变迁过程的研究④。在技术变迁的路径依赖的基础上，美国经济学家道格拉斯·诺斯第一个提出了制度变迁的"路径依赖"理论⑤。诺斯之所以关注制度变迁的路径依赖问题，起源于其对经济绩效较差的制度会在历史上长期存在的原因的思考。因为根据传统理论，那些无效的制度理应无法存

① 辛鸣.制度论——哲学视野中的制度与制度研究[D].北京:中共中央党校,2004:99.
② AGHION P,REENEN J,ZINGALES L. Innovation and institutional ownership[J]. The American economic review,2013,103(1):300.
③ SEO M,CREED W. Institutional contradictions,praxis,and institutional change:a dialectical perspective[J]. The academy of management review,2002,27(2):227.
④ STACK M,GARTLAND M. Path creation,path dependency,and alternative theories of the firm [J]. Journal of economic issues,2003,37(2):487.
⑤ BOAS T. Conceptualizing continuity and change:the composite-standard model of path dependence[J]. Journal of theoretical politics,2007,19(1):38.

活,只有那些有效的制度才能保留下来①。然而,制度变迁的历史表明,绩效差的制度也会长期存在,因此,诺斯提出了制度变迁的路径依赖理论。

诺斯指出,"路径依赖"类似于物理学中的"惯性",人们一旦选择了一种制度或者制度系统并确定其历史地位,不管该制度或者制度系统是否有效,制度的未来变迁都容易受到该制度或者制度系统的影响,逐步形成一条既定路径并逐步自我强化,从而形成对该路径的依赖②。"路径依赖"的基本含义就是过去的制度选择会影响如今的制度变迁。

关于决定制度变迁的路径轨迹的因素,诺斯认为有两种:第一种是高昂的交易费用和不完备的市场。市场具有复杂多变的特性,加上制度设计者的有限理性,导致有关初始制度的选择存在优劣之分,而且,制度的未来变迁也并非按照最初的设计发展,其方向很有可能会因为某个偶然事件就发生改变。第二种是报酬递增。制度具有自我强化的机制,当人们选择了一种初始制度并确定其历史地位之后,制度变迁的轨迹就会受制于制度的自我强化机制,沿着既定的方向前行,出现制度变迁的"路径依赖"③。

针对初始制度选择的不同,诺斯指出"路径依赖"会产生两种截然不同的轨迹。如果人们选择一种相对较优的初始制度,那么制度变迁就可能进入良性循环路径,产生正效益。反之,如果人们选择一种相对无效的初始制度并且还自以为相对较优,那么制度变迁在沿着这一路径发展的过程中就会逐步显现出阻碍整个社会的负面效应,从而无法在现实生活和经济发展中获得有效的支持④,甚至可能会因为获得与现行制度共存共荣的强有力的组织和利益集团的支持,持续下去导致路径闭锁而难以进行纠正。

关于制度的自我强化机制,诺斯给出了现实社会中的四种表现:一是,初始制度的创设需要投入高成本;二是,制度具有学习效应,一种制

① MAHONEY J. Path dependence in historical sociology[J]. Theory and society,2000,29(4): 523.

② PAGE E. Essay:path dependence[J]. Quarterly journal of political science,2006,1:96.

③ VERGNE P,DURAND R. The missing link between the theory and empirics of path dependence[J]. Journal of management studies,2010,47(4):721.

④ 马耀鹏. 制度与路径依赖——社会主义经济制度变迁的历史与现实[D]. 武汉:华中师范大学,2009.

度建立之后,该制度形成的组织或者个人就会通过学习,掌握制度规则而从中获利,同时也会反过来增强现存制度;三是,制度的协调效应,在一项正式制度创立之后,人们就会投资推动其他相关的正式制度甚至非正式的制度的建立,在同该正式制度协调发展过程中强化该制度;四是,制度的适应效应,在前一种表现——制度的协调效应——发挥作用之后,人们就会普遍遵循该制度,并在遵行制度的过程中获益,从而适应并认同该制度,制度的合法性由此得以确立,同时,在这一过程中,这项制度难以延续的不确定性因素也逐步减少①。

鉴于自我强化机制的存在,制度变迁的路径往往在出现惯性之后,其方向很难发生变化,就算社会环境发生变化,制度也很难做出相应的调整以适应社会变迁,而且组织也很难选择现行制度的替代性方案,因为对现行制度的变革成本通常高昂到足以导致组织放弃变革现行制度。尽管如此,诺斯还指出,制度的路径依赖并不是不可避免的,打破路径闭锁也是可能的,尤其是政府的干预可以推动制度创新,实现路径替代②。

3.1.2 版权法初始制度选择的缺陷

诺斯的"路径依赖"理论认为,制度的初始选择会对制度未来路径的选择产生重要影响,初始选择的不同会导致截然不同的发展结果③。尽管他这种观点过于绝对,初始制度的选择确实会对制度变迁路径产生重要影响。从版权法的初始选择来看,许多制度都存在明显的缺陷与不足,导致版权法在应对新技术的过程中困难重重,具体体现在论证版权正当性的基本理论和版权相关概念上。详见图 3 - 1。

(1)论证版权正当性的初始理论缺陷

目前,普遍流行的论证版权正当性的理论主要包括自然权利理论与激励理论。以法国、德国为代表的大陆法系国家的版权法的发展主要围绕自然权利理论展开,而以美国为代表的英美法系国家的版权法的完善则是以激励理论为指导。然而,这两种初始理论在论证版权的正当性时

---

① BOAS T. Conceptualizing continuity and change: the composite-standard model of path dependence[J]. Journal of theoretical politics, 2007, 19 (1):49.

② DAVID P. Evolution and path dependence in economic ideas: past and present[M]. Cheltenham: Edward Elgar, 2005.

③ STACK M, GARTLAND M. Path creation, path dependency, and alternative theories of the firm [J]. Journal of economic issues, 2003, 37 (2):477.

都存在明显的缺陷。

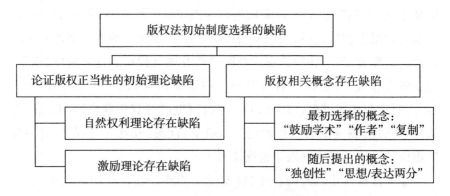

图 3 - 1   版权法初始制度选择的缺陷

自然权利理论源于洛克的财产权劳动学说,受到欧洲大陆国家的广泛推崇。财产权劳动学说指出:"尽管人类享有地球与所有低等生物,每个人却都对其个人财产享有所有权,任何其他人都不能对这一个人财产主张权利。每个人身体的劳动与双手的工作都属于他个人的财产。那么,无论他在自然物品中删除还是增加了某种东西,他都在自然物品中混合进了他的劳动,加入了他自己的东西,从而使该物品成为他的财产。鉴于该自然物品原本的形态已经发生变化,个人的劳动在该自然物品上附加了某种东西,从而排除了他人对该物品享有共有权。因为该劳动毫无疑问是劳动者的财产,所以只有该劳动者才对附加在该物品上的东西享有权利,至少在留有充足的自然物品供他人共同享有的情形下理应如此。"[①]基于财产权劳动学说,自然权利理论认为作者对其创作的作品付出了劳动,自然对作品享有财产权,任何其他人都不能对这一个人财产主张权利。该理论将保护作者的权利放在首位,认为作者对其创作的作品同时享有经济上和精神上的权利,并有权控制他人对作品的所有形式的使用。在版权产生初期,其正当性广受质疑的情形下,该理论有力地批判了种种妄图否定版权的观点,揭示了劳动在作品创作中的价值,具有一定程度的合理性。

然而,将财产权劳动学说用于论证版权的正当性时存在的缺陷也相

---

① LOCKE J. Two treatises of government [M]. New York: Cambridge University Press, 1999: 129.

当明显,不少学者对该学说能否适用于版权等无形财产提出质疑①,主要存在四种观点。第一,该理论没有区分劳动的性质。"如果劳动者付出的努力与其劳动产物的价值不成比例,那么赋予劳动者对劳动产物享有所有权就不是合适的酬金。"②罗伯特·诺齐克以"番茄汁"为例指出财产劳动学说存在的这一缺陷:"某人如果将自己的一盒番茄汁撒进大海,番茄汁与海水融为一体,那么他是否就对整片大海享有所有权?"③基于该理论,盗版也属于劳动的范畴,也应该受到版权法保护,然而,事实并非如此。第二,财产边界模糊。劳动者对个人劳动享有财产权的原因在于其对人类共有物付出了劳动,那么"劳动者就应该只能对其付出劳动的那部分享有所有权,其劳动作用的物体仍然属于共有物"④,财产权劳动理论并没有区分两者之间的不同。第三,财产权劳动理论提出的"限制条件"在适用于版权领域时存在问题。财产权劳动理论认为个人对自己劳动享有财产权,并不会影响他人享有财产权,理由在于:"在个人对劳动享有财产权之外,剩下的财产比他占有的要多,这些剩下的财产足够他人利用。"⑤然而,版权领域版权人的权利保护与社会公众自由使用作品的权利界限难以区分。第四,版权的确立可能会与表达自由、获取信息自由和隐私权保护等基本人权发生冲突,然而,财产权劳动学说中所指的财产权的确立一般不会与基本人权发生冲突。以公民的劳动收入、房屋和储蓄等所有权这类财产权为例,公民享有的这些财产权并不会与表达自由等公民的基本权利产生冲突。然而,版权制度保护作者的版权则可能会与基本人权发生冲突。其中,自古以来,最为明显的冲突就是版权与表达自由、获取信息自由之间的矛盾。版权制度将版权作为

① HETTINGER E. Justifying intellectual property[J]. Phil. & Pub. Aff. ,1989,18:31;NOZICK R. Anarchy,state and utopia[M]. Totowa N:Rowman and Littlefield,1984;GORDON W. A property right in self-expression:equality and individualism in the natural law of intellectual property[J]. The Yale law journal,1993,102:1533;WALDRON J. Enough and as good left for others[J]. The philosophical quarterly,1979,29:319;BECKER L. Deserving to own intellectual property[J]. Chicago-Kent law review,1993,68:609.

② HETTINGER E. Justifying intellectual property [J]. Philosophy & public affairs, 1989, 18 (1):41–42.

③ NOZICK R. Anarchy,state and utopia[M]. Washington DC:Rowman and Littlefield,1984.

④ HETTINGER E. Justifying intellectual property [J]. Philosophy & public affairs, 1989, 18 (1):37.

⑤ 墨杰斯,迈乃尔,莱姆利,等. 新技术时代的知识产权[M]. 齐筠,张清,彭霞,等,译. 北京:中国政法大学出版社,2003:3.

作者的一种私权予以保护时,必然就会限制他人对版权的使用,社会公众要想使用他人享有版权的作品一般情形下都需要获取版权人的授权,属于版权限制与例外的情形除外。这种制度设计明显会限制社会公众的表达自由和获取信息自由。

从《安妮法》的制定过程来看,自然权利理论所依据的财产劳动学说只是英国书商公会试图恢复自身对英国图书印刷出版市场的垄断地位的借口,英国书商公会试图借助作者这一弱势群体隐藏维护自身垄断利益的企图。实质上,英国书商公会在推动《安妮法》制定之前,其要求续展 1662 年《许可法》效力最终失败的最大阻力之一就是来自洛克的言论。有资料显示,洛克自身对图书交易活动并没有兴趣,他着重关注的焦点是言论自由以及社会公众如何最大限度地获取图书的问题。正因如此,洛克十分反感英国书商公会垄断图书印刷出版市场的行为,在他看来,英国书商公会垄断了图书印刷出版市场之后,在没有激烈的市场竞争的情况下,社会公众获取的英国书商公会出版的图书质量低劣而且价格还很昂贵,既不利于读者也不利于学术研究的开展①。此外,洛克还指出,任何个人或者组织对古代作者创作的作品享有印刷出版的专有权利都是荒谬的,这种举措不过是在榨取别人的劳动果实,对于知识传播来说只会有害而没有任何好处②。

激励理论认为,创设版权制度的目的在于激励创新,最终实现国家的经济增长与文化发展等社会公共福利③。从该理论预设的目的来看,版权法是一种造福于人类社会的制度类型,具有一定的价值。然而,从该理论预设的前提来看,版权制度之所以可以实现激励创新目的的前提是版权人创作作品是为了获取经济报酬④,然而,并非每个作者都是为了经济利益而创作。笔者并不否认,某些作品的创作确实是基于经济利益的考虑,比如受企业或者他人出资委托创作作品的情形,大多会有经济利益的考虑。然而,很多情形下的作品创作都不是源于经济利益,比如荷兰后印象派画家文森特·威廉·梵·高在世时创作了大量的优秀绘

① DEAZLEY R. On the origin of the right to copy-charting the movement of copyright law in eighteen-century Britain (1695 – 1775) [M]. Worcester:Hart Publishing,2004.

② ROSE M. Authors and owners[M]. Cambridge,Massachusetts:Harvard University Press,1993.

③ PARTY W. How to fix copyright[M]. New York:Oxford University Press,2011.

④ EINHORN M. Music in the crucible:a year in review[J]. Entertainment and sports lawyer, 2004,22(2):25.

画作品,以《星夜》《向日葵》《割耳朵后的自画像》《有乌鸦的麦田》为代表①。然而,尽管目前梵·高的作品广受欢迎,梵·高在世时仅仅卖出一副油画作品——《红色的葡萄园》,而且在这幅油画卖出之前,其创作的大量作品(比如《向日葵》)都无法卖出而且根本没有资金养活自己②。随着数字与网络技术的发展,激励理论的预设前提更显现出其不合理性。随着以网络论坛、社交网络、博客、微博、微信等为代表的自媒体的繁荣发展,网络平台充满了大量"用户生成内容"(User Generated Content,UGC),这些内容已经成为与主流媒体相抗衡甚至超越主流媒体的信息资源③。大多数"用户生成内容"都并不是出于盈利目的而是出于用户个人兴趣爱好的创作。此外,作为激励创新的机制,版权不是从来就有的,即使是现在也存在替代性的方案。在版权制度产生之前,大量优秀的古代作品的存在就表明了这种论点。比如,在版权制度产生之前,威廉·莎士比亚创作出大量具有深度和艺术高度的优秀作品,包括《哈姆雷特》《奥赛罗》《麦克白》《李尔王》等④。笔者不否认版权制度产生之后也有不少学者创作出许多优秀的作品,但是,威廉·莎士比亚的许多作品都是这些文学作品无法超越的。因此,威廉·莎士比亚创作的优秀作品都不应该归功于版权制度的存在。而且,版权制度是否有助于激励创作并没有实证研究予以论证。甚至有学者的实证研究表明,激励作者创作作品并不需要版权制度的保障。基于针对书籍、照相复印和计算机程序中的版权问题开展的相关实证研究,史蒂芬·布雷耶认为:①即使没有版权制度的保护,正版出版商仍然能够通过发行一种定价比盗版本还要低的"对抗版"⑤,来遏制他人未经授权复制该作品的行为;②从出版时间来看,正版作品的出版商具有时间领先优势,足以允许出

① WILFRED A. Vincent van Gogh:chemicals, crises, and creativity[M]. Boston:Birkhäuser, 1992.
② GAYFORD M. The yellow house:Van Gogh, Gauguin, and nine turbulent weeks in Arles[M]. London:Penguin,2006.
③ SCHIVINSKI B,DABROWSKI D. The effect of social-media communication on consumer perceptions of brands[J]. Journal of marketing communications,2014,21:10.
④ GREENBLATT S. Will in the world:how Shakespeare became Shakespeare[M]. London:Pimlico,2005.
⑤ 戈斯汀. 著作权之道:从古登堡到数字点播机[M].金海军,译. 北京:北京大学出版社,2008:18.

版商在盗版本进入市场之前收回成本①。此外,就算版权法能够激励创新,还存在包括政府机构和私人组织的补贴与奖励②、先行动者优势③、数字权利管理④、价格歧视与间接利用⑤、合同⑥以及对复制设备征税⑦在内的其他的激励创新的机制。比如,政府机构或者私人组织为版权作品的创作提供补贴和奖励有助于激励创新,实质上历史上很多重大的发明都是通过此种激励方式产生的⑧。

(2)版权相关概念存在缺陷

版权相关概念存在缺陷,主要体现在版权法最初选择"鼓励学术""作者""复制""独创性""思想/表达两分"等相关概念。《安妮法》最先提出"鼓励学术""作者""复制"的概念。"独创性""思想/表达两分"的概念在随后的版权法发展过程中逐步确立。

《安妮法》提出影响版权制度发展的主要概念:表述版权法立法目的的"鼓励学术"、表述版权法保护主体的"作者"、表述版权法保护客体的"复制件",这些语言表述都相当模糊。后来逐步发展起来的利益集团借助这种模糊性推动版权制度逐步偏离其正确发展轨道。"鼓励学术"是

---

① BREYER S. The uneasy case for copyright:a study in copyright of books,photocopies and computer program[J]. Harvard law review,1970,84:281.

② WRIGHT B. The economies of invention incentives:patents,prizes and research contracts[J]. American economic review,1983,73(4):691 – 707;SHAVELL S,YPERSELE T. Rewards versus intellectual property rights[J]. Journal of law and economics,2001,44(2):525 – 547; The Allen Consulting Group. Economic perspectives on copyright law[EB/OL]. [2018 – 04 – 10]. http://www. copyright. com. au/reports% 20&% 20Papers/CCS0203Thorpe. Pdf;TOWSE R. Partly on the money:rewards and incentives to artists[J]. Kyklos,2001,54:488.

③ BREYER S. The uneasy case for copyright a study of copyright books photocopies and computer programs[J]. Harvard law review,1970,84(2):281 – 351.

④ 王素玉. 版权法的经济分析[D]. 长春:吉林大学,2009:58.

⑤ HIRSHLEIFER J,RILEY G. The analytics of uncertainty and information:an expository survey [J]. Journal of economic literature,1979,17(4):1375 – 1421;LIEBOWITZ J. Copying and indirect appropriability:photocopying of journals[J]. Journal of political economy,1985,93 (5):57 – 945.

⑥ 王素玉. 版权法的经济分析[D]. 长春:吉林大学,2009:58;The Allen Consulting Group. Economic perspectives on copyright law[EB/OL]. [2018 – 04 – 10]. http://www. copyright. com. au/reports% 20&% 20Papers/CCS0203Thorpe. Pdf.

⑦ OKSANEN V,VALIMAKI M. Copyright levies as an alternative compensation method for recording artists and technological development[J]. Review of economic research on copyright issues,2005,2(2):25 – 39;WEINSTOCK N. Impose a noncommercial use levy to allow free peer-to-peer file sharing[J]. Harvard journal of law & technology,2003,17(1):1 – 83.

⑧ The Allen Consulting Group. Economic perspectives on copyright law[EB/OL]. [2018 – 04 – 10]. http://www. copyright. com. au/reports% 20&% 20Papers/CCS0203Thorpe. Pdf.

《安妮法》确定的制定版权法的最终目的。然而,"鼓励学术"只是一种目标,关于实现"鼓励学术"目的的方式,《安妮法》则采取了模糊处理的方式。随着新技术的发展,版权利益集团利用这一模糊性概念最大限度的维护自身利益,逐步强化一种并不合理的观念——最大限度地保护版权才能鼓励学术。"作者"是《安妮法》确定的版权法保护的最重要的主体之一。然而,关于何为"作者",《安妮法》并没有给出明确界定。随着新技术的发展,各种类型的作者逐步出现,而且这些作者与《安妮法》最初保护的文字作品的作者所呈现的特征已经完全不同。最重要的转变就是,最初的作者仅仅指的是创作作品的自然人,而后来出现的新类型作者很多都是作品的投资者,比如广播组织机构、电影制片者等。关于"复制",既可以指代复制本,还可以理解为复制行为,而关于复制行为本身也是一种很难理解的行为。实质上,随着新技术的发展,版权法在发展过程中有关"复制"的解读就体现了此点。在版权利益集团的推动下,每种基于新技术制作复制件的行为都可能成为"复制"范畴。

在随后的版权法发展过程中,"独创性""思想/表达两分"等相关概念逐步形成,这些概念作为衡量可版权的标准也存在严重缺陷。"独创性"理论和"思想/表达两分"理论最先出现在英国,是在论证版权正当性的过程中提出来的。"独创性"最早雏形出现在于 1735 年 5 月 15 日获得御准的《雕工法》的制定过程中。继《安妮法》保护图书作者的版权之后,以郝伽斯为代表的雕刻艺术家也积极寻求立法保护雕版画等艺术品的权利,首次提出作者"施于纸张之上的劳动与技巧"①对于保护版权的重要性,可以说是"独创性"的最早阐述。基于这一观点,正是因为作者对作品创作付出了劳动与技巧,作品才受到了版权的保护②。在《雕工法》获得通过之后,作者的地位逐步提升,保护自身权利的意识觉醒,社会公众也开始接受版权保护的并不是图书等物体、作者才是版权保护的主体的观念③。再加上此时《安妮法》授予英国书商一定期限的印刷出版权利已经到期,书商开始积极向议会请愿要求延长《安妮法》授予的权利的保护期限,反对之声极为强烈,引发了一场有关版权正当性的争

---

① GERVAIS D. Feist goes global: a comparative analysis of the notion of originality in copyright law[J]. Journal of the copyright society of the USA, 2002, 49: 978.

② DEAZLEY R. On the origin of the right to copy—charting the movement of copyright law in eighteen-century Britain (1695 – 1775) [M]. Worcester: Hart Publishing, 2004.

③ DRAHOS P. A philosophy of intellectual property[M]. Boston: Dartmouth Publishing, 1996.

论——"文学产权"大辩论①。在这一过程中,现代"独创性"观念逐步确立。1759 年,作家爱德华·扬格发表了《试论独创性作品》,体现了现代"独创性"的观念②。深受当时文学思潮的影响,扬格认为,独创性的作品是作者人格的自然生成物,他指出"独创性作品……是从天才的命根子自然地生长出来的……"③。在扬格看来,鉴于每个人都对自己的人身享有所有权,作者对其创作的作品自然也享有所有权,既然此种权利属于所有权就必然是"永久性普通法权利"④。关于何为"独创性",扬格认为,只有"模仿自然"的创作才能称为独创性作品,"模仿作家"的创作则属于抄袭范畴⑤。

"思想/表达两分"的观点也最早出现在这场辩论中。《质疑文学产权的性质与起源》的小册子最先指出思想不属于财产。《为作者对自己作品的专有权利申辩》的小册子进一步发展前一本小册子中的观点,已经出现"思想/表达两分"的影子⑥。后者指出,一本图书可划分为"机械的成分"和"学说的成分"。在这两种成分中,思想应该属于对读者开放的内容,作者仅仅对思想的独特表达享有权利⑦。"思想/表达两分"的概念之所以提出,在于文学产权的支持者出于论证作者对作品享有的权利的正当性之目的,从而反对文学产权反对者的言论。《为作者对自己作品的专有权利申辩》这本小册子借助的方式是区分出作品中印刷商、作者与读者关注的不同部分——印刷商关注"机械的成分"、作者关注"学说的成分"、读者关注"学说的成分"中的思想。鉴于此,作者对作品享有的权利就与印刷商对作品的权利相互分离,也不会对读者使用作品的权利产生冲突⑧。

① JUDGE E, GERVAIS D. Of silos and constellations: comparing notions of originality in copyright law[J]. Cardozo arts & entertainment law journal, 2009, 27: 384.

② AFORI O. The role of the non-functionality requirement in design law[J]. Media & entertainment law journal, 2010, 20(3): 869.

③ 扬格. 试论独创性作品[M]. 袁可嘉, 译. 北京: 人民文学出版社, 1998: 113.

④ SUBOTNIK E. Originality proxies: toward a theory of copyright and creativity[J]. Brooklyn law review, 2010, 76(4): 1552.

⑤ DERCLAYE E. Wonderful or worrisome? The impact of the ECJ ruling in infopaq on UK copyright law[J]. EIPR, 2010, 5: 246.

⑥ DENICOLA R. Copyright and free speech: constitutional limitations on the protection of expression[J]. California law review, 1979, 67(2): 289.

⑦ ENGLUND S. Idea, process, or protected expression? Determining the scope of copyright protection of the structure of computer programs[J]. Michigan law review, 1990, 88(4): 875.

⑧ ROSE M. Authors and owners[M]. Cambridge, Massachusetts: Harvard University Press, 1993.

后来,文学产权的支持者为了在这场大辩论中获胜,进一步完善"独创性"与"思想/表达两分"的概念。最典型的体现在弗朗西斯·哈格瑞夫的小册子《文学产权答辩理由》①。关于"独创性",哈格瑞夫认为,每个人都有独特的表达思想的形式,因此每个人创作的不同作品之间的区别是相当明显的,从而文学作品也都会具有独创性②。关于"思想/表达两分",哈格瑞夫认为,"思想"是公共产品,社会公众可以充分使用思想。"表达"不仅仅是指传达思想的某种语言,还是组合这种语言的一种风格或者方式,即作者将思想转化成文字的一种方法,"表达"独特性在于作者的独特个性特征③。通过这些阐述,哈格瑞夫有力回击了文学产权反对者,其"'思想'是公共产品"的观点反驳了文学产权反对者所说的"授予文学产权会垄断思想"的观点,借助解释"表达"反驳了文学产权反对者所说的"文学产权保护的是'虚幻的幽灵'"的观点④。

由此可见,"独创性"和"思想/表达两分"两种概念的提出只是文学产权支持者论证版权正当性的工具,在文学产权大辩论中,这些概念的合理性并没有最终予以确认,文学产权大辩论最终以授予作者永久性的普通法权利会产生不利结果为由而结束。这些理论的内在缺陷相当明显,"独创性"难以明确解释,"思想"与"表达"难以清晰划分,导致立法者和法院将这些概念用于应对技术进步时的合理性受到质疑。

3.1.3　版权法初始制度的自我强化

随着技术的发展,版权最初选择的论证版权正当性的基本理论和版权相关概念仍然沿用至今,而且这些初始制度呈现出自我强化的发展趋势。

论证版权正当性的理论适用有逐步强化的趋势,在数字环境下的矛盾冲突更为激烈。以"自然权利"学说为例,在美国制定实施《世界知识产权组织版权条约》和《世界知识产权组织表演和录音制品条约》两个

---

① HARGRAVE F. An argument in defence of literary property[M]. London:Otridge,1774.

② SIEBRASSE N. A property rights theory of the limits of copyright[J]. The University of Toronto law journal,2001,51(1):57.

③ BRACHA O. The ideology of authorship revisited:authors,markets,and liberal values in early american copyright[J]. The Yale law journal,2008,118(2):190.

④ DEAZLEY R. On the origin of the right to copy-charting the movement of copyright law in eighteen-century Britain (1695 – 1775)[M]. Worcester:Hart Publishing,2004.

"互联网条约"的国内法时,版权人提议的保护技术措施的相关建议就是基于该理论,反驳数字未来联盟提出的将特定类型的破解技术措施的行为纳入合理使用的建议,认为使用的"技术措施"就像是"上了锁的门",规避"技术措施"就是"非法入侵他人住宅",此种行为是不被允许的①。最终通过的《数字千年版权法》规定了严格的保护技术措施的内容,显然同版权法有关合理使用的规定自相矛盾。关于激励理论,随着数字网络技术的发展,版权逐步扩张,激励理论确立的这一目的能否真正实现受到广泛质疑。劳伦斯·莱斯格认为,知识产权制度会扼杀数字时代的创新,数字环境下,版权法不再是创造力的激励制度,只是保护手段②。从目前版权法的实施效果来看,尽管人们打击盗版活动的效果并不乐观,创作者仍然毫不犹豫地借助网络平台创作歌曲、博客和视频等作品。也就是说,在版权法失效的情形下,人们的创造力仍然无处不在。对比美国与欧盟不同的数据库保护模式,考察数据库产业的发展现状,实行弱版权保护的美国胜过采取版权和"特别权利"双重保护策略的欧盟。从反抗版权扩张的自由软件、开源软件运动来看,就算没有强化版权法保护,软件产业的创新仍然层出不穷。

版权法相关概念也有逐步强化的趋势。尽管概念本身没有发生变化,但这些概念覆盖的范围却发生了变化,甚至涵括的许多内容完全不符合这些词语应有的含义。以版权的核心概念——复制——为例,复制的初始选择对版权的变革产生了较大影响。世界各国的版权法都是以"复制权"为核心建立起了版权法权能体系。鉴于版权产生之时的技术发展水平的限制,当时的"复制"仅仅指代的是"印刷"。立法者之所以将复制权作为版权人控制的基础性权利,唯一的正当性理由在于,在当时的技术条件下,复制件具有容易被发现且容易计量的特性,对于确定版权是否被侵害来说具有有效性,而且,禁止未经授权的复制也不会损害社会公众对作品的正常使用③。鉴于此,立法者通过确立版权人享有控制作品复制的专有权,较为有效地保障了版权人的权利,也未对社会公

---

① LANGE D. At play in the fields of the word:copyright and the construction of authorship in the post-literate millennium[J]. Law and contemporary problems,1992,55(2):143.

② LESSIG L. Remix:making art and commerce thrive in the hybrid economy[M]. New York:Penguin Press,2008.

③ ROBERTSON J. Reproduction and rights:a response to Dorothy Roberts[J]. Law & social in-quiry,1995,20(4):1029.

众使用作品的权利造成严重影响。然而,随着新技术的出现,有关"复制"这一概念的解释逐步扩张。自动钢琴和钢琴卷出现后,"复制"的范围包括了以机械方式复制作品的"机械录制"。静电复印、磁带录音、录像技术出现后,版权人的"复制"权扩展到私人复制领域。模拟技术时代,"复制权"的基础性地位尚未遭受根本性威胁。然而,随着数字与网络技术的发展,"复制权"作为基础性权利的正当性遭受质疑。电子计算机出现之后,版权的触角开始向"临时复制"延伸。目前,以美国《数字千年版权法》和《欧盟信息社会版权指令》为代表,许多国家和地区已经将临时复制归入版权人控制范围,并设定严格的免责条件①。鉴于"临时复制"乃技术过程中的必要程序,借助控制复制有效控制作品的条件已经不存在,而且对复制的控制还会影响公众正常使用作品,"复制"概念的如此扩张遭受广泛质疑,杰西卡·里特曼甚至建议以"商业利用权"的模式来取代目前版权法确立的以"复制权"为核心的版权保护模式②。

3.1.4　版权利益集团:版权法难以冲破路径依赖的根本原因

制度之所以能够沿着初始轨迹逐步发展,甚至在制度的有效性遭受广泛质疑的情形下,还能沿着传统路径存活下来,最主要的原因就是该制度所保护的组织或者利益集团的推动③。

版权法中的基本概念以及基本理论本身存在的缺陷相当明显,鉴于版权利益集团出于维护自身利益和要求之目的施加影响于政府、立法部门等,这些概念和理论才得以延续至今。新技术出现之后,版权利益集团也是通过推动相关解释,维持了这些概念和理论的可适用性,将其适用于新的技术环境。

以自动钢琴的兴起为例,随着自动钢琴受到消费者的热烈欢迎,美国的自动钢琴制造商实力逐步强大,导致传统版权利益团体——音乐作曲家与乐谱出版商的获利大为减少。鉴于此,音乐作曲家与乐谱出版商积极推动国会立法,赋予其控制以机械方式录制音乐作品的专有权。尽

---

① ALEXANDER I. The concept of reproduction and the"temporary and transient"exception[J]. The Cambridge law journal,2009,68(3):522.

② LIEDES J. Copyright:evolution, not revolution[J]. Science, new series, 1997,276(5310):224.

③ STACK M,GARTLAND M. Path creation,path dependency,and alternative theories of the firm [J]. Journal of economic issues,2003,37(2):487.

管遭到自动钢琴制造商的强烈反对,音乐作曲家与乐谱出版商通过寻求司法救济最终推动了美国版权法将"机械录音"纳入受版权控制的权利范围。在 White-Smith Music Publishing Co. v. Apollo Co. 案中,尽管怀特—史密斯音乐出版公司败诉,霍姆斯法官的"任何以机械方式复制声音排列所得的产物都应视为复制品"①的观点却推动了此案之后国会就机械复制的问题进行讨论,并最终赋予版权人"机械录音权"。

美国有关"公开表演权"的解释也是利益集团逐步推动的结果。声音的远程传播技术发展起来之后,无线电广播事业渐成规模,广播机构经常播放一些版权利益集团享有专有权的音乐作品。美国版权利益集团——作曲家、作家与出版商协会意识到向广播机构播放音乐作品征收许可费将会获得可观收入,于是发动成员针对广播机构提起系列诉讼,通过 M. Witmark & Sons. v. L. Bamberger & Co. 案②和 Jerome H. Remick & Co. v. American Auto. Accessories 案③等系列诉讼成功地将广播机构播放音乐的行为纳入表演权控制的范围。同样,图像远程传播技术的发展导致版权人推动国会立法将电视广播纳入公开表演权的范畴。有线传送技术的发展推动了有线电视的兴起,版权利益集团与广播电台积极推动立法将有线电视再传送行为解释为公开表演,体现在 1976 年美国《版权法》的第 101 条中,该条款对公开表演作了极为宽泛的解释,指出公开表演包括利用任何装置或者方法向公众传送或者以其他方式传播作品的行为④。

3.2　忽视社会公众版权法认知偏误

鉴于版权法的制定在于引导社会公众的行为,社会公众对版权法的理解与认知自然成为影响版权法有效性不可或缺的因素。实质上,最初英国书商工会之所以能够推动议会通过《安妮法》,一个很重要的原因就在于,书商公会借助保护作者"文学产权"有助于实现公共利益之名获得

---

①　White-Smith Music Publishing Company v. Apollo Company,209 U. S. 1 (1908).

②　M. Witmark & Sons. v. L. Bamberger & Co. ,291 F. 776 (D. N. J. 1923).

③　JEROME H. Remick & Co. v. American Auto. Accessories,5 F. 2d 411 (6th Cir. 1925).

④　COLEMAN A. Public performances and private acts[J]. Journal of education for library and information science,1996,37(4):331.

了社会公众与立法者的普遍认同。本书将社会公众对版权法的理解与认知称为版权法社会公众心理,它不仅会影响作品创作者与使用者的行为,还会影响法院判决与法律制定。尽管版权制度的有效性体现为影响社会公众的观念与行为,在应对技术进步的过程中,立法者几乎没有探究过版权法社会公众心理,导致版权法的实施效果并不乐观。

近年来,国外已有不少学者从心理学视角基于实证研究分析了这些问题,他们主要考察的是社会公众版权法认知与实际版权法的关系、基于威慑执法措施强化版权保护的问题,得出的结论正是:版权法社会公众心理通常与版权法实质内容存在偏误,而且威慑执法措施通常是无效的甚至会产生反作用,导致版权法逐步丧失合法性与有效性。本小节主要讨论社会公众版权法认知偏误,威慑执法措施的无效性与反作用将在下一节展开研究。

3.2.1 行为法律经济学概述

行为法律经济学运用心理学的相关理论与研究方法考察法律经济学,并对西方主流法经济学以理性人假设为基础的理性选择模型分析框架提出了质疑。行为法律经济学借助实证研究来分析社会公众法律行为,指出主流法经济学家的模型化假设与现实社会公众法律行为的差距会导致错误的预测。在行为法律经济学家看来,主流法经济学家基于社会公众法律行为的完全理性所得出的假设结果实质上与社会公众法律行为存在差别。而且,行为法律经济学家的实证研究结果也表明,主流法经济学家这种严格基于理性人的假设确实与现实情况存在不同[1]。

行为法律经济学认为,现实社会中真实的人并非主流法经济学家所谓的"经济理性人"而是"心理认知人"[2]。易言之,在现实社会中,社会公众法律行为会受到认知心理机制作用的影响,只可能是有限理性的[3]。因此,行为法律经济学家批判了主流法经济学家有关人是理性地根据预

---

① LANGEVOORT D. Behavioral theories of judgment and decision making in legal scholarship: a literature review[J]. Vanderbilt law review, 1998, 51: 1499; JOLLS C, SUNSTEIN C, THALER R. A behavioral approach to law and economics[J]. Stanford law review, 1997, 50: 1471.

② PRENTICE J. Chicago man, K-T man, and the future of behavioral law and economics[J]. Vanderbilt law review, 2003, 56(21): 1663.

③ RACHLINSKI J, JOURDEN F. Remedies and the psychology of ownership[J]. Vanderbilt law review, 1998, 51: 1541.

期效用自我利益最大化的行动者假设①,对主流法经济学家基于这一假设描述的法律对社会公众行为产生的影响以及出于实现社会效率目的提出的解决方案提出了质疑。实质上,行为法律经济学的产生在很大程度上正是主流法经济学家自我反思的结果。在针对社会公众心理进行法律研究时,行为法律经济学家主要围绕认知心理学提出的启发式效应与认知偏误两大主题②。启发式效应指社会公众在判断不确定的问题时通常会采用主观推理的方法,这种方法通常有助于简化关于不确定问题的信息处理、节省认知不确定问题的成本。然而,在某些情形下,社会公众采用此种方法则可能会产生系统性的错误③。比如,社会公众通常对自己目前拥有的事物做出过高价值评估,购买意愿与支付意愿存在明显差距,导致社会公众不愿意进行交易,即所谓的"禀赋效应"④。认知偏误通常是指错误的认知倾向,社会公众的认知偏误会以不同形式导致社会公众不能够实施那些可以实现个人预期效用最大化的行动⑤。其中,启发式效应则是导致认知偏误的最重要的原因之一。根据行为法律经济学提出的启发式效应与认知偏误的观点,人类认知决策并非是一种完全理性的过程,通常会呈现出偏离甚至违反理性的特征⑥。行为法律经济学家的这些观点均经由实证研究得出,并在经过实证数据检验后具有合理性。根据行为法律经济学家的观点,基于实证研究分析社会公众心理才能更好地理解社会公众法律行为,从而制定有效的法律制度⑦。

行为法律经济学家采用的实证研究方法具体步骤为,在心理学实验中,研究者预先设定自变量与因变量,借助主动操控自变量引起因变量发生变化,从而分析自变量与因变量之间的关系。其中,自变量是影响社会公众心理的因素或者条件,因变量则是社会公众的法律行为,研究者借助经验研究与量化分析探讨认知偏误引发社会公众法律行为变化

① 戴昕. 心理学对法律研究的介入[J]. 法律和社会科学,2007(2):34.
② HANEY C. Psychology and legal change:on the limits of a factual jurisprudence[J]. Law & human behavior,1980,21:149.
③ EDWARD W,WINTERFEILD D. Cognitive illusions and their implications for the law[J]. Southern California law review,1985,27(11):225.
④ 戴昕. 心理学对法律研究的介入[J]. 法律和社会科学,2007(2):37.
⑤ MITCHELL G. Talking behavioralism too seriously? The unwarranted pessimism of the new behavioral law and economics[J]. William & Mary law review,1915,43:1970.
⑥ SUNSTEIN C. Legal interference with private preferences[J]. The Univesity of Chicago law review,1986,53:1129.
⑦ LESSIG L. The New Chicago school[J]. Journal of legal study,1998,27:661.

的现象。

3.2.2　版权法社会公众心理研究的重要性

　　鉴于与版权法有关的社会公众法律行为深受社会公众心理影响,研究社会公众心理对于完善版权制度相当重要。第一,社会公众心理代表了很大一部分潜在作品创作者的认知,而且会影响这些潜在创作者从事的创造性活动。尽管一些作品创作者可能精通版权法,大量作品创作者实质上都只具备普通公众的版权法认知。许多个人创作者即可归入此类,他们可能并不精通版权法,却仍然为有价值的版权创作活动创造出巨大贡献①。许多小型企业中的作品创作者与决策制定者也可归入此类,他们通常也不了解版权法。比如,罗伯特·莫吉斯等人的一项实验研究表明,"85% 的艺术、娱乐与休闲行业的公司雇佣人员少于 20 人""近年来有关创新的研究一直强调小型创新企业的重要性(相较于大型企业)"②。正如实验研究所述,目前创意行业中小型企业越来越多,而且与大型企业相比,小型企业对创新做出的贡献更具有关键性的作用。第二,社会公众心理也代表了大多数作品使用者的认知,许多作品使用者通常具备有限的版权法知识,而他们确是理解版权法遵守与执行的主要社会群体,至少从数量上来看如此。第三,社会公众心理可能会影响许多裁决版权侵权案件的陪审团与法官的认知。许多审理版权侵权案件的陪审团与法官可能并不精通版权法,社会公众心理认知可能会引导陪审团与法官的观点③。第四,社会公众心理也可能会引导许多立法者的决定,会对他们支持或者反对某些版权立法建议产生影响。这一观点无论从立法者做出的决定受个人偏好影响,还是从受选民、媒体、普通公民围绕立法建议展开辩论后的舆论与公共话语的影响来看都是合理的④。

---

①　KU R, SUN J, FAN Y. Does copyright law promote creativity? An empirical analysis of copyright's bounty[J]. Vanderbilt law review,2009,62:1711.

②　MERGES R,MENELL P,LEMLEY M. Intellectual property in the new techological age[M]. Gaithersburg:Aspen Law & Business Publishers,2010.

③　PENNINGTON N,HASTIE R. The story model for juror decision making[M]//Hastie R. Inside the juror:the psychology of juror decision making. Cambridge,UK:Cambridge University Press,1993.

④　TYLER T. Compliance with intellectual property laws:a psychological perspective[J]. N. Y. U. J. INT'L L. & POL. ,1996,29:219.

因此,为了更好地实现版权制度的功能,立法者与司法机构研究把握版权法社会公众心理至关重要。如果社会公众对版权法认知存在不同,那么他们所表现出来的版权法律行为就会存在差异。尽管版权法社会公众心理有着如此重要的影响,但立法者与司法机构在完善版权法时几乎都没有探究过相关问题。理解版权法社会公众心理有助于澄清版权法实现目标的可能性,了解社会公众遵守版权法的倾向,弄清陪审团与法官如何裁决版权侵权案件,明晰制定某些版权法的可能性。为了阐明版权法社会公众心理,本书以美国为例,结合雷戈里·曼德尔相关实证研究①以及美国现行版权法分析了美国社会公众有关版权法的普遍认知。曼德尔的研究分析的是包括专利权和版权在内的知识产权问题,本书选取其中分析社会公众版权法认知的内容进行研究。曼德尔设定的自变量为社会公众版权基本原理认知、实质性问题认知、保护力度认知,因变量为社会公众心理认知对版权法的影响,社会公众版权法认知偏误的具体表现详见图3-2,以此考察上述普遍认知如何反映到美国实际版权法,以期得出社会公众如何应对版权法的心理与行为假设的结论,并提出完善版权法以更好地服务于社会的可能性建议。

3.2.3 社会公众版权法基本原理认知偏误

作为社会公众创意活动行为的决定性因素,社会公众版权法基本原理认知是非常重要的。社会公众版权法基本原理认知如果与版权制度目标相一致,那么社会公众即使并不知晓版权法实质性问题也仍然可以从事与版权制度目标相一致的行为。社会公众如果能够精确地理解版权法基本原理,那么他们做出的有关版权的推断可能就会与版权法相一致,从而采取与版权法的目标相一致的行动。然而,行为法律经济学家的实证研究表明,在美国,社会公众版权法基本原理的普遍认知在很大程度上与版权法专家观点不相符。版权法专家普遍认为版权法基本原理在于为作品创作者提供激励,从而促进作品的生产、传播与商业化。然而,大多数社会公众主要将版权看作源于作者对其作品的自然权利。

---

① MANDEL G. The public psychology of intellectual property[J]. Florida law review,2013,66: 1 – 56.

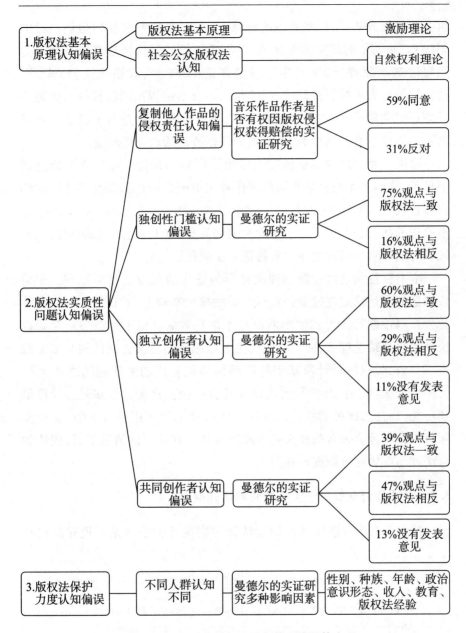

图3-2　社会公众版权法认知偏误的具体表现

　　曼德尔的实证研究论证了上述观点。在研究社会公众版权法基本
原理认知时,曼德尔为参与者提供了关于版权法基本原理的三种最常见
答案:自然权利理论、激励理论、人格理论。参与者需要回答的问题是:
他们所认为的版权法基本原理是否为:①授予作者版权的最好方式;
②版权鼓励人们创作的最好方式;③版权是支持人们创造性地表达自己的

机会的最好方式;④一些其他的解释(参与者可以回答任何他们自己的想法)。曼德尔的研究结果显示,参与者更倾向于认同自然权利理论为版权法基本原理(60%),多于激励理论(23%)与人格理论(17%)①。这一结果与大多数版权政策、经济与法律分析中提出的版权基本原理主导理论完全相反②。在社会公众看来,版权法的存在是为了赋予作者对其智力创作享有自然权利,而不是为其创造性活动提供激励。

珍妮·弗罗默的实证研究也得出了同样的结论。弗罗默的研究结果显示,许多艺术与科学作品的创作者相信他们的作品具有某种形式的自然权利③。鉴于持有自然权利理论观点的社会公众相较于持有其他基本原理的社会公众更青睐于强而有力的版权保护,社会公众版权法认知现状可能导致现行版权保护有待进一步强化。

本书暂且搁置讨论激励理论是否为适当的版权法基本原理。如果版权法的设计建立在社会公众行为激励模型基础上,版权法就只有在社会公众以预期行为方式做出回应时才是有效的。鉴于社会公众对版权法基本原理缺乏理解,而且对版权法基本原理的社会公众认知与专家观点不一致,版权法设计所基于的激励模型能否成功的问题随之产生④。许多研究表明,通常情形下,法律在符合社会公众普遍认知时会发挥最佳功能,而且法律推动社会公众遵守法律规则的作用是有限的⑤。在实际版权法与社会公众版权法基本原理认知存在偏误的情形下,版权法的合法性与有效性可能逐步丧失⑥。

3.2.4 社会公众版权法实质性问题认知偏误

社会公众版权法实质性问题认知是决定社会公众是否遵守版权法

---

① MANDEL G N. The public psychology of intellectual property[J]. Florida law review,2013, 66:28.

② MANDEL G N. The public psychology of intellectual property[J]. Florida law review,2013, 66:29.

③ FROMER J. Expressive incentives in intellectual property[J]. Virginia law review,2012,98: 1764 – 1781.

④ JANIS M,HOLBROOK T. Patent law's audience[J]. Minnesota law review,2012,97(72):74 – 75.

⑤ ELLICKSON R. Order without law:how neighbors settle disputes[M]. Cambridge, Massachusetts:Harvard University Press,1994.

⑥ MACCOUN R,PACULA R,CHRIQUI J. Do citizens know whether their state has decriminalized marijuana? Assessing the perceptual component of deterrence theory[J]. Review of law & econmics,2009,5:347.

的重要因素。鉴于版权法功能的实现在于引导社会公众法律行为,如果社会公众误解版权法实质性问题,版权法就无法实现预期功能,既不能激励社会公众的创意活动,也无法推动社会公众自觉遵守法律①。易言之,社会公众将不会如版权法所预期的那样针对创意活动进行投资、生产与商业化,而且不会遵守版权法有关版权保护的规定甚至在他们想要尊重他人权利的情形下同样如此。版权法实质性问题涉及版权法具体内容的方方面面,本书选取其中较为重要的复制他人作品的侵权责任、独创性门槛、独立创作者、共同创作者四个方面进行讨论。行为法律经济学家的实证研究表明,在美国,少数社会公众版权法实质性问题认知与实际版权法一致,然而,大多数仍然存在不同,导致社会公众法律行为违反版权法相关规定。

版权法保护的最基本权利为复制权,即版权人享有授予他人复制其作品的权利,未经授权复制他人作品的行为构成侵权,版权人理应获得赔偿。在美国,尽管大多数社会公众普遍认同版权人有权因未经授权的复制获得赔偿,不少社会公众仍然存在不支持获得赔偿的认知。曼德尔的实证研究考察了参与者的复制他人作品的侵权责任认知,设定了一种保护音乐作品的情境:音乐家近期完成了一首新歌曲,并将这首歌曲放在了互联网上,允许他人使用,但是以通知的形式声明任何人在未经许可情形下不得下载或者复制该作品。随后,他人访问了该网站,在未经允许的情形下下载作品并经常使用该作品。在这种情境设定中,参与者需要回答的问题是:是否同意音乐作品作者应该有权因版权侵权获得赔偿。根据美国现行版权法的规定,在这种情境中,音乐家对其创作的歌曲享有版权,他人未经许可下载该歌曲的行为构成侵权,音乐家作为版权人有权因此获得赔偿。然而,曼德尔的研究结果显示,59%的参与者认为音乐家有权获得赔偿,31%的参与者则持相反意见。尽管大多数参与者的认知与实际版权法一致,与同一情境设定中参与者的专利权认知与实际专利法的一致性(70%)相比,社会公众对为艺术性创作行为损失支付赔偿的支持率并不高。

版权法保护具有独创性的作品,不同国家有关独创性门槛要求有所

---

① FROMER J. Expressive incentives in intellectual property[J]. Virginia law review,2012,98: 1745,1777;JANIS M, HOLBROOK T. Patent law's audience[J]. Minnesota law review, 2012,97(72):74−75.

不同。大陆法系国家普遍持有较高的独创性门槛,而英美法系国家的独创性门槛要求则相对较低。根据美国现行版权法,只要作品源于作者并固定在有形媒介上即可受版权保护。版权保护的独创性门槛相当低,不需要作品具有多大程度的创造性,只需要满足最低水平的独创性标准即可①。行为法律经济学家的实证研究表明,在美国,不少社会公众独创性门槛认知与实际版权法相一致,然而,许多社会公众仍然持有相反观点。曼德尔的实证研究针对社会公众独创性门槛认知进行研究,考察了参与者关于作品必须满足何种适当水平才能授予该作品创作者版权的观点。曼德尔的调查研究结果显示,75%的参与者的观点与实际版权法一致,16%的参与者持有相反观点。此外,参与者更倾向于授予新的具有明显创造性特征的作品以版权保护,这种趋势显然与美国现行版权法的规定不相符。

　　根据美国版权法相关理论,在后作者独立创作的作品若与在先作者创作的作品相似,也能成为独立创作者,有权对其创作的作品享有版权,而且不需要为出版或者发行这一独立作品承担侵权责任②。行为法律经济学家的实证研究表明,在美国,尽管大多数社会公众关于独立创作者的认知与实际版权法一致,不少社会公众仍然持有相反观点。曼德尔设定了一种情境研究社会公众独立创作者认知,具体情境设定如下:一位雕塑家经过自己的努力,创作了新雕塑作品。不久之后,另外一位雕塑家在完全没有意识到而且没有受到前一位雕塑家及其作品影响的情形下,创作出一个与之实质性相似的雕塑作品。其中,前一位雕塑家对其创作的作品享有版权。参与者需要回答:是否第二位雕塑家也应该有权对自己创作的雕塑作品享有版权。根据美国现行版权法的规定,第二位雕塑家理应享有独立的版权。曼德尔的调查研究结果显示,60%的参与者认为第二位雕塑家应该有权对其创作的雕塑享有版权。尽管如此,仍然有29%的参与者持有相反意见,而此外11%的参与者没有给出意见。

　　美国现行版权法规定,只有每个作者在创作了一部合作作品、意图成为合作作者、对作品做出了独立可受版权保护的贡献时,贡献者才是

---

① Feist Publ'ns, Inc. v. Rural Tel. Serv. Co. ,499 U. S. 340,364（1991）.

② BETTIG R. Copyrighting culture: the political economy of intellectual property[M]. Boulder: Taylor & Francis Inc. ,1996.

合作创作者①。合作创作者对其合作创作的作品享有平等生产、发行与许可的权利②。行为法律经济学家的实证研究表明,在美国,社会公众合作创作者认知与实际版权法存在严重偏误。曼德尔同样设定了另外一种情境考察为主要创作者提供帮助的人是否有权分享作品的版权。在这种情境设定中,作曲家 A 近期完成了一首新歌的初稿,该作曲家联系了另一位他曾听说过但从未共事过的作曲家 B 对其创作的歌曲给出反馈意见。作曲家 A 尤其关心的是这首歌中的某一部分的内容,因为在他看来,这一部分不够完善。作曲家 B 为作曲家 A 提供了反馈意见,其中涉及作曲家 A 很关心部分的相关建议。作曲家 A 将作曲家 B 的建议整合到最终完成的歌曲中。总之,最终完成的歌曲的 20% 内容均为作曲家 B 的反馈意见。参与者被告知,作曲家 A 享有最终完成的歌曲的版权。参与者需要回答的问题是:作曲家 B 是否有权共享作曲家 A 享有的版权。参与者被告知,根据美国现行版权法的规定,合作创作者有权享有某些权利,但是,参与者并没有被告知成为合作作者的法定标准。曼德尔的调查研究结果显示,仅仅只有 39% 的参与者认为作曲家 B 有权共享,47% 的参与者持有相反观点,13% 的参与者没有给出意见。

3.2.5　社会公众版权法保护力度认知偏误

为了应对新技术带来的机遇与挑战,版权人总会推动立法者与司法机构逐步强化版权保护力度。然而,这些措施通常引发社会公众强烈不满,导致相关立法建议与司法裁决争议不断而无法获得通过。因此,立法者明确社会公众版权法保护力度认知与实际版权法之间的关系有助于弄清这些措施无法获得社会公众支持的原因,并探索制定广受社会公众支持的版权制度的解决方案。行为法律经济学家的实证研究表明,在美国,不同版权法基本原理认知、收入水平、年龄层次、教育水平、版权法经验的社会公众版权法保护力度认知不同。持有自然权利理论、年龄大、收入低、教育水平高、版权法经验少的社会公众渴望更强而有力的版权保护。

---

① The United States Congress. Copyright law of the United States[EB/OL]. [2018 – 04 – 10]. http://www. copyright. gov/title17/circ92. pdf.

② PELANDA B. Declarations of cultural independence: the nationalistic imperative behind the passage of early American copyright laws[J]. Journal of the copyright society of the U. S. A., 2011,58:431.

曼德尔的实证研究发现,参与者的版权法基本原理认知与版权法保护力度认知密切相关,持有版权法自然权利基本原理认知的参与者赞同的版权法保护力度最强,而持有版权法激励基本原理与人格基本原理认知的参与者赞同的版权法保护力度相对较弱。此外,曼德尔借助数理统计中的线性回归分析方法,通过设置性别、种族、年龄、政治意识形态、收入、教育、版权法经验等自变量,考察了不同自变量对社会公众版权法保护力度认知产生的影响。曼德尔的研究得出的结论是:社会公众版权法保护力度认知存在严重年龄代沟,年轻人更喜欢较弱的版权保护,与已有的研究社会公众网络文件共享态度的成果一致①。低收入的参与者渴望更强的版权保护。一个可能的解释是,高收入参与者认为版权更可能干扰已经确立的商业运作,而商业运作的稳定是维持其高收入的重要保障。曼德尔的研究结果还显示,教育水平也会影响社会公众版权法保护力度认知:教育水平更高的参与者偏向更强的版权保护。尽管相关因果关系的解释可能不是很明确,教育水平更高的参与者持有这种观点的原因可能在于他们能够依据强而有力的版权保护从自己的创造力或者受版权保护的作品中获取更大的利益,或者可能是因为他们更加重视创造力与创新。此外,研究结果还显示,版权法经验丰富的参与者喜欢更弱的版权保护②。这种结果似乎不合理,却完全符合社会公众基于激励理论认知版权法的情形。版权经验丰富的参与者可能更加熟悉版权法的激励理论基本原理,同时更有可能意识到较弱的版权保护政策能够让社会公众更大限度地获取作品,从而有助于实现版权法承载的促进知识共享与文化传播之目的。

如前文所述,受制于社会公众的政治施压或者立法者个人观念,社会公众心理可能会影响版权法的制定。如果社会公众误解版权法保护力度,立法者制定的版权法可能就无法实现预期目的,实质上,社会公众版权法保护力度认知不同正是影响社会公众关于版权法立法建议与司法裁决争论不断的重要原因,立法者明确掌握这些差异才能制定社会公众自觉遵守的法律制度。

---

① MATHER B. Poll:young say file sharing OK[EB/OL]. [2018 - 04 - 10]. http://www. cb-snews. com/stories/2003/09/18/opinion/polls/main573990. shtml.

② MANDEL G. The public psychology of intellectual property[J]. Florida law review,2013,66:44 - 47.

综上所述,社会公众版权法律行为都是有限理性的,因为社会公众并非主流法经济学所谓的完美理性行为人,而是心理认知人,他们从事的版权法律行为就不会是完全理性的。比如,鉴于禀赋效应,社会公众普遍存在非理性地高估其创作的作品价值,从而不会精确评估其作品是否可受版权保护。即使社会公众能够避免版权法认知中的启发式效应,社会公众仍然不会是版权法领域的理性行为人,因为大多数社会公众不理解版权法的实质性问题而且不同意版权法的基本原理。如果社会公众版权法认知与实际版权制度存在偏误,社会公众版权法律行为就不可能与版权法预期一致,导致版权法很难发挥有效作用。鉴于版权制度的确立在于影响社会公众的行为,立法者研究社会公众心理对版权法的完善具有至关重要的作用。在社会公众版权法认知与实际版权法存在偏误的情形下,立法者忽视社会公众心理可能导致版权法丧失合法性与有效性。潜在作者可能不会接受版权法提供的适当激励来从事创作、与他人合作创作、实现作品的商业化等。作品使用者可能不会接受版权法相关规定以自觉遵守法律。这些社会公众心理也可能会影响陪审团、法官以及立法者有关版权的决定。

3.3 威慑执法措施调整社会规范的无效性与反作用

威慑(deterrence)是一种行为心理学关于借助社会公众害怕惩罚或者报复的心理预防或者控制社会公众的活动或者行为的理论[①]。该理论主要应用于犯罪学领域,许多国家刑事司法系统的构建都是建立在该理论基础之上。威慑可以分为两种类型:①一般性威慑,这种威慑关注整个社会的与个人越轨行为一样的同类性质行为。惩罚目的并不在于改变遭受惩罚的个人越轨行为,而在于通过在公众视野中惩罚个人起到阻止未来其他人的越轨行为。②特殊性威慑,这种威慑关注个人的越轨行为并试图纠正个人的这一行为。惩罚目的在于阻止个人的再次越轨行

---

① MENDES M,MCDONALD D. Putting severity of punishment back in the deterrence package [J]. Policy studies journal,2001,29(4):589.

为①。本书涉及的威慑包括以下两个方面的内容。

社会规范（Social Norms）是指包括价值观、习俗和传统在内的文化②，表明了社会公众所认为的他们在社会中应该表现出来的行为的基本知识③。社会学家将社会规范描述为支配个人的社会行为的非正式理解④。社会心理学采取一种更综合性的定义，在承认前述社会规范的定义之外，还承认包括一个团队或者一个办公室在内的较小组织单位也会支持独立于社会文化或者社会期望的社会规范⑤。本书在社会心理学范畴考察社会规范。

如前文所述，版权法无法有效应对技术进步的重要原因在于忽视社会公众心理。除了前一小节阐述的忽视社会公众版权法认知偏误之外，立法者与司法机构忽视社会公众心理的具体体现还包括采取纯粹威慑执法措施强化版权保护。国外已有部分实证研究分析了这一问题，研究者们发现，威慑执法措施不仅无法实现规范社会公众版权法律行为之目的，甚至可能会产生反作用，导致社会公众更加反感现行版权制度甚至实施更多违反版权法的行为。美国以纯粹威慑执法措施打击P2P非法文件共享行为产生的效果即为典型体现。

数字与网络时代，社会公众利用P2P文件共享软件非法共享版权作品的现象频繁发生。为了更好地保护版权，以美国唱片工业协会为代表的版权人成功说服法院扩张解释间接侵权责任⑥、创建新的版权侵权原则⑦、更加宽泛地解释法定损害赔偿条款⑧，试图以纯粹威慑执法措施实现有效打击P2P非法文件共享行为之目的。

起初，当互联网文件共享行为频繁发生之时，版权人对文件共享的

---

① HAGAN J, GILLIS A, BROWNFIELD D. Criminological controversies：a methodical primer ［M］. Boulder：Westview，1996.

② SHERIF M. The psychology of social norms［M］. New York：Harper，1936.

③ CIALDINI D. Crafting normative messages to protect the environment［J］. Current directions in psychological science，2003，12（4）：108.

④ BICCHIERI C. The grammar of society：the nature and dynamics of social norms［M］. New York：Cambridge University Press，2006.

⑤ CIALDINI R. Descriptive social norms as underappreciated sources of social control［J］. Psychometrika，2007，72（2）：263.

⑥ A&M Records, Inc. v. Napster, Inc.（Napster I），239 F. 3d 1004，1021 – 24（9th Cir. 2001）.

⑦ MGM Studios, Inc. v. Grokster, Ltd.（Grokster III），545 U. S. 913，936 – 37（2005）.

⑧ Sony BMG Music Entm't v. Tenenbaum, No. 07cv11446 – NG，2009 U. S. Dist. LEXIS 115734（D. Mass. Dec. 7，2009）.

合法性存在严重争议。在法院确定出于私人使用目的的非商业性文件共享直接侵犯版权人的权利之后,版权人即开始基于间接侵权责任追究文件共享平台开发者的侵权责任。以 Napster 为代表的第一代文件共享技术引发的诉讼战备受关注,美国第九巡回上诉法院确定了版权法中的间接侵权责任涉及规范集中式 P2P 文件共享技术开发者的行为:文件共享技术开发者如果提供使得直接侵权成为可能的"网站与设施"则构成版权侵权①。版权人借助扩张解释间接侵权责任扩展了其享有的版权范围。然而,法院裁决结果增加了软件开发者的负担,限制了软件开发者的自由,软件开发者不仅需要关注潜在的技术改进以确保开发者可以监视与控制用户的直接侵权行为,还需要关注作为侵权来源的间接侵权行为的意图。而且,法院还缩小了豁免 P2P 文件共享软件开发者侵权责任的范围,导致 P2P 文件共享软件开发者无法适用许多其他网络服务提供者可以适用的"避风港"规则②。

当法院针对 A&M Records, Inc. v. Napster, Inc. 案做出最终裁决时,新一代 P2P 文件共享技术已经出现并广泛使用。尽管此种 P2P 文件共享技术与第一代 P2P 文件共享技术在功能上没有区别,这些新技术却顺利避开了适用于第一代 P2P 文件共享技术的间接侵权责任标准。因为新一代 P2P 文件共享技术采用的是分散式 P2P 文件共享技术,P2P 文件共享技术开发者不再扮演集中式中央服务器的角色,自然不受 A&M Records, Inc. v. Napster, Inc. 案确立的间接侵权责任标准限制。起初,版权人针对新一代 P2P 文件共享技术提起的诉讼并没有获得美国地区法院与上诉法院的支持。美国地区法院与上诉法院均拒绝将 A&M Records, Inc. v. Napster, Inc. 案中确立的间接侵权责任标准适用于分散式 P2P 文件共享技术,理由在于间接侵权责任意味着"文件共享服务提供者实际知晓侵权行为的存在,能够因此阻止特定侵权行为"③,而分散式 P2P 文件共享技术开发者并不符合这一条件。

尽管如此,在与新一代 P2P 文件共享技术争论中,版权人最终还是

---

① A&M Records, Inc. v. Napster, Inc. (Napster I),239 F. 3d 1004,1022 (9th Cir. 2001).

② A&M Records, Inc. v. Napster, Inc. (Napster I),239 F. 3d 1004,1021 (9th Cir. 2001); MGM Studios, Inc. v. Grokster, Ltd. (Grokster I),259 F. Supp. 2d 1029,1037 (C. D. Cal. 2003).

③ MGM studios, Inc. v. Grokster, Ltd. (Grokster I),259 F. Supp. 2d 1029,1037 (C. D. Cal. 2003); MGM Studios, Inc. v. Grokster, Ltd. (Grokster II),380 F. 3d 1154 (9th Cir. 2004).

获得了胜利。美国联邦最高法院颠覆了美国地区法院与上诉法院的裁决,认为以 Grokster 为代表的新一代 P2P 文件共享软件开发者需要为软件用户侵犯版权的行为承担责任,原因在于 Grokster 不仅诱导了用户的版权侵权行为还采取了积极的行动。因此,美国联邦最高法院借助专利法中的诱导概念,认为版权人能够起诉某些类型商业机构,只要该商业机构销售的产品"带有促进产品使用以侵犯版权的性质,具有明确表达或者其他积极步骤促使侵权行为发生的特征"①。美国联邦最高法院的裁决结果在很大程度上依靠证据证明 P2P 文件共享技术存在"采取积极步骤……促使侵权行为发生的目的"②。

尽管版权人在针对促进网络版权侵权的软件开发者侵权诉讼中获胜,版权人还是无法阻止其他类型的 P2P 文件共享技术的发展与传播。因此,随着网络版权侵权数量持续增长,版权人开始将维权目标直接定位于 P2P 文件共享技术的用户。2003 年 9 月,美国唱片工业协会开始向网络服务提供者发送通知,要求提供涉嫌利用 P2P 文件共享软件分享音乐的用户名单,并针对涉嫌侵权用户提起诉讼。版权人的此类诉讼将被告定位于存储大量音乐文件个人用户,最终都以平均罚款 3000 美元的形式解决③。2003 年 10 月,美国唱片工业协会开始了第二波诉讼,发起 80 起针对 P2P 文件共享软件个人用户的诉讼④。据统计,2003 年 9 月至 2004 年 10 月仅仅 13 个月的时间,美国唱片工业协会已经发起超过 3400 起针对 P2P 文件共享技术个人用户的诉讼⑤。2004 年 10 月,美国电影艺术家协会加入这场战争,发起一系列针对涉嫌在线共享大量电影的个人用户的诉讼⑥。截至 2005 年 8 月,美国电影艺术家协会已经发起

① MGM Studios, Inc. v. Grokster, Ltd. (Grokster III) ,545 U. S. 936 – 37 (2005).

② MGM Studios, Inc. v. Grokster, Ltd. (Grokster III) ,545 U. S. 938(2005).

③ ROBERTS P. RIAA sues 532 "John does" PCWORLD[EB/OL]. [2018 – 10 – 21]. http://www. pcworld. com/article/114387/riaa_sues_532_ john_does. html.

④ Out-Law news. RIAA launches second wave of file-swapper suits[EB/OL]. [2018 – 10 – 10]. http://www. out-law. com/page-4029.

⑤ Wired. File sharing goes to high court[EB/OL]. [2018 – 10 – 10]. http://www. wired. com/entertainment/music/news/2004/12/65995.

⑥ Msnbc. com. Hollywood sues alleged file swappers[EB/OL]. [2018 – 10 – 10]. http://www. msnbc. msn. com/id/6504024/ns/technology_and_science-tech_and_gadgets/t/hollywoodsues-alleged-file-swappers/.

6 轮针对 P2P 文件共享软件个人用户的诉讼①。此外,版权人代表还向大学机构发送了诉前警告信,要求学生主动支付没有任何协商余地的庭外和解费用。

2008 年,一些接收到诉前警告信的用户拒绝向美国唱片工业协会支付庭外和解费用。尽管美国唱片工业协会发送的警告信通常声称法院罚款可能高达 150 000 美元,美国法院实际裁决结果却从未证明过这一说法。在随后的诉讼中,法院争议的主要问题之一在于如何找到用户传播版权作品的证据。尽管证明某个时间点某文件共享者有某文件在某个公开访问文件夹比较容易,但证明该文件下载自该文件共享者的电脑却相当困难②。最终,美国法院裁决可以基于可访问性推定用户传播版权作品行为的存在。另一争议问题在于版权人声称的因个人用户文件共享行为引起损失程度。法院估算出个人用户文件共享对版权人收入产生的整体影响并不容易,计算出精确损失更是困难。尽管如此,对于版权人来说幸运的是,美国版权法并不要求版权人在所有情况下提供证据证明实际损失,允许版权人在任何诉讼中都可以适用法定赔偿条款,而且事实证明,法院希望自由地使用法定赔偿条款。2009 年,个人用户因在线共享 24 首音乐被要求赔偿 192 万美元③。在另外一起案件中,个人用户因为共享 30 首歌曲被要求赔偿 67.5 万美元④。根据美国版权法的规定,这种高额赔偿是有法律依据的。此外,法院针对"故意侵权"采用了更加广义的解释,从而提高了潜在法定赔偿金额⑤。

此外,在近年来的版权法修订中,日本版权法在 2012 年版权修订法中增加 P2P 非法文件共享行为的刑事处罚条款,以强化版权执法力度⑥。

---

① MENNECKE T. Movie studios vs. internet movie thieves, round six! [EB/OL]. [2016 - 04 - 10]. http://www.slyck.com/story877_Movie_Studios_Vs_Internet_Movie_Thieves_Round_Six.

② Capitol Records, Inc. v. Thomas, 579 F. Supp. 2d 1210, 1218 - 19 (D. Minn. 2008). The capitol records court cited hotaling v. church of jesus christ of latter-day saints, 118 F. 3d 199, 203 (4th Cir. 1997).

③ Capitol Records, Inc. v. Thomas-Rasset, No. 06-CV-01497 (MJD/LIB), 2009 WL 2030495 (D. Minn. June 18, 2009).

④ Sony BMG Music Entm't v. Tenenbaum, No. 07cv11446-NG, 2009 U. S. Dist. LEXIS 115734 (D. Mass. Dec. 7, 2009).

⑤ Cross K. David v. Goliath: How the record industry is winning substantial judgments against individuals for illegally downloading music[J]. Tex. Tech. L. Rev. 2010, 42 : 1033.

⑥ 张鹏. 2012 年日本著作权法修改中违法下载行为刑罚化规定评介[J]. 中国版权, 2013 (2) : 56 - 59.

然而,这些威慑执法措施不仅没有对侵权行为人产生威慑作用,达到版权人的预期效果,反而产生了反作用,导致社会公众更加反感现行版权制度甚至实施更多违反版权法的行为。

3.3.1 社会心理学视角下威慑与社会规范的关系理论

从西方主流法经济学家所提倡的理性选择的角度来看,立法者与司法机构采用威慑执法措施以实现版权保护之目的存在可能。西方主流法律经济学在设定效率最大化作为规范目标的情况下始终坚持论证法律制裁,无论民事还是刑事案件,都应通过为无效率的行为(民事侵权或者犯罪行为)施加预期成本从而制止这些行为的发生。以 P2P 文件共享者的行为为例,根据西方主流法经济学家的观点,文件共享者的行为只是取决于行为的预期成本与收益,立法者和司法机构加大威慑力度可能就足以有效地反盗版①。比如,立法者制定断开互联网接入的法律就可以借助增加非法文件共享的预期成本显著提高威慑效果②,而美国法院在 Capitol Records v. Thomas-Rasset 案和 Sony BMG Music Entertainment v. Tenenbaum 案中确立的关于超出传统赔偿金额的法定损害赔偿的先例可能就足以阻止某些类型的文件共享行为发生。然而,现实情形并非如此,美国版权人以此打击 P2P 非法文件共享行为的效果并不乐观③。由此看来,西方主流法经济学家的研究方法无法充分解释 P2P 文件共享者的行为。

与西方主流法经济学家的研究方法不同,越来越多的社会心理学家开始关注影响法律的人类行为因素,基于人类行为的心理学研究法律经济问题。社会心理学家反对纯粹威慑执法措施。以理解"遵守"为例,社会心理学家认为,社会公众遵守法律规则取决于他们遵守的有关社会规范,即他们相信遵守这些法律规则是正确的。社会心理学家提供了有力证据论证了社会公众遵守法律的"道德基础"或者"合法性基础"④,指出

---

① STIGLER G. The optimum enforcement of laws[J]. Journal of political economy,1970,78:526.

② POSNER R. Economic analysis of law[M]. New York:Aspen Publishers,2007.

③ ANDROUTSELLIS-THEOTOKIS S,SPINELLIS D. A survey of peer-to-peer content distribution technologies[J]. ACM computing surveys,2004,36(4):335.

④ WENZEL M. Motivation or rationalisation? Causal relations between ethics,norms and tax compliance[J]. Journal of economic Psychology,2005,26:492.

人类与法律的相互作用在很大程度上是建立在人类是否相信法律是"公正的"或者由合法的监管者提出的基础上①。与社会心理学家的观点类似,许多社会学、心理学和经济学领域的研究成果均认为,执法有效性不仅受到行为本身的私人成本与收益的影响,还受到社会公众已经存在的社会规范影响②。迪珀特等人的研究表明,与威慑执法措施相比,法律合法性与社会规范会对人类行为产生更大的影响③。

基于社会心理学家的上述理论,如果社会公众认为法律规则是不公正的或者立法者是非法的,社会公众可能就会决定不遵守这些法律规则。甚至在基于成本—收益角度考虑的情形下,即使社会公众不遵守法律的行为是非理性的,社会公众可能还是会因为潜在的法律与已经存在的关于公正和合法性的社会规范存在冲突而从事非法行为。关于道德的社会规范可能会导致社会公众忽视与非法行为相关的成本。

威慑执法措施可能会进一步强化法律与社会规范之间的冲突。在社会公众行为由社会规范推动时,那些被认为不公正或者不合法的威慑执法措施可能会巩固与加强反对这些法律的观念④。有研究成果指出,法律和社会规范的相互作用通常会强化已经存在的反社会规范⑤。威慑执法措施可能会加强或者强化社会公众认为法律制度不合法或者不公正的观念,在社会公众认为威慑执法措施不合理的情形下更是如此⑥。

现阶段,版权法在应对 P2P 文件共享技术时面临的情形是:一方面,版权人逐步推动立法者与司法机构强化执法措施;另一方面,文件共享者的侵权行为仍然未能减少。根据前述法律与社会规范的相关研究成果,这种反差存在的根本原因在于威慑执法措施与社会规范相违背。即使法律惩罚相当严厉,如果惩罚依据的法律规则不合法,文件共享者仍会决定实施违反该法律规则的行为。过度威慑的潜在破坏效应导致版

① TYLER T. Why people obey the law[M]. New Haven:Yale University Press,1990.
② MEARES T. Signaling, legitimacy, and compliance:a comment on Posner's law and social norms and criminal law policy[J]. U. RICH. L. REV. ,2002,36:407 – 410.
③ LEDERMAN L. The interplay between norms and enforcement in tax compliance[J]. OHIO ST. L. J. ,2003,64:1453.
④ KAHAN D. Social meaning and the economic analysis of crime[J]. J. LEGAL STUD. ,1998,27:609.
⑤ PARISI F,WANGENHEIM G. Legislation and countervailing effects from social norms[J]. George Mason Univ. Sch. of law,law and economics working paper series,2004(4):31.
⑥ SMITH K. Integrating three perspectives on noncompliance:a sequential decision model[J]. CRIM. JUST. & BEHAV. ,1990,17 (67):350 – 366.

权人处于两难境地。比如,版权人提起的诉讼会让复制者认识到参与非法共享的危险,同时,威慑执法措施对社会规范产生的不利影响可能引发额外侵权行为发生。

威慑执法措施会产生社会规范成本(Normative Costs),可能会以以下三种方式破坏威慑效果。首先,威慑执法措施可能引起潜在侵权行为人基于不合理的理由无视法律。如果威慑执法措施导致社会公众产生一种法律规则不公正的观念,社会公众可能就会决定违反法律,甚至在违反法律会增加成本的情形下也如此。其次,在某些情形下,社会公众违反法律获取的预期收益可能大于成本,以致社会公众忽视了这种成本。最后,威慑执法措施可能会破坏受法律保护的权利的政治支持。政治人物可能会因为社会规范废除现行有效的权利或者补救措施。

立法者与司法机构采用威慑执法措施试图实现的最优状态为边际威慑效果的社会收益与边际社会规范成本之间的平衡①。然而,不少心理学研究成果表明,威慑执法措施的社会规范成本可能大于威慑执法措施的社会收益②。以两种不同的执法模式为例,第一种是采用较高惩罚水平的执法模式,第二种是采用相对适中惩罚水平的执法模式。鉴于采用更高水平的惩罚,第一种模式相较于第二种模式产生了更高水平的威慑效果(+5),第二种模式则产生了相对较低水平的威慑效果(+3)。然而,结合分析前文所述的威慑执法措施产生的社会规范成本,从整体上看来,较高惩罚水平的执法模式产生的威慑效果水平更低。比如,如果第一种模式产生了较强的不良社会规范反应(-6),而第二种模式产生了相对较弱的不良社会规范反应(-1),第一种模式下产生的整体价值则为负(-1),而第二种模式产生的整体价值则为正(+2)③。

这种研究结论与版权人的主张完全相反,版权人认为诉讼策略是明智的,因为诉讼策略有助于对社会公众进行版权知识的教育和培训,从而培养社会公众赞同版权的观点。从版权人的观点来看,版权人的诉讼活动有助于促进社会公众遵守版权法,因为他们试图通过诱导社会公众

---

① POLINSKY A,SHAVELL S. Economic analysis of law[J]. The new palgrave dictionary of economics,2008,5:7.
② MCADAMS R. A focal point theory of expressive law[J]. VA. L. REV. ,2000,86:1649.
③ DEPOORTER B,HIEL A,VANNESTE S. Copyright backlash[J]. Southern California law review,2011,84:1261.

相信文件共享行为对作者是不公正的并以此来促进社会公众遵守版权法①。版权人或许希望通过关注版权人的合法权益,将社会公众社会规范塑造为支持版权人。

立法者与司法机构通常支持版权人的主张,采取威慑执法措施强化版权保护,忽视威慑执法措施与社会规范之间的相互作用。在威慑执法措施社会规范成本大于威慑效果时,版权法的实施效果并不乐观。下文基于本·迪珀特等人开展的两项实证研究,分析威慑执法措施对社会规范产生的影响,阐明威慑执法措施对于版权人实现版权保护的无效性与反作用。

3.3.2 威慑执法措施强化反版权社会规范

代表版权人的行业组织通常认为,基于诉讼的威慑执法措施有助于维护版权。比如,英国知识产权局于 2015 年 2 月公布的名为《制裁公正?〈1988 年版权、外观设计和专利法〉规定的版权侵权刑事惩罚措施的可行性研究》②的研究报告考察了不同利益相关者对版权侵权的本质、范围和结果的不同看法,并指出,代表版权人的行业组织普遍认为,严厉制裁措施对于打击严重的网络侵权案件将会是有效的。

如前文所述,为了有效应对 P2P 文件共享技术,美国版权人发起大量侵权诉讼,成功说服法院采取了纯粹威慑执法措施打击 P2P 非法文件共享行为。然而,在这些威慑执法措施实施之后,社会公众尤其是 P2P 文件共享技术的主要使用者(青少年与大学生)对文件共享行为的认识并没有发生变化,社会公众的反版权社会规范也没有因此减少。青少年深信不疑地认为,P2P 文件共享技术有许多有益用途,版权法已经过时或者过于偏袒音乐出版商。他们认为,从 P2P 文件共享技术的有益用途来看,社会公众应该接受 P2P 文件共享技术,而不是感到恐慌。因为技术使得制作无数份完美复制件成为可能,而且内容提供者不需要花费任

---

① WENZEL M. The social side of sanctions: personal and social norms as moderators of deterrence[J]. LAW & HUM. BEHAV. ,2004,28(50):547-549.

② Intellectual Property Office. Penalty fair? study of criminal sanctions for copyright infringement available under the CDPA 1988[EB/OL]. [2018-10-10]. https://www. researchgate. net/publication/273102912_Penalty_Fair_A_study_of_criminal_sanctions_for_copyright_infringement_available_under_the_Copyright_Designs_and_Patent_Act_1988.

何成本就可以将这些复制件向数以百万计的用户传播①。2003年的一项调查研究报告显示,许多大学生认为分享数字音乐在道德上是可以接受的,其中,83%的受访对象(13岁至17岁的青少年)认为P2P文件共享行为并没有错②。盖洛普民意调查显示,只有15%的17岁以下的青少年认为,利用P2P文件共享软件免费下载音乐是不道德的③。另有调查数据表明,只有不到一半的青少年认为惩罚利用P2P文件共享软件非法下载的行为是合理的④。

迪珀特等人的实证研究也发现威慑执法措施并没有削减参与者普遍存在的反版权社会规范,而且增强威慑水平的执法措施也会增强社会公众的反版权社会规范。为了调查威慑执法措施对反版权社会规范的影响,该研究为参与者提供了四种选项:"这些新发展逐渐让我意识到非法下载音乐是不道德的""因为这些变化我将调整我对非法下载的立场""这些发展正导致我调整关于非法音乐交流的社会规范""因为这些新进展我将通过合法商业途径购买更多的音乐"。迪珀特等人的研究结果显示,无论采取何种类型的威慑执法措施,参与者仍然保留着较高水平的反版权社会规范(7分制设置下的研究结果在4.8—4.9之间)⑤。此外,迪珀特等人的实证研究还考察了参与者的反版权社会规范与不同类型威慑执法措施之间的关系。参与者的反版权社会规范与惩罚可能性正相关。与较小惩罚可能性相比,较大惩罚可能性会产生更高水平的反版权社会规范。参与者的反版权社会规范与惩罚严厉程度正相关。与较低惩罚严厉程度相比,较高惩罚严厉程度会产生更高水平的反版权社会规范。在参与者行为会产生相同预期成本的情形下,威慑执法措施类型对参与者的反版权社会规范有着重要影响。与"较大惩罚可能性/较低惩罚严厉程度"情况下的参与者相比,"较小惩罚可能性/较高惩

① BHATTACHARJEE S,GOPAL D,LERTWACHARA K. The effect of digital sharing technologies on music markets:a survival analysis of albums on ranking charts[J]. Management science,2007,17(2):239.

②③ HANWAY S,LYONS L. Teens OK with letting music downloads play[EB/OL]. [2018 – 10 – 10]. http://www. gallup. com/poll/9373/teens-letting-musicdownloads-play. aspx.

④ Memorandum from KRC research to interested parties. Topline results of Microsoft survey of teen attitudes on illegal downloading 2[EB/OL]. [2018 – 10 – 10]. http://www. microsoft. com/presspass/download/press/2008/02-13KRCStudy. pdf.

⑤ DEPOORTER B,HIEL A,VANNESTE S. Copyright backlash[J]. Southern California law review,2011,84:1271.

严厉程度"情境中的参与者有着更高水平的反版权观点。迪珀特等人的实证研究还分析了威慑执法措施对不同类型用户的反版权社会规范产生的影响。根据参与者的不同下载背景,即参与者使用 P2P 文件共享软件下载音乐的数量不同,迪珀特等人将参与者分为两种类型的用户:①"偶然"用户(少于 70 次下载歌曲的 100 位参与者)、"一般"用户(100 次下载歌曲的 51 位参与者);②"频繁"用户(多于 150 次下载歌曲的 58 位参与者)。第一种类型的用户被称为"偶然性文件共享者",第二种类型的用户被称为"习惯性文件共享者"。与"偶然性文件共享者"相比,"习惯性文件共享者"拥有更高水平的反版权社会规范①。

3.3.3 威慑执法措施强化反版权产业社会规范

版权人起诉 P2P 非法文件共享行为的维权活动受到美国法院的普遍支持,成功游说法院支持威慑执法措施,具体体现在扩张解释间接侵权责任、创建新的版权侵权原则、更加宽泛地解释法定损害赔偿条款等,试图强化版权保护。然而,版权人大量成功诉讼活动遏制了新技术的发展,而且迫使许多利用 P2P 文件共享软件的个人用户为其共享行为支付高额赔偿。随着版权人的诉讼活动范围逐步扩张,社会公众反版权产业社会规范逐步增强。

尽管版权人针对音乐盗版与商业性盗版的诉讼长期获得社会公众普遍支持,版权人现阶段针对 P2P 文件共享行为的诉讼则引发了社会公众强烈不满。最主要的原因在于,版权人的诉讼通常都是针对严重侵权行为人,即利用 P2P 文件共享软件分享大量音乐作品的用户,因此,青少年与大学生成了主要被告。从表面上看,立法者与司法机构支持版权人采取的这种措施具有一定程度的合理性。首先,版权人起诉分享大量音乐文件的用户,或许可能有效威慑社会公众,从而减少 P2P 非法文件共享行为。其次,版权人以此区别出普通消费者的少量文件共享活动与特殊消费者的大量共享文件侵权行为,从而更有效地反盗版。然而,青少年与大学生 P2P 文件共享行为均为出于非商业性目的的个人使用,而版权人以往的起诉对象主要是商业性机构或者销售现场录音私制品和未经授权的录音、软件和视频游戏复制品的"盗版人",而不是出于个人使

---

① DEPOORTER B,HIEL A,VANNESTE S. Copyright backlash[J]. Southern California law review,2011,84:1278.

用目的的个人侵权用户。因此,立法者与司法机构对版权人这些举措的支持不仅没有起到减少版权侵权行为的目的,反而引起社会公众反版权人的社会规范。

版权人的诉讼之所以很难获得社会公众支持,主要原因还在于,这些诉讼过于随意,通常都是选择性执法的选择性诉讼,导致社会公众质疑版权法以及法律权威机构的合法性。版权人起诉了一位 12 岁的纽约女孩,这位女孩家境贫寒,只能和母亲生活在纽约市住房管理局提供的低收入住房中[1];还起诉了一位 83 岁的老妇人,而这位老妇人在一个月之前就已经去世了[2]。在许多学者看来,版权人这种"诉讼—解决"实践活动反映出一种不公正的权力动态[3]。为了避免产生大量诉讼费用,被诉侵权行为人通常选择庭下和解,导致许多法律问题实质上并没有真正解决。某些学者甚至认为,庭下和解的赔款方式跟敲诈勒索没有区别[4]。因为侵权行为人的数量相当庞大,版权人不可能针对所有侵权行为人提起诉讼,这就导致针对侵权行为人提起的诉讼过于随意。正因如此,版权人的此类诉讼逐步丧失了正当性与合法性。

此外,社会公众不满版权人诉讼的主要原因还在于法院要求侵权行为人支付高额法定损害赔偿金,Capitol Records v. Thomas-Rasset 案[5]和 Sony BMG Music Entertainment v. Tenenbaum 案[6]的裁决结果均如此。一般来说,社会公众普遍认为这种惩罚金额是不成比例且过分的[7]。某些学者认为,高额法定损害赔偿金的惩罚性本质是不适当的,因为国会制

---

① BORLAND J. RIAA settles with 12-year-old girl[EB/OL]. [2018 – 10 – 10]. http://news. com. com/2102-1027_35073717. html?tag = st. util. print.

② ORLOWSKI A. RIAA sues the dead[EB/OL]. [2018 – 10 – 10]. http://www. theregister. co. uk/2005/02/05/riaa_sues_the_dead/.

③ DEPOORTER B,HIEL A,VANNESTE S. Copyright backlash[J]. Southern California law review,2011,84:1282.

④ ANDERSON N. The"legal blackmail"business:inside a P2P-settlement factory[EB/OL]. [2018 – 10 – 10]. http://www. wired. com/epicenter/2010/10/the-legal-blackmailbusiness/.

⑤ Capitol Records Inc. v. Thomas,579 F. Supp. 2d 1210,1213(D. Minn. 2008)

⑥ Sony BMG Music Entm't v. Tenenbaum,No. 07cv11446-NG,2009 U. S. Dist. LEXIS 115734 (D. Mass. Dec. 7,2009).

⑦ SAMUELSON P,SHEFFNER B. Debate,unconstitutionally excessive statutory damage awards in copyright cases[J]. U. PA. L. REV. PENNUMBRA,2009,158:53.

定的法定损害赔偿框架仅仅是实际损害赔偿的一种替代性选择①。在裁决侵权行为人支付高额法定损害赔偿金时,法院理应综合考虑多方面因素,同时确保司法裁决的程序正当性。另有些学者则认为,考察现行版权制度与技术环境,立法者应该改革法定损害赔偿制度,从而区别对待商业性与非商业侵权行为②。

迪珀特等人的实证研究也发现威慑执法措施会引发参与者对版权产业的反感,而且威慑执法措施与反版权产业社会规范正相关。为了调查威慑执法措施对反版权产业社会规范的影响,该研究为参与者提供了三种选项:"我认为音乐产业正在执行不公正、不合理的政策""音乐产业的政策与我的正义感存在冲突""音乐产业的政策攻击我自由听音乐"。迪珀特等人的研究结果显示,较高惩罚水平的威慑执法措施引起相对较强的反版权产业的观点,而较低惩罚水平的威慑执法措施则形成相对较弱的反版权产业的观点③。此外,迪珀特等人的实证研究还考察了参与者的反版权产业社会规范与不同类型威慑执法措施之间的关系。在参与者行为会产生相同预期成本的情形下,威慑执法措施类型对参与者的反版权产业社会规范有着重要影响。与"较大惩罚可能性/较低惩罚严厉程度"情况下的参与者相比,"较小惩罚可能性/较高惩罚严厉程度"情境中的参与者有着更高水平的反版权产业观点。迪珀特等人的实证研究还分析了威慑执法措施对不同类型用户的反版权产业社会规范产生的影响,与偶然性文件共享者相比,习惯性文件共享者拥有更高水平反版权产业的观点④。

3.3.4 威慑执法措施引发社会公众非法下载行为反弹

立法者与司法机构支持威慑执法措施之目的包括两种:一是阻止遭受惩罚的侵权行为人的再次越轨行为;二是借助威慑遭受惩罚的侵权行

① MORRISSEY C. Behind the music:determining the relevant constitutional standard for statutory damages in copyright infringement lawsuits[J]. FORDHAM L. REV. ,2010,78:3059.

② CRONK A..The punishment doesn't fit the crime—why and how congress should revise the statutory copyright damages provision for noncommercial infringements on peer-to-peer file-sharing networks[J]. SW. L. REV. ,2009,39(181):195 – 198.

③ DEPOORTER B,HIEL A,VANNESTE S. Copyright backlash[J]. Southern California law review,2011,84:1279.

④ DEPOORTER B,HIEL A,VANNESTE S. Copyright backlash[J]. Southern California law review,2011,84:1280.

为人阻止未来其他人可能发生的越轨行为。具体到版权法领域,立法者与司法机构之所以支持版权人维权诉讼与威慑执法措施,主要目的在于阻止 P2P 文件共享者尤其是习惯性文件共享者的非法下载行为,同时阻止未来其他 P2P 文件共享者可能发生的非法下载行为。然而,近年来的威慑执法措施并没有阻止社会公众的非法下载行为。不仅如此,深受威慑执法措施严重威胁的习惯性文件共享者的非法下载行为更加猖獗,更青睐于采用新技术躲避版权侵权诉讼风险。

迪珀特等人的实证研究也发现威慑执法措施会引发参与者非法下载行为反弹。为了调查威慑执法措施对参与者非法下载行为的影响,该研究为参与者提供了六种选项:"我将继续下载";"我将弥补失去的时间,增加下载活动";"我将继续下载,因为我不同意唱片行业的强制执行政策";"我将继续更少的下载,因为我意识到唱片行业正在由于非法下载失去很多钱";"我将会下载更多的音乐";"我将会下载更少的音乐"。迪珀特等人的研究结果表明,威慑执法措施会对参与者的下载行为产生强烈影响。迪珀特等人的实证研究还发现,当一种可以完全躲避版权侵权风险的新技术出现之后,参与者均会采用这种技术下载文件,而且遭遇过严重惩罚的参与者相较于遭遇过较轻惩罚的参与者将会进行更多的下载,与偶然性文件共享者相比,习惯性文件共享者会下载更多作品。迪珀特等人的实证研究还考察了参与者的下载行为调整与不同类型威慑执法措施之间的关系,鉴于习惯性文件共享者是立法者与司法机构支持的威慑执法措施重点调整的主体,迪珀特等人的实证研究还重点分析了习惯性文件共享者的下载行为。与"较高惩罚严厉程度/较小惩罚可能性"情形下的参与者相比,"较低惩罚严厉程度/较大惩罚可能性"情形下的参与者下载的作品数量更少,而且在这种类型威慑执法措施情形下,习惯性文件共享者相较于偶然性文件共享者更倾向于逐步减少下载行为。与遭遇过"较大惩罚可能性"的习惯性文件共享者相比,遭遇过"较小惩罚可能性"的习惯性文件共享者将会下载更少的作品①。

---

① DEPOORTER B,HIEL A,VANNESTE S. Copyright backlash[J]. Southern California law review,2011,84:1282.

3.4　版权法变革的公共利益价值缺位

考察世界各国的版权制度,促进公共利益都被作为重要的目标。鉴于公共利益的内涵存在模糊性及其受益对象的不确定性,为了实现版权法承载的促进公共利益的价值目标,各国立法者首先就需要界定公共利益、研究其特点,并通过实证研究找到确保公共利益实现的方法。

然而,从版权法变革的历史来看,各国政府几乎都没有对这些必要信息进行分析。在未能明确界定公共利益的概念和范畴的情形下,版权法应对技术进步的相关实践活动存在混乱认定"公共利益"的结果在所难免,最终导致版权法的公共利益价值目标没有办法真正落实。

3.4.1　法的最高价值——促进公共利益

公共利益的重要性可以追溯到古希腊时期。亚里士多德提出了"最高的善"的概念,他认为实现"最高的善"乃国家的目的,而"最高的善"对应到现实社会中就是指公共利益。乌尔比安在"公共利益"与"个人利益"的基础上,提出了相当著名的"公法"与"私法"理论,即"公法是有关罗马国家稳定的法,私法是涉及个人利益的法。事实上,它们有的造福于公共利益,有的则造福于私人"①。法国唯物主义学者爱尔维修主要围绕"个人主义"与"公共利益"展开研究,指出个人利益不能违背大多数人的公共利益,不仅要求以法律约束权力从而为大多数人的幸福和社会公众提供服务,还要求以法律约束社会公众,使得私人利益与公共利益紧密联系在一起②。功利主义法学家边沁将实现"最大多数人的最大幸福"作为法的最高目的,国家的目的就在于最大限度实现公共利益,即促进最大幸福的实现,而且出于该目的可以牺牲少数人的固有利益。法社会学家庞德认为法的主要目的是进行社会控制,"通过经验来发现并通过理性来发展调整关系和安排行为的各种方式,使其在最小的障碍和

---

① 斯奇巴尼.正义与法[M].黄风,译.北京:中国政法大学出版社,1992:33.
② 赵震江.法律社会学[M].北京:北京大学出版社,1998:244-245.

浪费的情况下给予整个利益方案以最大的效果"①,最大限度地协调不同利益。这里的"公共利益"就包括在进行社会控制的过程中,保障"最小的障碍和浪费",并促成"整个利益方案具有最大的效果",从而最大限度地实现不同利益之间的协调。经济分析法学家波斯纳认为法的目的是"使行为的社会成本缩减到最低限度",从而实现最优社会利益②。利益法学家耶林将"个人利益"和"社会利益"进行对比分析,认为社会利益才是法的目的,是法律的唯一根源,所有法律都为社会利益而产生③。法律的产生就是为了解决人类社会中存在的利益分化和冲突,从而实现利益的统一,在激烈的利益冲突中实现利益妥协,整合协调利益纷争,积极追求人类共有价值,实现整体利益的最大限度发展,最终实现人类的公共利益。

由此可见,自古以来有关公共利益的解读存在差别。尽管如此,可以明确的是,法的最高价值在于促进公共利益的实现。公共利益区别于个人私利且高于个人利益,它体现的是人类的社会共同福利。

3.4.2　版权法承载的公共利益价值

长久以来,版权法都承载着服务于公共利益的价值目标。尽管不同国家的版权法有关版权人个人利益与社会公共利益关系理解不同,世界各国均强调版权法承载的公共利益价值。

英美法系国家的版权法始终将实现社会公共利益作为立法的最终目的。《安妮法》的最终目的在于"鼓励学术";美国宪法有关版权的条款明确了版权法"促进科学发展"之目的;美国《版权法》遵循宪法规定,确立了版权制度"鼓励学术"的目的。在1909年美国进行《版权法》全面修订时,美国众议院报告进一步强调版权建立在"公共福利"基础上④。加拿大最高法院在 Théberge v. Galerie d'art du Petit Champlain 案中同样指出,加拿大《版权法》的立法目的在于使社会公众更加容易地阅读

---

①　王国征."法的价值"与"法的价值取向"概念研究述评[J].东方论坛,2009(6):92 – 99.

②　胡龙江.立法目的及其演变[J].科技创业月刊,2005(2):120 – 121.

③　曾祥华.立法过程中的利益平衡[M].北京:知识产权出版社,2011:22.

④　AMEND T. Consolidate the acts respecting copyright:hearings on S. 6330 and HR 19853 before the (joint) committees on patents,59th Cong. 59[M]. South Hackensack:Rothman Reprints,1976.

到作品。

鉴于不同的哲学传统，相较于英美法系国家，基于自然权利哲学背景的大陆法系国家的早期版权立法似乎没有如此重视公共利益，而是更加强调保护作者的权利，认为作者权利的保护处于首要地位。以1793年法国颁布的《作者权法》为例，这部法律强调作者个人的权利。随着国际版权制度的确立，大陆法系国家的版权法也开始重视公共利益的重要性，在将作者个人权利置于第一位的同时，也强调版权制度承载的公共利益价值目标。从我国现行版权法第一条可以看出，版权制度的首要目的在于保护作者的版权以及与版权有关的权益，同样也要实现鼓励作品的创作与传播、促进文化与科学的繁荣与发展的目的。

然而，版权法在运用于实践的过程中，尤其是在应对新技术带来的挑战时，版权利益集团推动立法者强化版权保护，逐步损害公共利益，具体体现在公共利益与版权人个人利益关系的误读、版权对公有领域的蚕食、社会公众自由使用受版权保护的作品范围缩小。

3.4.3 公共利益与版权人个人利益关系的误读

詹姆斯·麦迪逊宣称，"公共利益与个人对版权作品的权利要求完全一致"[1]。根据麦迪逊的说法，无论社会公众做什么事情都是服务于公共利益的，因此立法者不需要为将公共利益条款纳入版权法而担忧。然而，事实并非如此，社会公众对版权作品的权利要求与公共利益不仅存在不一致，而且在某些情形下还有着严重冲突。公共利益与版权人个人利益存在区别，过度强调保护版权人个人利益与实现公共利益实质上没有关系。

误读公共利益与版权人个人利益关系表现为：立法者与法院通常都会强调保护版权人的个人利益是实现公共利益的重要手段，主要体现在认为"版权是创造力的基础"[2]，保护版权人的个人利益有利于激励创作，确保作者创作更多的作品以保障社会公众获取作品的数量。比如，美国在1984年制定的《录音制品出租修正法》创设了出租权，突破"首次

---

① HAMILTON A，MADISON J，JAY J. The federalist papers[M]. New York：Oxford University Press，2008.

② BREYER S. The uneasy case for copyright：a study in copyright of books，photocopies and computer program[J]. Harvard law review，1970，84：281.

销售原则",依据的正当化理由就是为了保持"作者创造新作品的积极性"①。

版权法的每一次扩张之所以都能获得立法者和法院的支持,主要原因在于立法者和法院认可保护作者权利有利于鼓励创新的观点。目前,世界各国的版权法改革仍然遵循这一原则,将强化版权保护作为实现版权法承载的公共利益的重要方式。以近年来的美国版权法改革为例,2013 年 3 月 20 日,美国版权局局长玛利亚·帕南特在美国众议院司法委员作证时呼吁,为了制定"下一部伟大的版权法"②而全面修订美国版权法,同时,指出"国会在考虑修订版权的问题时,其面临的主要挑战就是将维护公共利益置于所有想法的最前端,包括如何界定公共利益以及谁是公共利益的代表等问题,许多组织可能都认为自己是公共利益的代表,而且在许多问题上可能会有许多不同声音……在修改法律的过程中,国会应该从整体上考虑法律涉及的多方利益,从而争取整体框架的平衡。国会制定既能尊重知识产权又能保证言论自由、保障正当法律程序和获取作品的机制的版权法不仅是可能发生的也是很有必要的"③。随后,帕南特明确强调保护作者的权利对于实现公共利益的重要性,"作为版权法的第一受益人,他们(作者)并非是与公共利益相抗衡的力量,反而是平衡公共利益的中心。借用最高法院的观点来说就是'版权法的直接影响是确保作者能从其创造性劳动中获得公正的回报。但是,这种动机的最终目标在于激励艺术创作实现公共利益'。国会有责任关注作者,包括歌曲作家、图书作者、电影制作者、摄影者和视觉艺术家。没有为作者提供保护的法律是不合逻辑的——几乎根本称不上版权法"④。由此可见,帕南特强调保护作者个人利益之于版权法公共利益实现的重要性。

3.4.4 版权对公有领域的蚕食

版权法中的公有领域主要包括三类:一是不受版权保护的材料,比

---

① OKERSON A,SULLY S. The digital dilemma:intellectual property in the information age[J]. Against the grain,2013,12(3):22.

② PALLANTE M. The next great copyright act[EB/OL]. [2018 – 10 – 10]. http://www. mondaq. com/unitedstates/x/251572/Copyright/The + Next + Great + Copyright + Act.

③④ United States Copyright Office. The register's call for updates to U. S. copyright law. [EB/OL]. [2018 – 10 – 10]. http://www. copyright. gov/regstat/2013/regstat03202013. html.

如不具有独创性的材料、不是实质性表达的潜在思想等；二是超过版权保护期限的作品；三是由创作者提供给公有领域的作品①。

关于第一种，美国联邦最高法院已经指明了这种材料的公共利益价值，法律通过拒绝承认事实的可版权性确保信息自由流动的公共利益实现。此外，美国联邦最高法院在 1991 年审理的 Feist Publications, Inc. v. Rural Telephone Service Co. , Inc. 案②中确定了非独创性材料不受版权保护的公共利益。奥柯勒法官指出，"他人在不支付报酬的情形下使用汇编者的劳动成果似乎是不公平的……这种结果既不是不公平也不是不幸运。这正是版权推动科学与艺术进步的手段"③。由此可见，奥柯勒法官认为，版权法试图促进的是创造力而非劳动的发展。美国联邦最高法院在 1879 年审理的 Baker v. Selden 案④和在 1899 年审理的 Holmes v. Hurst 案⑤中均强调版权法保护表达而不保护思想的观点。前一案件的法院观点认为"在图书中描述某一技术……不能因此对技术本身主张专有权利"⑥；后一案件的法院观点认为"版权不是对思想本身的权利……版权保护的是作者为表达思想而对词汇的组织安排"⑦。

然而，为了更好地应对新技术，将依托新技术产生的作品纳入版权保护范围，各国有关"独创性"标准的要求逐步降低，导致原本属于公有领域的材料成为版权保护的对象。最典型的就是认定照片"独创性"的相关案件。在 19 世纪 40 年代摄影技术刚刚引入英国的时候，英国衡量作品"独创性"的标准是"体现作者独特的个性"⑧，因而照片被认为是纯粹机械过程的产物不具有"独创性"，不是版权保护的作品。然而，英国在 1862 年颁行的《美术作品版权法》中将照片作为美术作品给予版权保护，并且没有给出理由。后来，在 Walter v. Lane 案中，霍斯柏里法官降低

①　JOHNSON P. "Dedicating" copyright to the public domain[J]. The modern law review, 2008, 71(4):590.

②③　Feist Publications, Inc. v. Rural Telephone Service Co. , Inc. , 499 U. S. 369 (1991).

④　Baker v. Selden, 101 U. S. 99 (1879).

⑤　Holmes v. Hurst, 174 U. S. 82 (1899).

⑥　SAMUELS E. The idea-expression Dichotomy in copyright law[J]. Tennessee law review, 1989, 56:327.

⑦　ENGLUND S. Idea, process, or protected expression? Determining the scope of copyright protection of the structure of computer programs[J]. Michigan law review, 1990, 88(4):875.

⑧　HICK D. Making sense of the copyrightability of plots: a case study in the ontology of art[J]. The journal of aesthetics and art criticism, 2009, 67(4):403.

了"独创性"要求,将"独创性"解释为"必要的劳动和技巧"①,从而为照片的可版权性提供了理论支撑。美国法院应对摄影技术的"独创性"解释进一步降低标准,汉德法官运用霍姆斯法官在 1903 年 Bleistein v. Donaldson 案中确立的"独立完成"的独创性标准,指出所有的照片都可以受到版权保护。

关于后两种类型的公有领域,毫无疑问的是,版权法的最终目的原则上是将作品置于公有领域从而保障作品能够被自由使用。一旦先前受版权保护的作品进入公有领域或者创作者自愿将作品提供给公有领域,社会公众就可以自由使用这些作品创作新的作品。这种再利用行为呈现出一种有价值的公共目的,从而促进版权目标的实现②。前人创作的作品确实也为后人创作新的作品提供了重要的基础。因此,保障社会公众自由使用超过版权保护期限的作品以及创作者自愿提供给公有领域的作品是实现公共利益的重要途径。

然而,版权的扩张逐步侵蚀这些公有领域,最典型的就是技术保护措施成为版权保护对象。对作品施加技术措施最初是版权人保护自身权利的私力救济行为,随着数字技术的发展,规避技术措施的行为愈演愈烈,为版权人代表的利益集团带来了研究挑战。在此背景下,版权人代表的利益集团尤其是音乐与电影产业界积极推动立法,试图将技术措施纳入版权保护范围③。最终,在包括美国和欧盟在内的发达国家和地区的推动下,世界知识产权组织通过两个"互联网条约",规定了较为模糊和保守的技术措施反规避保护制度。这些模糊而保守的规定可以理解为世界知识产权组织在立法时考量公共利益的结果,担心严格的保护制度会损害社会公共利益。

在将这些内容转化为国内法条款时,许多国家却制定了更为严格的技术保护措施制度,利益双方妥协的过程中忽视了普通公众的利益。以美国为例,在制定国内法条款时,版权人代表的利益集团极力主张严格的技术保护措施制度,禁止任何规避技术措施的行为,网络服务提供者、图书馆界、消费性电子业界表示强烈反对,网络服务提供者最终促成"避

---

① Walter v. Iane (1900) AC 539.

② LANGE D. Reimagining the public domain [J]. Law and contemporary problems, 2003, 66 (2):469.

③ SAMUELSON P. Mapping the digital public domain: threats and opportunities [J]. Law and contemporary problems, 2003, 66(1):148.

风港"规则的形成,图书馆界获得了为非商业性目的而数字化馆藏资源、规避技术措施等"特权",消费性电子业界因被版权业界描述为日本消费性电子产品制造商进攻美国市场的先锋队在这次反对运动中没有收获①。最终,反抗严格技术保护措施的呼声逐步被削弱。其中,鉴于网络用户无人代表,最后获得通过的《数字千年版权法》就确定了版权人利用技术措施以控制他人接触作品或者保护版权的权利,包括全面禁止:任何人规避或者破解控制接触的技术措施的行为,任何人制造、进口、销售、向公众提供用于破解控制接触作品或者保护版权的装置或者设备的行为,任何人删除、改变权利管理信息或者提供虚假的权利管理信息的行为等②。

如此严格的技术保护措施制度阻碍了消费者对作品的使用,大量规避技术措施的方法出现。版权人借助《数字千年版权法》提起大量诉讼,法院在系列诉讼中的观点进一步扩大了版权人的权利范围,威胁到公共利益③。最具代表性的就是 Universal City Studios v. Reimerdes 案,此案中,Reimerdes 等人在自己开办的网站上提供破解环球影业公司等电影公司针对 DVD 所采取的一项技术措施 CSS 的软件"DeCSS",环球影业公司等电影公司将其诉至美国纽约南区地方法院,主张 Reimerdes 等人在网站上提供破解技术措施 CSS 技术的行为侵犯其版权,根据《数字千年版权法》第1201条的规定,被告理应承担相应的法律责任④。被告以合理使用作为抗辩理由之一,被法官驳回。法院裁决理由是,合理使用是对版权侵权的抗辩,而不适用于技术措施的保护。然而,法院如此裁决无疑扩大了版权人的控制范围,侵蚀了公有领域⑤。鉴于技术措施不仅可能会影响社会公众合理使用版权作品,而且可能会影响社会公众使用非版权作品,Universal City Studios v. Reimerdes 案裁决结果明显是强化

① LITMAN J. Digital copyright[M]. New York:Prometheus Books,2001.

② Congress of the United States. Digital millennium copyright act[EB/OL].[2018 – 10 – 10]. https://frwebgate. access. gpo. gov/cgi-bin/getdoc. cgi? dbname = 105 _ cong _ public _ laws&docid = f:publ304. 105. pdf.

③ CHANDER A,SUNDER M. The romance of the public domain[J]. California law review, 2004,92(5):1347.

④ SUTER T,KOPP S,HARDESTY D. The relationship between general ethical judgments and copying behavior at work[J]. Journal of business ethics,2004,55(1):68.

⑤ LUNNEY G. The death of copyright:digital technology,private copying,and the digital millennium copyright act[J]. Virginia law review,2001,87(5):815.

版权保护而损害公共利益价值的表现。

3.4.5　社会公众自由使用受版权保护的作品范围缩小

据统计,社会公众之所以会从自由获取版权保护期内的作品的权利中获益最多,主要原因在于几乎没有作者的作品价值可以超过十年①。如果公共利益仅限于作者死后50年或者70年社会公众自由使用作品的权利,这样的公共利益仅仅就限于学者和基于少数公有领域作品的演绎作品创作。因此,社会公众获取受版权保护的作品也是一种重要的公共利益。前文已经指出,社会公众自由获取受版权保护的作品范围主要体现在版权限制与例外制度中。

然而,版权限制与例外制度的发展存在不利于实现公共利益的方面,随着新技术的出现,社会公众自由使用受版权保护的作品的范围逐步缩小②。自20世纪70年代以来,随着静电复印技术等私人复制技术的发展,为了补偿版权人因私人复制造成的损失,以德国为代表的西方许多国家都提倡制定私人复制税,即用户需要为用于复制的设备或媒体缴税③。从补偿版权人的角度来看,缴税在某种程度上是可行的,可以避免将某些出于非商业性目的进行私人复制的用户诉之法院。然而,从使用者的角度来看,征收私人复制税的情形就是进一步限制合理使用范围的表现。随着互联网技术的发展,针对计算机、手机和掌上电脑等设备是否需要征税的问题出现争议,目前,比利时、瑞士、俄罗斯作为先行者已对此类设备征税④。

此外,每一次新技术的出现都会引发版权人推动版权的扩张,而版权的权利限制与例外范围通常没有变化,导致社会公众自由使用受版权保护的作品的范围缩小。尤其是在德国和法国等大陆法系国家,列举式的版权限制与例外制度未能及时更新,导致无法将新技术引发的相关行为纳入合理使用的范畴。

---

① BENKLER Y. Through the looking glass:Alice and the constitutional foundations of the public domain[J]. Law and contemporary problems,2003,66(1):175.

② WEISER P. The internet,innovation,and intellectual property policy[J]. Columbia law review,2003,103(3):609.

③ MARGOLIS S. Two definitions of efficiency in law and economics[J]. The journal of legal studies,1987,16(2):471.

④ GINSBURG J. Copyright and control over new technologies of dissemination[J]. Columbia law review,2001,101(7):1620.

3.5 借由隐喻解读版权概念的局限性

无论是在法学领域还是人们的日常生活中,隐喻都是一种常用的定义方式和认知方法。法律中的概念往往固定不变,日常生活中的概念则会随着社会变化而被赋予新的意义,导致借用同一隐喻解释的法律概念和社会概念产生偏差。这正是数字网络环境下版权法失灵的重要原因。在版权利益集团控制隐喻进一步扩张权利的情形下,版权制度逐步偏离"鼓励学术"的公共利益目标,其正当性遭受广泛质疑,网络自由主义者甚至主张版权法应该被废除。

3.5.1 隐喻及其在版权法中的运用

德国法学家亚图·考夫曼认为,每一个日常用语或专门用语均有两个面向,一种是理性的、范畴的面向,另一种是意图的、比喻的面向[①]。隐喻就是后一种面向。起初,人们普遍认同隐喻是一种修辞手段的观点,而并没有考察隐喻对人们思维所具有的更深层次的意义[②]。概念隐喻理论开始关注且更强调隐喻的后一种作用。概念隐喻理论认为隐喻是一种借助某种概念解释或理解另外一种与之相似的思想、概念或情形的工具,是人们借助已知事物认识未知事物的普遍性思维方式和认知手段,它总是引导我们依据较熟悉的事物去看不那么熟悉的事物[③]。在人类的生活中,隐喻无所不在。正如概念隐喻理论代表人物乔治·莱考夫和马克·约翰逊在《我们赖以生存的隐喻》一书中所言:"在我们的日常生活中,从语言到思维与活动,隐喻无处不在。从本质上来看,我们借以思考与行动的普通概念系统基本上是隐喻性的。"[④]这就意味着,解开我们语言、思维和本书涉及的法律中的隐喻之谜,就能揭示他们之间是如何联

---

① 考夫曼. 类推与"事物本质"[M]. 吴从周,译. 台北:台北学林文化事业有限公司,1999: 171.

② MCKINNON M. Ideology and the market metaphor in rational choice theory of religion:a rhetorical critique of"religious economies"[J]. Critical sociology,2013,39(4):533.

③ MCKINNON M. Metaphors in and for the sociology of religion:towards a theory after nietzsche [J]. Journal of contemporary religion,2012,27(2):205.

④ LAKOFF G,JOHNSON M. Metaphors we live by[M]. Chicago:University of Chicago Press, 1980.

系的、他们带来何种价值观与关联、他们建立在何种概念基础上。隐喻不仅仅是一种言语上的图像，也是一种思维上的图像。概念隐喻理论认为，在一个"隐喻集群"（Metaphor Cluster）中，一些隐喻表达与其他一些是相互联系的。在这个隐喻集群中，每一种表达都支撑其余表达的意思，而且，所有的表达都与同一基本概念有关①。

在分析版权隐喻时，认知语言学有关隐喻的研究能为我们提供很好的理论指导。莱考夫和约翰逊是最早进行相关研究的学者。随后，他们的研究成果被其他学科领域借鉴，其中就包括法律研究。

版权法充满了隐喻，人们借以解释或理解版权法的普通概念系统基本上都是隐喻性的。模拟技术时代，出版商借助隐喻，在每次由技术进步引发的利益重新分配中占据主导地位，顺利推动版权的逐步扩张。借助有关土地的隐喻，权利人将版权人描述为"农民"，认为他们为了"播种"创新，消耗了"额头的汗水"，从而有权"收获播种"且"享受劳动成果"②。借助与犯罪有关的隐喻，权利人将"偷窃"版权拿来自己使用的人称为"小偷"，将商业"公海"上"劫持"版权并拿到黑市上散布的侵权行为人称为"海盗"；将未经许可在有形媒介上固定版权的侵权行为人称为"走私者"③。随着数字与网络技术的发展，网络自由主义者以及那些主张版权法"在网络空间失灵"的政治理论家认为，版权传统隐喻已经"过时"，无法适用于数字网络环境。他们借由"网络空间""酒和酒瓶"④等隐喻推动反版权法运动的发展，主张版权法应该被废除。

在版权争论中，人们之所以经常借助隐喻，主要出于以下原因：一是相较于复杂难懂的版权法律原理和知识，根植于人们所熟悉领域的法律隐喻更具有说理的优势。法律隐喻是一种日常语言形式，更加通俗易懂，更能引起社会公众对版权法理论知识的认同，从而推动社会公众自觉遵守版权法⑤。二是借助新事物解释传统法律概念，从新的视角考虑版权法面临的新问题，有助于将法律灵活适用于新技术环境，尤其是在

---

① RUTH H. The structure of metaphor[J]. The Kenyon review,1943,5(3):439.
② HERMAN B. Breaking and entering my own computer：the contest of copyright metaphors[J]. Communication law and policy,2008,13:43.
③ FRYE B. IP as metaphor[J]. Chapman law review,2015,18(3):735.
④ BARLOW J. The economy of ideas：everything you know about intellectual property is wrong[M]. Lanham：Rowman & Littlefield Publishers,Inc. ,1997.
⑤ SEARLE J. Metaphor and thought[M]. Cambridge, UK：Cambridge University Press,1979：112.

数字与网络环境中,隐喻的适用更是必不可少①。

　　然而,借由隐喻解读版权概念具有局限性,主要表现为三个方面。首先,作为表达手段,借由隐喻认识版权中的法律概念具有局限性。隐喻是人们借由已知的熟悉事物(喻体)认识未知的陌生事物(本体)的工具。在借由隐喻认知事物的过程中,人们往往会过多地关注本体与喻体的相似部分,忽略本体与喻体的不同部分,而遮蔽这种不同会导致人们片面地认知本体②。其次,作为版权法基本概念的组成部分,同版权制度一样,版权法隐喻也具有路径依赖,具体体现在借用传统隐喻认知新的社会现象的过程中,版权法隐喻所传达的法律概念总是滞后于该隐喻的社会概念③。最后,法律隐喻所依托的类比推理是以情感为基础的,借由隐喻认知法律现象时容易情感滥用。版权利益集团正是借助隐喻这种修辞手法,才得以在每次由技术进步带来的利益重新配置中占据优势,推动私权逐步扩张④。纵观历史,版权利益集团操控隐喻的使用比比皆是。

3.5.2　版权法的核心隐喻——"复制"的映射范围受到质疑

　　"复制"(Copy)是版权的基础。在印刷特权时期,"复制"这一隐喻的前身就已经出现在政府规制印刷出版的书商登记簿上,最初的含义是指"原稿"⑤,直到现代版权观念形成之后,"copy"才成为版权的基础性权利"复制"的隐喻,鉴于当时技术条件的限制,其初期含义只是"印刷"。

　　随着新技术的出现,作为版权基础性权利的复制隐喻的映射范围逐步扩张。自动钢琴和钢琴卷出现后,复制的映射范围包括以机械方式复制作品的机械录制。静电复印、磁带录音、录像技术出现后,复制的映射

---

① DERRIDA J. White mythology:metaphor in the text of philosophy[M]. Chicago:University of Chicago Press,1982.

② SOMOV Y. The interrelation of metaphors and metonymies in sign systems of visual art:an example analysis of works by V. I. Surikov[J]. Semiotica,2013,193:36.

③ STEEN G. Analyzing metaphor in literature:with examples from William Wordsworth's"I wandered lonely as a cloud"[J]. Poetics today,1999,20(3):512.

④ GLUCKSBERG S. Understanding metaphors[J]. Current directions in psychological science,1998,7(2):42.

⑤ PATTERSON L. Copyright in historical perspective[M]. Nashville:Vanderbilt University Press,2009.

范围又扩展至私人复制。电子计算机出现之后,复制隐喻的触角开始向临时复制延伸。目前,以美国《数字千年版权法》和《欧盟信息社会版权指令》为代表,许多国家和地区已经将临时复制归入版权人控制范围,并设定严格的免责条件,因此,复制隐喻的映射范围包括大多数临时复制行为。

然而,就在《数字千年版权法》颁布之后,美国"知识产权与新兴信息基础设施委员会"在公布的名为《数字困境:信息时代的知识产权》的评估报告中指出,在数字环境下,复制已经成为技术过程中的必要程序,借助控制复制有效控制作品的条件已经不存在,而且对复制的控制还会影响社会公众正常使用作品①。鉴于控制复制只是法律保护版权的手段,而版权法的目的在于"鼓励学术",因此控制临时复制的行为是本末倒置。此外,杰西卡·里特曼认为,复制成为版权基础的唯一正当性理由在于传统社会复制件具有易被发现、易于计量的特性,对于确定版权是否被侵害来说具有有效性,而且,禁止未经授权的复制也不会损害社会公众对作品的正常使用。然而,将复制作为版权基础的这些正当性理由在数字环境中逐步丧失,立法者继续沿用传统不仅无法有效确定版权侵权行为,还可能会影响社会公共利益。此外,在搜索引擎技术、网络信息聚合技术、云计算技术等依托缓存、索引技术的新技术出现之后,版权人又试图将因用户浏览网页导致的电脑屏幕和计算机缓存对作品的临时复制纳入复制隐喻的映射范围。然而,欧盟法院的裁决结果表明欧盟不支持扩张复制隐喻至此种新型临时复制②。

3.5.3 解读作品可版权的隐喻——"独创性"标准存在分歧

"独创性"(Originality),有关该隐喻的早期理解强调作者的个性特征,可以追溯到英国《雕工法》中提及的"个人风格的独一无二"③。对独创性理论进行研究的早期学者爱德华·扬格也认为,作品的独创性价值直接来源于作者的"独特个性"④。随着新技术的兴起,英国有关该理论

---

① 易建雄. 技术发展与版权扩张[M]. 北京:法律出版社,2009:351.
② 王清,唐伶俐. 国际版权法律改革动态概览[J]. 电子知识产权,2014(5):56-63.
③ DRAHOS P. A philosophy of intellectual property[M]. Aldershot:Dartmouth Publishing,1996.
④ 扬格. 试论独创性作品[M]. 袁可嘉,译. 北京:人民文学出版社,1998:113.

的理解发生变化,逐步弱化对独特个性的要求。在审理 Walter v. Lane 案①时,"独创性"被解释为"劳动和技巧"。目前,英国版权制度对独创性的理解具体包括两个方面的内容:源于作者,体现作者自己充分的技巧、劳动和努力、投资和判断的产物。

美国法院继承英国的独创性理论,但就独创性是否包含某种程度创造性问题长期存在争议。在 Gray v. Russell 案中,法院认为的独创性是指不与现已存在的作品完全相同②。摄影技术出现之后,美国联邦最高法院在针对照片的可版权性进行分析时,明确指出独创性需要展现作者的创造性智力劳动,体现出作者的个性③。而这一判决有关独创性的解释没有适用多久,在 1903 年 Bleistein v. Donaldson Lithographing Co. 案中,美国联邦最高法院对独创性又有了新看法,降低了独创性标准,认为作品只要由作者独立完成,就符合独创性要求④。这一观点强调"独立完成",法官无须衡量作品的创造性高度。在 1936 年 Sheldon v. Metro-Goldwyn Pictures Corp. 案中,法院进一步强化这一标准,就算某作品与他人已创作的作品完全相同,只要能够查证两者是独立完成均可享有版权。从 1903 年直至 1991 年,"独立完成"成为美国判断作品独创性的基本准则。后来,1991 年 Feist Publ'ns, Inc. v. Rural Tel. Serv. Co. 案中,美国联邦最高法院对独创性做了新的解释,不仅包括"独立完成"还需要具备最低限度的创造性。Feist Publ'ns, Inc. v. Rural Tel. Serv. Co. 案否定以"额头出汗"原则衡量作品独创性的观点,主张版权仅仅只能保护作者作品中具有独创性的元素,而且独创性要求独立创作且具有创造性。事实不能受到版权法保护,因为他们不是独立地创作的,所以事实性汇编只有在满足汇编者对事实的挑选、协调或安排属于独立创作且具有某些创造性元素的情形下才受版权保护。此案中,按照字母排列的电话名录缺少创造性元素,因此,不能受到版权法保护⑤。

从作者权体系国家来看,有关独创性标准早期规定要高于版权体系国家,不仅强调独立创作,更强调"个性",即一定程度上的创造性。以德

---

① Walter v. Lane (1900) AC 539.
② GRAY v. Russell, 10 F. Cas. 1035, No. 5728 (C. C. Mass, 1839).; Emerson v. Davies, 8 F. Cas. 620, No. 4436(C. C. Mass, 1845).
③ Burrow-Giles Lithographic Co. v. Sarony, 111 U. S. 53 (1884).
④ Bleistein v. Donaldson Lithographing Co., 188 U. S. 250 (1903).
⑤ Feist v. Rural, 499 U. S. 340, 346, 359 - 60 (1991).

国为典型代表,德国版权法注重作者的人格权利,要求作品具有个性,并且具备最低的创作高度,也就是说,作品只有体现作者的人格与精神才能受到保护。然而,随着新技术的出现,德国传统的独创性认定标准有了新的进展,在某些类型作品上的独创性标准逐步降低。以计算机软件的出现为例,从 20 世纪 90 年代开始,德国产生"小铜币"理论,即只要独创性具有"一枚硬币那么厚",能够达到某种作品所要求的独创性的最低标准即可。

近年来,欧盟法院试图协调成员国有关"独创性"隐喻的理解。在 2009 年审理的 Infopaq International A/S v. Danske Dagblades Forening 案① 中,欧盟法院将"独创性"解释为"作者自己的智力创作",颠覆了欧盟传统版权制度以实质性为基础的独创性解释。实质上,"作者自己的智力创作"乃大陆法系国家适用于计算机程序、数据库和照片三种特殊作品的独创性的解释。尽管将"独创性"解释为"作者自己的智力创作",欧盟法院在不同案件中对"智力创作"的解释又有所不同,比如 Football Association Premier League v. QC Leisure 案将"智力创作"解释为"自由而具有创造性的选择"②,Eva-Maria Painer v. Standard VerlagsGmbH et al 案将"智力创作"解释为能够标明作者的"个性特征"③等。

然而,由于欧盟法院有关独创性与智力创作标准的先予裁定最终需要成员国法院具体应用,而成员国法院在案件裁判时却通常坚持自己的固有标准,因此,欧盟法院上述判例法在协调各成员国独创性和智力创作标准方面的功效不尽如人意。④ 比如,在"融文新闻"案⑤判决中,尽管均援引了欧盟 Infopaq International A/S v. Danske Dagblades Forening 案判决确立的"智力创作"标准来判断独创性,英国两级法院将该标准与作品独创性的来源而非诸如个性特征之类的新颖性或者价值联系起来却表明英国法院实质上仍然采用的是"实质性"之传统判断标准——"劳动、

① Case C-5/08,Infopaq International A/S v. Danske Dagblades Forening,2009 ECR I-06569.
② Joined Cases C-403/08 and C-429/08,Football Association Premier League and Others v QC Leisure and Others,Karen Murphy v Media Protection Services Ltd,2011 ECR I-09083.
③ Case C145/10,Eva-Maria Painer v. Standard VerlagsGmbH et al(7 March 2013).
④ 唐伶俐. 网络信息聚合中的版权保护——兼评欧盟国家侵权案件[C]//徐丽芳. 数字出版与出版教育(第四辑)——"第四届数字时代出版产业发展与人才培养国际学术研讨会"论文集. 北京:高等教育出版社,2015:445.
⑤ Public Relations Consultants Association Ltd v. Newspaper Licensing Agency Limited[EB/OL].[2018-10-10]. http://curia.europa.eu/juris/liste.jsf?num=C-360/13.

技巧和判断"标准。

近年来,基于人工智能的机器人写作、绘画、谱曲等现象纷纷出现,最为轰动的就是谷歌旗下公司开发的人工智能机器人"阿尔法围棋",战胜了人类围棋世界冠军,人工智能相关版权问题广受讨论①。其中,亟待解决的核心问题之一为人工智能生成物能否成为作品而受版权保护。普遍认可的是,只要人工智能生成物具有独创性,即可构成作品受版权保护。然而,鉴于不同国家对独创性隐喻解释的不同,人工智能生成物的可版权性也会有所不同。比如,以德国为代表的作者权体系国家,独创性标准要求较高,往往只有反应作者个性的人工智能生成物才能构成作品,而以美国为代表的版权体系国家,独创性标准要求相对较低,人工智能生成物独立完成,满足最低程度的创造性即可受版权保护。

3.5.4 阐述版权法基本原则的隐喻——"利益平衡"的谬误

在考察版权适当的保护水平时,立法者与司法机构通常认为必须平衡多方利益关系,包括实现鼓励、传播艺术、智力作品的公共利益与促使创作者获取公正报酬之间的平衡等。《世界知识产权组织版权条约》指明了条约的制定在于"维持作者权利和更大的公共利益尤其是教育、研究和获取信息……之间的平衡的需要"②。

马克·约翰逊对平衡隐喻进行了深入研究,他指出"平衡的经验是如此普遍,而且是我们认识世界的一致经验的绝对基础……以至于我们很少意识到平衡的存在。我们几乎从来没有仔细思考过平衡的本质与意义……平衡,一种隐喻性的解释……控制我们理解世界的若干方面。"③平衡的隐喻通常让社会公众联想到和谐的概念,即为了在衡量平衡的过程中实现所有利益达到理想的均衡状态,每个人的利益都应该而且可以被考虑到。然而,平衡隐喻假设的是相对力量的存在。具体到法律领域,平衡隐喻假设立法者或者法官能够公正客观地"衡量"这些相对力量,并基于正确与公正的原则做出正确的决定。然而,现实并非如此。那些希望维持现状的利益主体将会论证所有的事情都相当平衡,任何改

---

① 王迁.论人工智能生成的内容在著作权法中的定性[J].法律科学(西北政法大学学报)2017,35(5):148.

② LIPTON J. Law,technology and the arts symposium:the WIPO copyright treaties:10 years later[J]. Case western reserve law review,2007,29(7):38.

③ JOHNSON M. The body in the mind 72[M]. Chicago:University of Chicago Press,1987.

变都将不公正地打破现有利益平衡状态。那些寻求改变的利益主体则会论证所有的事情都已经失去了平衡,只有做出改变才会恢复原有的利益平衡状态。为了解决这些矛盾冲突,立法者在完善法律制度的过程中总会涉及选择,在维护某一方利益主体的利益时总会牺牲另一方利益主体的利益①。

为了确保版权法的有效性,立法者理应基于实证数据衡量版权法是否有助于文化产品的产量增长、知识的广泛传播、包括作者利益在内的公共利益的实现,而不能衡量版权法是否恢复了相互竞争的利益组织之间的平衡。因为版权法为某一方利益组织提供的高水平保护是以损害另一方利益组织的利益为代价的,所以立法者提倡予以某一方利益主体以高水平的权利保护与实现利益平衡没有任何关系。然而,考察版权法历史,立法者总强调协调版权人利益与社会公共利益的关系对构建利益平衡的重要性。

此外,事物是否处于平衡状态由外部因素决定。通常情形下,平衡的饮食习惯的判断标准在于个人食用了正确数量的不同种类的食物。然而,这样的判断只有在参考外部因素的情形下才是可行的。这些外部因素包括权威机构说明何为正确的食物以及这些食物的正确数量。随着时间的推移,权威机构做出的说明的内容也会相应发生变化,而且这些说明因涉及个人主观判断通常会存在争议。版权法中的平衡同样如此,版权法受到外部因素影响,其利益平衡的实现具有明显的外部政策目标,即版权法实现的利益平衡通常都具有倾向性。因此,立法者与司法机构在实现利益平衡的过程中总会带着意识形态偏见来实现平衡,而且这种偏见会引导立法者与司法机构解释利益平衡隐喻,从而基于具有意识形态偏见的利益平衡隐喻来实现所谓的平衡。

由此可见,平衡是一种完全主观的判断,版权争论中强调的平衡隐喻并不是指争论双方利益的完全均衡,而是一种具有偏向性的状态,主要偏向于维护版权人的利益。在版权争论过程中,平衡只是一种遮蔽个人基于主观价值判断确定正确结果的隐喻,而个人这种基于主观价值判断确定的正确结果通常都是对于自身有利而不利于另一方利益主体。因此,版权法中根本没有平衡的存在,总是只有一方胜利。

---

① TOWSE R. Creativity, incentive and reward: an economic analysis of copyright and culture in the information age[J]. Edward Elgar, 2001, 21: 140.

从创新的角度来看,平衡恰好是错误的目标,而且是一种非常危险的目标。因为通常情形下社会公众使用平衡隐喻之目的在于维持现状,而维持现状与推动创新是完全相反的两种概念。平衡总与一些创造性地推动人类社会向前发展的动态存在冲突,正如奥地利经济学家约瑟夫·熊彼得将其研究的理论称为"毁灭性创新"(Creative Disruption)而不是"创造性平衡"(Creative Balance)①。因此,从应然角度来看,在考察版权法试图实现的目的时,立法者与司法机构本应放弃平衡隐喻,至少不应该建立在单纯衡量多方利益是否平衡的基础上。

3.6　版权法未能及时应对技术进步

在应对技术进步的过程中,版权法的有效性与合法性遭受广泛质疑,主要原因除了前文所述的应对策略存在问题之外,还在于版权法未能及时应对技术进步。基于哲学视角考察制度发展的规律特征,新技术的兴起不可避免地会导致现行版权制度呈现出滞后性。在解决新技术引发的版权问题时,立法者与司法机构如果忽视版权制度的滞后性,错误执行现行版权法就有可能阻碍技术进步。实质上,社会公众反抗现行版权法的社会运动推动创新、版权人与作品使用者的自力救济阻碍作品传播也正是版权法未能及时应对技术进步的具体体现。

3.6.1　哲学视角下制度僵滞的必然性

随着社会的发展,制度通常会出现一种僵滞现象,原本适应社会发展且合理的制度无法适应现实环境,逐步背离制度原有的合理性②。从制度发展历程来看,制度僵滞现象的产生是必然的。一定时期内的制度具有相对稳定性与相对确定性的特征,也正是这种相对稳定性与确定性确保了社会在一定时期内的稳定。然而,随着社会的变化,这种相对稳定性与确定性通常呈现出滞后于社会的状态,导致制度在调整社会关系

---

① SCHUMPETER J. The economic dynamics of Joseph Schumpeter[J]. Economic development and cultural change,1958,7(1):36.

② RUITER D. Structuring legal institutions[J]. Law and philosophy,1998,17(3):216.

时无法实现预期功能①。作为调整人类行为的规范与准则,制度具有公共确定性特征②。制度会赋予社会公众共同遵守的权利与义务,确定要求整个社会予以实施的价值目标,以强制措施惩罚违反规范与准则的行为③。然而,人类行为通常会随着技术与社会的变化做出及时反应,而制度所具有的这些公共确定性特征则导致制度变化的速度滞后于人类行为,尤其是越是成熟与完善的制度稳定性越强,其滞后性会更加明显④。

美国经济学家、社会科学家曼瑟尔·洛伊德·奥尔森指出,在制度相对稳定的社会通常容易出现垄断组织与垄断集团,它们出于维护自身垄断利益之目的会竭力维持现有的制度状态与社会秩序,阻止许多采用新技术并推动创新扩散的行为,借助各种手段防止制度的变迁与原有秩序的变化,因此,社会经济增长率会逐步下降,社会呈现僵滞局面⑤。德国社会学家、哲学家马克斯·韦伯也在分析官僚制度的问题时,指出了现代制度呈现出的僵滞局面。韦伯认为,现代官僚制度会借助包括法律法规、各种管理技术在内的措施,将处于同一利益框架、相同价值观体系中的社会公众凝聚在某个共同组织内,而这一组织内部通常会呈现出秩序僵滞而难以发生改变的情形⑥。

3.6.2 版权法律制度僵滞现象分析

随着技术环境的变化,版权法律制度不可避免地出现僵滞现象。版权法与技术之间是一种共生关系。通常情形下,新技术会为版权内容的传播提供新的方式,为创作者出售作品开拓新的市场。与此同时,新技术也会引发现行版权法规范借助新技术使用版权内容的行为失灵。版权法有关合理使用的规定即为典型体现,新技术的出现通常引发立法者

---

① SCOTT D. Veblen not an institutional economist[J]. The American economic review,1933,23(2):275.

② CHEUNG S. The structure of a contract and the theory of a non-exclusive resource[J]. Journal of law and economics,1970,13(1):57.

③ WILLIAMSON O. The new institutional economics:taking stock,looking ahead[J]. Journal of economic literature,2000,38(3):597.

④ FIORITO L,VATIERO M. Beyond legal relations:Wesley Newcomb Hohfeld's influence on American institutionalism[J]. Journal of economics issues,2011,45 (1):212.

⑤ OLSON M. Towards a mature social science[J]. International studies quarterly,1983,27(1):30.

⑥ HODGSON G. The approach of institutional economics[J]. Journal of economic literature,1998,36(1):169.

与司法机构重新思考如何区分新型使用行为属于自由使用还是版权人享有的专有权的问题。然而,鉴于法律制度本身固有的僵滞特征,版权法通常滞后于技术发展。

由于技术创新具有发展迅速且不可预测的特点,版权法的调整通常滞后于新技术的运用。在应对新技术时,版权法律制度僵滞的主要原因在于:①新的法律规则创建通常需要较长时间。立法是一个复杂的过程,涉及各种各样的程序上的保障措施,而且涉及许多不同利益机构与参与者的谈判。尽管某些类型的技术创新可能需要长期精细计划,但大多数技术创新都是无意识的且迅速的过程。尤其是在数字与网络技术时代,新技术的传播不一定需要精心计划与金融投资。在此情形下,新技术的运用与版权法对这种新技术的规制之间的差距逐步加大。②技术发展的动态性与不可预测本质特征导致立法者很难预测技术发展的具体过程。易言之,立法者很难通过预测即将发生的技术创新趋势制定版权法以减少法律的滞后性,而且过去的技术创新趋势也无法为该技术未来的发展提供正确指导,导致立法者试图采取积极行动以减少法律滞后的努力更加复杂。③技术创新的不可预测性导致版权法需要确立开放式标准,以美国版权法中的合理使用为典型代表。尽管开放式标准的采用减少了版权法实施过程中错误成本发生的风险,为版权法应对技术进步创造了更加灵活自由的空间,但开放式标准的采用却导致大多数法律争议过多地依赖于司法裁决,进一步导致版权法律制度僵滞。④新技术的潜在社会与经济影响存在模糊性也会导致版权法律制度僵滞。通常情形下,只有在利用新技术使用版权内容的行为已经普遍存在时,版权人才开始提起诉讼并寻求立法支持。以 P2P 音乐共享行为为例,在P2P 音乐共享行为已经频繁发生之后,音乐行业才发现这种传播音乐的方式能够为其带来巨大盈利,在 Napster 软件引入市场一年多之后,音乐行业才开始提起诉讼。易言之,只有当不受法律规制的作品使用产生的机会成本变得明显时,版权人才会借助诉讼与立法寻求版权保护范围的扩张,推动法律制度变迁,而在此之前,版权法律制度则呈现出滞后于技术发展的状态。

然而,需要指明的是,版权制度僵滞不一定就不合理,某些情形下可能还是有助于版权法有效应对技术进步。其实,立法活动与投资决策类似,时间极其重要。从这种意义上来看,任何时候调整法律制度都会存在成本与收益。在应对新技术时,立法者与司法机构太早做出反应可能会导致新规则存在不成熟的风险。由于过于仓促制定的规则可能不适合用于规范不断变化的技术创新与版权作品之间的关系,立法者与司法机构太早做出反应可能就会增加错误成本。相比之下,立法者与司法机构保留现行版权法的滞后性可能使得未来的立法能够更好地适应新技术,促进未来收益的增加。首先,因为版权法是深受变幻莫测的技术影响,在某项技术变得过时或者被新的技术创新所取代之后,任何针对此项技术的新规则可能都会被证明是无效的或者过时的。比如,随着个人电脑的出现,《家庭录音法》就几乎成了过时的法律。美国法院在 Recording Industry Ass'n of America v. Diamond Multimedia Systems 案中认为,技术设备只有被个人主要用于录音时才受到《家庭录音法》的规制,而个人电脑的主要目的不是录音,因此计算机硬盘不是数字录音设备而无法受制于《家庭录音法》。其次,技术发展的速度与路径难以预测。正是这种不可预测性导致版权法律制度滞后具有一定程度的合理性,因为立法者与司法机构能够在新技术的发展趋势比较明晰时确定较为有效的法律规则。最后,任何潜在的立法错误都可能为版权行业带来高昂的经济与文化损失,因此保留版权法律制度的滞后性至少可以避免错误立法造成的不良影响。然而,版权法律制度的滞后也具有明显的缺陷,可能会放弃因版权法律制度变迁带来的所有潜在好处。版权法律制度可能失去规范新技术以充分实现价值的机会。尽管如此,学者们普遍认为,技术发展通常有着自身发展的内在逻辑与规律,法律制度的规范只可能延迟技术发展,而无法改变技术发展方向①。因此,太早的法律干预可能影响技术发展的进程,从这一点来看,保留版权制度的滞后显然也是合理的。

考察版权法相关研究,学者们普遍忽视了版权法律制度滞后的价值,而美国法院则通常会意识到保留版权法律制度滞后的重要性,只有在明确技术发展的方向以及社会影响之后才会做出最终裁决。比如,在 Sporty's Farm L. L. C. v. Sportsman's Market, Inc. 案中,卡拉布雷西法官就一直未对域名抢注问题进行裁决②。在 Metro-Goldwyn-Mayer Studios Inc.

---

① ALDRICH N. An exploration of rights management technologies used in the music industry [J]. B. C. INTELL. PROP. & TECH. F. ,2007,5:5.

② Sporty's Farm L. L. C. v. Sportsman's Market, Inc. ,202 F. 3d 489 (2d Cir. 2000).

v. Grokster, Ltd. 案中,托马斯法官明确反对在技术发展变化莫测时盲目调整法律:"正如我们所观察到的,我们生活在一个多变的技术环境中,法院不适合解决互联网技术传播的问题。新技术的引入总是会扰乱旧有市场,尤其会冲击在已经确立的传播机制中销售作品的版权人的利益。然而,历史已经证明了时间与市场通常可以解决新技术引发的利益失衡问题,无论这项新技术是钢琴、复印机、录音机、录像机、个人电脑、卡拉 ok 机还是 MP3 播放器。因此,法院出于解决具体市场滥用之目的重新调整法律时需要相当谨慎,无论这种调整看起来多么重要。"①

在应对新技术的过程中,许多国家的版权法通常忽视版权法律制度滞后的重要性,过分强调及时应对技术进步,最典型的体现就是遵循传统版权法律规则应对新技术,最终导致错误执行现行版权法阻碍技术进步。此外,鉴于版权法律制度滞后也存在明显缺陷,立法者与司法机构如果忽视技术发展的进程与社会、经济影响已经明晰的现实条件,任由版权法律制度滞后长期存在,也会导致版权法无法有效应对技术进步。在这种情形下,社会公众通常会开展反抗现行版权法的社会运动,而这些社会运动通常有助于推动技术创新。此外,版权人与作品使用者也会采取自力救济手段,防止版权法无法有效保护其合法权益,但是,这些自力救济手段则通常不利于作品的传播。

3.6.3 错误执行现行版权法阻碍技术进步

受制度僵滞必然性与技术变迁不确定性影响,版权法律制度滞后具有一定的合理性,有助于立法者与司法机构做出有利于技术发展的决策。然而,不少国家通常忽视了版权法律制度滞后的重要性,在技术发展进程与社会、经济影响尚不明确的情形下盲目制定新的法律规则,依据现行法律做出裁决阻碍了技术进步。

(1)借用文义规则解释现行法律

在英美法系国家,法律解释的基本规则有着多种形式,文义规则(Plain Meaning Rule)就是其中一种。文义规则"几乎完全关注法律文本的明显意义……""除非法律语言存在不清晰的情况,这一规则都不会考

---

① Metro-Goldwyn-Mayer Studios, Inc. v. Grokster Ltd. ,380 F. 3d 1154,1167 (9th Cir. 2004).

察法律历史以查找法律的目的"①。新技术的出现通常会导致法律语言出现不清晰的情形,而法院在解决新技术引发的问题时总会存在不考察法律历史,只关注法律文本明显含义的情形。

在审理 Recording Industry Ass'n of America v. Diamond Multimedia Systems 案②时,美国第九巡回上诉法院就是基于文义规则做出了裁决,认为帝盟公司生产的 MP3 播放器 Rio(一个类似于随身听但可以下载、存储和播放在计算机硬盘中找到的数字音频文件的设备)不属于 1992 年《家庭录音法》所定义的数字录音设备,因此不受到该法的规制。根据《家庭录音法》的规定,家庭可以使用数字录音设备私下复制音乐,但是需要这些设备的制造商支付法定许可费,而且这些设备还需要安装版权管理系统——连续复制管理系统,以防止复制录音带的二次复制③。法院认为,Rio 这种呈现包含 MP3 格式的音乐录音的数字音频文件手持设备不是受《家庭录音法》规范的数字录音设备。而且,法院并没有证明在此案中以文义规则解释法律是合理的。法院仅仅引用了一个案例支撑其运用文义规则裁决 Rio 不能直接从传输中进行复制,只讨论了双方当事人简要提交的立法历史的部分内容,最后就得出立法历史与法律文本明显含义相一致的结论。法院这种仅仅考察部分立法历史的情形,并没有真正理解美国国会最初制定《家庭录音法》的目的。因而,法院在此案中借助文义规则解释新技术的行为是不合理的。

(2)认定网络服务提供者侵权的严格责任

"避风港规则"起源于美国的司法实践活动。网络服务提供者借助该规则可以豁免侵权责任,有助于互联网产业的发展。然而,在该规则出现之前,美国法院仍然存在执行严格侵权责任理论裁定网络服务提供者承担侵权责任的情形。以 BBS/论坛相关侵权案件为例,在 *Playboy Enterprises, Inc. v. Frena* 案④中,被告 BBS 网站用户在未经许可的情形下,将包括原告享有版权的图片上传至被告网站,被告发现这一事实之后随即将这些照片予以删除。但是,原告仍然主张被告所有的 BBS 网站公开

---

① KELSO R. Statutory interpretation doctrine on the modern supreme court and four doctrinal approaches to judicial decision-making[J]. PEPP. L. REv. ,1997,25(37):39.

② Recording Industry Ass'n of America v. Diamond Multimedia Systems, 180 F. 3d 1072 (9th Cir. 1999).

③ RIAA v. Diamond Multimedia Sys. , Inc. , 180 F. 3d. 1072,1077 – 81 (9th Cir. 1999).

④ Playboy Enterprises Inc. v. Frena, Dec. 9,1993,839 F. Supp. 1552.

展示和传播了其受版权保护的作品,是典型侵犯其展示权和传播权的行为,因而要求被告承担侵权责任。法院最终裁定被告有义务管理其网站上的信息,因而应该为其网站用户的侵权行为承担责任。由此可见,法院在这一案件中以严格责任认定网络服务提供者 BBS 平台应该为其用户的行为承担责任,无论 BBS 网站是否存在主观过错,都应该对网站传播的内容进行监督,如果存在监督不力的情形,其就应该为之承担责任。这一种判决显然不利于互联网技术的发展,作为一种为网络用户提供传播平台的机构,BBS 平台只能尽其所能协助打击侵权盗版,而在这一能力之外发生的侵权行为,法律应该豁免其侵权责任。实质上,这就是随后美国法院在 Religious Technology Center v. Netcom On-line Communications Services Inc. 案①中做出与之相反的判决的重要原因。在 Religious Technology Center v. Netcom On-line Communications Services Inc. 案中,美国佛罗里达州联邦法院认为,BBS 网站和被告公司仅仅为侵权用户提供了一种网络信息传播平台,在此情形下要求 BBS 网站和被告公司承担严格侵权责任是不合理的,法院应该基于网络服务提供者主观上是否明知或者应该来裁定如何承担侵权责任,从而限制了网络服务提供者的侵权责任范围。这一判决成果被认为是美国创建"避风港规则"的实践基础。

（3）直接适用传统版权理论与政策保护计算机程序

计算机程序是一种技术,相较于传统的版权作品,其自身特点,与传统作品存在根本区别。因此,版权法在适用于计算机程序时自然不能照搬传统理论与政策。然而,考察现行版权法,世界各国保护计算机程序的方式还是有着传统政策的痕迹,实质上限制了计算机程序技术的自由与有效发展,本书涉及的自由软件运动就是这一观点的有力论证。

立法者之所以不能直接适用传统版权理论与政策于计算机程序,主要原因在于传统版权概念甚至是技术性概念的产生都是为了帮助社会公众理解版权相关问题,比如实质性相似、思想/表达两分、文学作品或者演绎作品、复制等。然而,这些传统概念在适用于计算机程序这种注重使用而非社会公众认知的作品时就会失去可行性。考察现行司法裁决,与计算机程序相关的案件都呈现出一种强而有力的保护计算机程序的趋势。这种趋势的出现正是司法机构依据传统版权理论与政策所坚

---

① Religious Technology Center v. Netcom On-line Communications Services Inc. ,907 F. Supp. 1372(N. D. Cal. 1995).

信的创造力与投资项目生产需要高水平的版权保护做出裁决的结果。此外,许多学者也通常持有这样一种观点,逐步推动立法者与司法机构采用强而有力的版权制度保护计算机程序。然而,这种政策基础模糊不清,并没有明确界定版权的保护程度以及不同类型作品如何采用不同程度的版权保护。而且,版权制度保护计算机程序的水平越高,只可能保护具体受保护类型的计算机程序,从长远来看,实质上不利于基于该技术的进一步创新。

3.6.4 反抗现行版权法的社会运动推动创新

由于技术创新具有内在不确定性,世界各国有关现行法律的调整通常滞后于技术进步。在世界各国未能及时更新版权法的情形下,技术使用者反抗现行版权法的社会运动不断出现,在某种程度上推动了创新。

(1)自由软件运动

自由软件是一种允许使用者自由运行、研究、修改和分发软件及其修改版本的计算机软件类型①。在这类软件类型中,那些允许使用者研究和修改软件的类型同时允许他人访问该软件的源代码。考察各国版权法发现,计算机程序乃版权法保护的客体,基于版权法相关规定,自由软件相当于获得作者许可,允许使用者运行、研究、修改和分发该软件及其修改版本②。如果源代码处于公有领域或者可以不受限制的获取,那么不受版权法规范的软件(比如处于公有领域的软件)则是自由的。

自由软件使用者可以自由从事他们想做的事情,包括重新免费分发、销售软件的自由等,而自由软件开发者则从相关的支持性服务收取费用③。不同于自由软件,使用者不能研究、修改和共享微软办公软件、谷歌文档等享有所有权的专有软件。免费软件也不同于自由软件,免费软件属于专有软件中的一种,只是免费软件使用者无须为使用该软件付费。包括免费软件在内的专有软件执行严格的软件许可证,通常不为使用者提供源代码。因此,专有软件使用者无法修改软件,导致软件使用

---

① BRUNELLE M,BRUCE B. Why free software matters for literacy educators[J]. Journal of adolescent & adult literacy,2000,45(6):518.

② KUMAR K. Beyond the market,freedom matters[J]. Economic and political weekly,2001,36 (6):3436.

③ BENSON T,SKINNER A,CARNALL D. Medical software's free future[J]. British medical journal,2001,332(7290):864.

者只能依靠软件出版者为其提供软件更新、帮助和支持。这种情形通常被称为软件"供应商锁定"(Vendor Lock-in),专有软件使用者通常不能针对软件进行反向工程、修改或者再分发等①。

自由软件运动起源于 20 世纪 80 年代,以软件自由主义者、计算机程序设计员理查德·马修·斯托尔曼发起的开放源代码运动为开端②。斯托尔曼认为,软件使用者有权自由使用、研究、分发和修改软件,"程序员应有义务鼓励其他人分享、研究、改进和再次分发我们所开发的软件"③,以对抗版权法过度保护计算机软件的状况。1983 年 9 月,斯托尔曼开启自由软件联盟计划,表明了其对版权人过度保护计算机软件的不满,试图创建了一个与 Unix 兼容的完全非专有的计算机操作系统④。与此同时,他还推动了自由软件运动。他一直是自由软件运动项目的领导者与组织者,开发了许多广泛使用的自由软件,包括 GNU 编译器集合、GNU 调试器、GNU 文本编辑器。1985 年 10 月,斯托尔曼创建了自由软件基金。作为自由软件运动的发起者,斯托尔曼开创性定义了自由软件,提出了"版权所无"(copyleft)的概念⑤。随后,深受自由软件运动的影响,许多非软件行业也开始参考自由软件模式进行产品开发与研究⑥。

根据斯托尔曼有关自由软件的定义,自由软件为使用者提供了四种自由:①出于任何目的运行程序的自由;②研究程序如何运作的自由、修改程序以用于任何用途;③自由分发复制件以帮助他人;④完善程序的自由,向社会公布完善版本以促使整个社会从中获利。20 世纪 90 年代末,许多组织提出实质内容与自由软件类似的术语,最典型的就是 1998

---

① EZARD T, PURVIS A. Free software to draw paleobiological phylogenies[J]. Paleobiology, 2009,35(3):461.

② ZITTRAIN J. Normative principles for evaluating free and proprietary software[J]. The University of Chicago law review,2004,71(1):266.

③ CARNALL D. Medical software's free future:open collaboration over the internet is changing development methods[J]. British medical journal,2000,321(7667):976.

④ THOMAS B. Participation in the knowledge society:the free and open source software (FOSS) movement compared with participatory development[J]. Development in practice,2010,20(2):271.

⑤ KELTY C. Culture's open sources:software,copyright,and cultural critique[J]. Anthropological quarterly,2004,77(3):501.

⑥ MCGOWAN M,STEPHENS P,GRUBER D. An exploration of the ideologies of software intellectual property:the impact on ethical decision making[J]. Journal of business ethics,2007,73(4):418.

年开放源代码促进会公布的开放源代码软件定义①。

自由软件运动创设了一系列有助于软件开发、修改、分发的许可协议,所有的许可协议都为软件使用者提供了较为自由地使用软件的空间。这些许可协议包括 MIT 许可协议、GNU 通用公共许可协议、Apache 许可协议、BSD 许可协议以及 Eclipse 公共许可协议等。

自由软件主要包括三种:公有领域软件、宽容许可协议软件、"版权所无"许可协议软件。公共领域软件包括因版权保护期限届满而不受版权保护的软件或者作者发布了弃权声明而进入公共领域的软件。宽容许可协议也称为 BSD 许可协议,适用于大多数 BSD 操作系统的软件分发,因为该协议对软件分发没有任何限制,该许可协议也被称为自由复制②。作者保留拒绝授权的权利,要求使用者适当分发修改后的软件,允许使用者重新分发以及对软件进行任何修改。通过减少受限制软件的成本,宽容许可协议为权利人创建非自由软件提供了一种激励。由于这种模式不符合自由软件的精神,许多学者认为该协议的自由度比不上"版权所无"许可协议③。"版权所无"许可协议是指作者保留版权,任何人如果试图重新分发软件,无论是否修改该软件,都必须允许重新分发的软件有被复制与修改的权利④。这种许可协议以 GNU 通用公共许可协议为典型代表。

尽管自由软件类型不同,不同学者有关自由软件的定义存在差别,自由软件运动对待版权法的态度是一样的,均质疑版权法保护计算机程序的合理性。斯托尔曼认为:"传统版权保护模式保护软件企业对软件产品的专有权,造成少数企业垄断软件市场,不利于软件市场的自由竞争,从而阻碍软件产业的进一步发展。"⑤艾瑞克·史蒂芬·雷蒙德认为:"软件企业通常会采取保护措施保护其开发的软件源代码,且版权法禁止使用者对源代码的反向工程,导致软件开发因局限于企业内部、无

① PFAFFMAN J. Transforming high school classrooms with free/open source software: it's time for an open source software revolution[J]. The high school journal, 2008, 91(3):27.
② GUY F. Strategic bundling: information products, market power, and the future of globalization [J]. Review of international political economy, 2007, 14(1):29.
③ MCLNERNEY P. Technology movements and the politics of free/open source software[J]. Science, technology, & human values, 2009, 34(2):223.
④ 张颖. 开放源代码软件知识产权保护制度研究[D]. 重庆:西南政法大学, 2006:34.
⑤ JOHNSTONE S. Technology: sharing educational materials without losing rights[J]. Change, 2003, 35(6):50.

法自由交流而阻碍软件技术的创新发展。"①

到目前为止，自由软件运动已经获得了巨大成功，以 GNU 通用公共许可协议为代表的一系列许可协议为软件创新创造了自由的空间，动摇了微软公司等大型软件企业垄断软件市场的局面②。实质上，包括 Linux 和 Apache 为代表的优秀软件产品的繁荣发展正是自由软件运动推动的结果③。

（2）开放信息资源运动

自由软件运动对社会公众有关版权保护的认知产生了深刻影响，反抗现行版权法的观念由计算机软件领域逐步扩张至所有深受严密的版权保护制约的领域，并掀起了一场轰轰烈烈的开放资源、共享信息的运动，其中以开放作品资源为代表。

与自由软件运动类似，开放作品资源运动也是建立在版权受法律保护的基础上，并非完全舍弃版权，基于开放作品资源的许可协议弱化现有的版权保护力度，目的在于鼓励作品传播、促进文化的繁荣与发展。然而，与自由软件运动相比，开放作品资源有着更深远的经济影响与社会意义④。根据开放作品资源的程度不同，适用于开放作品资源的许可协议主要可以划分为两种：①允许任何人自由复制作品资源，不受现行版权法的严格限制；②在第一种许可形式基础上，还允许任何人不受现行版权法的严格限制修改或者再分发作品资源。斯坦福大学法学院教授劳伦斯·莱斯格、麻省理工学院电气工程与计算机科学学院教授哈罗德·阿贝尔森等人发起的"创意共用许可协议"（Creative Commons License）就是许可协议中广受社会公众青睐的类型之一⑤。莱斯格等人之所以发起该协议，原因主要在于他们对美国传统通信制度与知识产权制度的不满，认为这些传统制度过度保护包括版权在内的知识产权，无法

① MERGES R. A new dynamism in the public domain[J]. The University of Chicago law review,2004,71(1):185.

② BOYLE J. Cultural environmentalism and beyond[J]. Law and contemporary problems,2007,72(2):19.

③ MCGOWAN M,STEPHENS P,GRUBER D. An exploration of the ideologies of software intellectual property:the impact on ethical decision making[J]. Journal of business ethics,2007,73(4):415.

④ CARROLL M. Creative commons and the openness of open access[J]. New England journal of medicine,2013,368(368):789.

⑤ DANNER R. Open access to legal scholarship:dropping the barriers to discourse and dialogue [J]. Journal of international commercial law & technology,2012,7(1):211.

合理应对互联网技术,提倡以一种全新的版权保护模式推动知识的广泛传播。鉴于此,2001 年,莱斯格、阿贝尔森等人创建"创意共用"(Creative Commons)组织,受到鲍勃·扬创建的名为"公共领域中心"的组织资助①,为作品在网络空间的自由传播提供了新的可能,成为推动网络空间新型版权保护模式开发的重要力量。

创意共用许可协议分别借助有关署名要求、商业性使用授权、修改授权的规定,为作者开放作品资源创造了 12 种可供选择的许可条件,社会公众则基于不同条件自由使用作品。不同类型的许可条件对作品的版权保护程度有所不同,其中,版权保护程度最低的条件是"无须署名、可供未经授权的商业性使用与随意修改",版权保护程度最高的条件是"需要署名、不允许未经授权的商业性使用与修改"。尽管不同许可条件下的版权保护程度不同,即使是版权保护程度最高的创意共用许可协议为社会公众使用作品创造的条件也比现行版权法要灵活与开放。

事实证明,开放信息资源运动至少到目前为止实现了预先设定的目的,确保全社会能够共享知识资源带来的益处,最大限度实现信息资源对整个社会的价值②。以麻省理工学院于 2002 年 9 月 30 日推动的开放式课程运动为例,此项运动首先由麻省理工学院将 2000 多门课程的教材、课程大纲、教学用书以及作业习题、考试题及其答案、许多课程的音视频材料等置于互联网上,允许全球用户免费获取和使用。随后,剑桥大学、约翰霍普金斯大学、早稻田大学、犹他大学等国际知名大学也成为这一运动的参与者,将课程放在互联网上供社会公众自由取用③。这项运动使得全球各地的网络用户都能获益于源自世界名校的教育资源,与获取商业价值相比,这些教育资源的开放式传播模式显然更有助于社会文化的进步与繁荣。

3.6.5 版权人与作品使用者的自力救济阻碍作品传播

在法律滞后的情形下,版权人通常不满版权法对其权利的保护,可

---

① O'HARE M. Free culture:how big media uses technology and the law to lock down culture and control creativity[J]. Journal of cultural economics,2005,29(2):149.

② LEE M,LIN M,BONK C. OOPS,turning MIT opencourseware into Chinese:an analysis of a community of practice of global translators[J]. International review of research in open & distance learning,2007,8(3):11.

③ MCANDREW P. Defining openness:updating the concept of "open" for a connected world [J]. Journal of interactive media in education,2010(2):13.

能因此采取相关自力救济措施,以避免他人未经授权的复制作品。尤其是在数字音乐产业与电影产业领域,版权人通常会采取相关技术措施阻止使用者的侵权行为①。然而,在阻止侵权行为的同时,这些举措也会对版权人利用新技术传播作品造成不利影响。比如,在数字与网络技术发展的初期,出版者认为当时的法律无法保护作品在数字网络传播中的合法权利,采取技术措施保护数字作品以避免未经授权的复制与传播。作为一种自力救济手段,技术措施在保护作品的同时,也限制了社会公众对作品的合理使用,不利于作品充分实现其价值。再加上技术措施并非完美无缺,到目前为止,并不存在完全有效地防止复制的技术措施,任何一种保护版权的技术措施都有被规避的可能。规避 DVD 影片加密系统、RealNetworks 流媒体保护措施、Adobe 电子书阅读器施加的技术措施的技术表明,每一次增强版权保护的技术措施都有可能被规避②。正因为如此,在以技术措施保护版权的同时,出版者也不敢放手开发作品的数字形式与网络传播。直到以美国《数字千年版权法》为代表的版权立法开始保护技术措施,出版者才适当借助新技术传播作品。

然而,尽管目前世界各国均以立法形式保护技术措施,版权人仍然不敢充分利用新技术传播作品,主要原因在于作品使用者总会推出新的规避技术措施的技术以试图逃避法律责任。以 P2P 文件共享技术的发展为例,美国第九巡回上诉法院在审理 A&M Records, Inc. v. Napster, Inc. 案时指出,集中式 P2P 文件共享技术的开发者适用于帮助侵权责任规则,为避免归入集中式 P2P 文件共享技术范畴而受到版权法控制,随后的 P2P 文件共享技术开发者研发出与集中式 P2P 文件共享技术功能相似却移除中央服务器的分散式 P2P 文件共享技术,帮助用户进行文件共享,并试图规避版权侵权风险。尽管美国联邦最高法院在审理 Metro-Goldwyn-Mayer Studios Inc. v. Grokster, Ltd. 案时,以"引诱侵权责任"认定分散式 P2P 文件共享软件开发者构成帮助侵权,推陈出新地规避技术措施的技术给版权人造成的损失是侵权诉讼无法弥补的,导致版权人仍然将新技术当作一种威胁而非传播作品的有力工具。

① CHENG E. Structural laws and the puzzle of regulating behavior[J]. NW. U. L. REV. ,2006, 100:655,703.

② NIMMER D. A riff on fair use in the digital millennium copyright act[J]. U. PA. L. REV. , 2000,148:673.

出于保护作品免受侵权风险,版权人积极研发新的技术措施保护作品,为了免费自由地获取作品,作品使用者积极探索新的技术规避措施以逃避法律责任,最终导致版权法实施的有效性遭受广泛质疑。正因如此,版权人至今仍然不敢充分利用数字与网络技术开发作品,无法充分利用实现作品经济与社会价值的机遇。以我国传统出版企业的数字化转型为例,在大数据、云计算和人工智能等新技术环境冲击下,我国的报社、出版社、期刊社等传统出版单位均在探索数字出版业务,不少企业的数字化转型已初见成效。然而,大多数企业仍然犹疑不决,担心盗版问题,不敢基于新技术开发数字作品,这也是我国传统出版单位数字化转型远远滞后于互联网公司的重要原因。

4 版权法应对技术进步的基本方略

在应对技术进步过程中,版权制度之所以呈现出前述两种完全相反的功能,主要原因在于立法者与司法机构在完善版权法时对技术与版权制度关系的理解不同。立法者与司法机构做出的理性选择建立在正确理解技术与版权制度关系的基础上,包括基于技术与社会的关系理解技术及其发展特征,从版权产业演进的视角发挥版权制度的作用,认清版权法的立法目及其实现方式,动态维系版权制度的利益平衡机制。版权制度应对技术进步失灵与异化的原因则在于立法者与司法机构未能认清技术和版权制度的关系,包括版权制度的路径依赖,忽视社会公众版权法认知偏误,威慑执法措施调整社会规范的无效性与反作用,版权法变革中公共利益价值缺位,借由隐喻解读版权概念的局限性以及制度滞后性引发的版权法未能及时应对技术进步。

归纳分析前述不同情形下版权法呈现出的实然功能可以得出的结论是,版权法应对技术进步的基本方略至少包括:区别对待具体技术及其发展阶段、遵循版权制度变迁的规律特征、关注社会公众的法律遵守意识。此外,从版权法应然功能角度来看,完善版权法的首要步骤在于解决政策制定方法存在的问题,立法者理应将采用基于实证数据的政策制定方法作为完善版权法的首要方略,只有在分析实证数据基础上才有可能确保立法实现预期目的。近年来,许多版权法的制定与完善通常是基于主观论断,因此版权制度能否实现应然功能缺乏实证数据支撑①。综合考虑版权法的应然功能与实然功能,下文分别从采用基于实证数据的政策制定方法、区别对待具体技术及其发展阶段、遵循版权制度变迁的规律特征、关注社会公众的法律遵守意识四个方面进行论述,分析版权法应对技术进步理应遵循此类基本方略的原因以及具体方式,见图 4-1。

---

① PARTY W. How to fix copyright[M]. New York:Oxford University Press,2011:50.

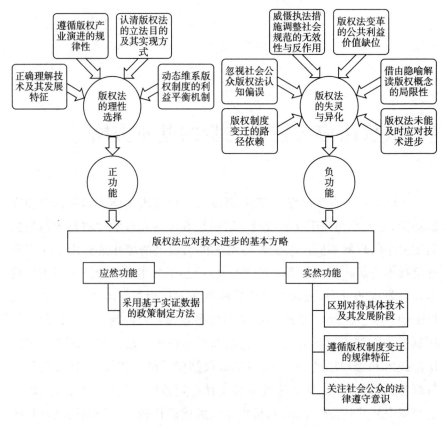

图 4 - 1 版权法应对技术进步的基本方略

4.1 采用基于实证数据的政策制定方法

考察前文所述的版权法应对技术进步的具体措施发现,版权法长期存在一个严重问题,即版权法的制定与完善通常缺乏充足的实证数据分析,而是基于相关利益主体的主观论断。在提交给英国政府的《数字机遇:知识产权与增长的评论》中,伊恩·哈格里夫斯也强调了这一问题,他认为"20世纪70年代的《银行审查》缺乏证据支撑……2006年的《高尔审查》同样如此"①。

---

① HARGREAVES I. Digital opportunity: review of intellectual property and growth [EB/OL]. [2018 - 10 - 10]. https://www.gov.uk/government/uploads/system/uploads/attachment_data/file/32563/ipreview-finalreport.pdf.

　　长期以来,立法者在制定与完善版权法时都很少获取实证数据,而是采用基于主观论断的立法方式。詹姆士·波义耳认为,版权立法存在于"无证据的区域"①。以延长版权保护期为例,版权利益集团鼓吹延长版权保护期有助于鼓励创作、激励创新、为社会公众创造更多的工作机会、提供更多的文化作品,立法者基于版权利益集团的主观论断,将版权保护期由 28 年延长至作者终生加死后 50 年、70 年,在《跨太平洋伙伴关系协定》讨论中,墨西哥甚至提出保护期应为作者终身加死后 100 年的建议②。然而,立法者延长版权保护期限能否实现这些目标并没有可靠的实证数据支撑。基于经济学实证调查,许多学者发现,过长的版权保护期限会对实现版权法的立法目的产生消极影响,不利于社会公众利用已有作品创作新作品③。另有学者发现,只有在授予不同类型作品以不同保护期限④时,版权法才能真正实现激励新作品创作、保护文化遗产之目的。

　　同样,版权利益集团通常声称未经授权使用作品的行为会为其带来巨大损失,因此,积极推动立法者采取措施强化版权保护。然而,未经授权使用作品的行为是否会造成如此损失并没有得到实证数据的论证。正如哈格里夫斯所言,"考虑到处理网络盗版的重要性,大多数人肯定认为我们已经清晰掌握了网络盗版的范围与动态。然而,事实并非如此……在英国,鼓吹网络盗版侵权水平之高的言论颇多,但是,在长达四个月的证据搜集中,我们发现,这些言论均缺乏真实可靠的数据支

---

① BOYLE J. The public domain[M]. Connecticut:Yale University Press,2008.

② Trans-Pacific partnership IP group country negotiators. Secret TPP treaty:advanced intellectual property chapter for all 12 nations with negotiating positions[EB/OL]. [2018 – 10 – 10]. http://wikileaks. org/tpp/pressrelease. html.

③ HEALD P. Property rights and the efficient exploitation of copyright words:an empirical analysis of public domain and copyright fiction bestsellers[EB/OL]. [2018 – 10 – 10]. https://www. researchgate. net/publication/228214199_Property_Rights_and_the_Efficient_Exploitation_of_Copyrighted_Works_An_Empirical_Analysis_of_Public_Domain_and_Copyrighted_Fiction_Best_Sellers; HEALD P. Testing the over-and under-exploitation hypotheses:bestselling musical compositions and their use in cinema[EB/OL]. [2018 – 10 – 10]. https://www. researchgate. net/publication/228257755_Testing_the_Over-_and_Under-Exploitation_Hypotheses_Bestselling_Musical_Compositions_1913-32_and_Their_Use_in_Cinema_1968-2007.

④ YUAN M. Should different information economies have the same duration of copyright? [J]. Social science electronic publishing,2009,6:13.

撑"①。在缺少实证数据支撑的情形下,某些立法者仍然采取新型严厉惩罚措施打击未经授权的网络传播行为。

然而,利益集团的主观论断必然带有维护自身利益的倾向,严重缺乏真实可靠性。立法者如果基于这些主观论断完善法律必然有失偏颇,制定的法律也会不可避免地带有利益主体相互妥协的痕迹。而且,版权利益集团通常会在利益冲突中占据有利地位,逐步推动版权保护范围扩张,社会公共利益则因无人代表而受到严重威胁,版权法也会因此偏离正确发展轨道。为了更好地应对技术进步,版权法的完善理应建立在实证分析基础上,具体体现为针对现行法律与立法建议进行独立影响评估,确保独立影响评估采用准确的实证数据。

4.1.1 针对现行法律与立法建议进行独立影响评估

长期以来,立法者对版权制度的完善通常是建立在利益集团主观论断基础上的,这种政策制定方法与社会公众的常识判断、独立的经济研究背道而驰。实质上,美国法院早就意识到了这一问题,在 DSU Medical Corp. v. JMS Co.,Ltd. 案中,美国联邦巡回上诉法院指出,"为了避免立法陷入纯粹猜测,法院需要良好的经济证明来论证市场本质……实质上,良好的经济证明需要良好的经济基础与事实依据"②。此外,许多美国法院都支持基于实证数据的立法行动,在考察实证数据基础上针对版权侵权问题做出裁决。然而,当版权利益集团将权利请求提交到立法机构审议时,立法机构最终得出的结论通常都没有经过实证数据论证,而是利益集团相互斗争的结果。正因如此,版权法成为维护强势利益集团利益的工具。

为了确保版权制度的有效性,立法者理应针对现行法律与立法建议进行独立影响评估,公布独立影响评估报告,不仅需要审查现行版权法,以确定现行法律是否需要修订或者废除,还需要审查新的立法建议,以确保立法建议的有效性③。而且,独立影响评估必须采用严格实证数据

① HARGREAVES I. Digital opportunity: review of intellectual property and growth [EB/OL]. [2018 - 10 - 10]. https://www. gov. uk/government/uploads/system/uploads/attachment_data/file/32563/ipreview-finalreport. pdf.

② DSU Medical Corp. v. JMS Company, Ltd. 471 F. 3d 1293 (Fed. Cir. 2006).

③ POLLOCK R. Open Shakespeare annotation sprint [EB/OL]. [2018 - 10 - 10]. http://rufuspollock. org/tags/copyright/.

分析标准,建立在收集的实证数据与预期实现的目标相匹配的基础上,确保影响评估报告不会受到利益集团或者权力机构的控制。否则,立法者进行的影响评估可能就是无效的。

近年来,许多影响评估都不符合这一标准,因此导致影响评估报告得出错误结论。以 2008 年欧盟委员会延长录音制品版权保护期 20 年的影响评估为例,该影响评估由音乐产业资助的机构执行,只是搜集的数据范围较小的单一研究,才导致影响报告中出现错误结论:延长保护期限不会对消费者产生消极的价格效应。然而,后来的一项独立研究表明,欧盟委员会的结论是错误的,延长保护期会对消费者产生消极影响①。2011 年 5 月,哈格里夫斯在《数字机遇:知识产权与增长的评论》中再次论证了此点②。

英国议会推动通过的《2010 年数字经济法》也是影响评估无效的典型。2010 年 4 月,《2010 年数字经济法》获得御准。在英国议会大选之际,该法匆匆通过,缺乏公正严格的审查,因此导致该法有关"网络版权侵权"的条款(《2010 年数字经济法》第 3—18 条)受到广泛质疑。"网络版权侵权"条款不仅要求电信运营商为版权人规范消费者 P2P 文件共享行为分担成本,还可能导致所有用户甚至那些没有进行过文件共享的用户网络服务中止。尽管在该法获得通过之前,英国政府公布了涉及执法的预期成本、收益与政策影响等内容影响报告,得出花费巨大成本后的收益是合理的结论。然而,英国两个最大的互联网服务提供商英国电信公司和 TalkTalk 电信集团有限公司对影响评估的有效性表示质疑,并向英国高等法院提起联名诉讼,将国务大臣作为被告,主张对《2010 年数字经济法》的"网络版权侵权"条款进行司法审查。2010 年 11 月,法院批准针对"网络版权侵权"条款进行审查,主要原因在于影响评估没有考虑版权法实现社会福利的重要目标,而"网络版权侵权"条款可能触犯公民获取信息自由权、公民数据保护与隐私权、企业经营自由等公民基本权利。此外,该审查的支持者也认为应该有大量的数据来证明预期从该法中获得的收益有利于新作品创作,欧盟也很担忧要求电信公司花费

---

① KARAGANIS J. Media piracy in emerging economies[M]. Manhattan:Social Science Research Council,2011:325.

② HARGREAVES I. Digital opportunity:review of intellectual property and growth[EB/OL].[2018 - 10 - 10]. https://www. gov. uk/government/uploads/system/uploads/attachment_data/file/32563/ipreview-finalreport. pdf.

巨大成本最终不会给他们带来任何好处①,还有一些个人与组织则指出政府没有提供有关实施成本的强而有力的评估。

在审查该法可能对社会福利产生消极影响时,英国上议院特别委员会认为,施加在网络服务提供者身上的成本将增加所有消费者的宽带零售价格,导致低收入的消费者因为价格昂贵而不再使用网络服务。在回应特别委员会的质疑时,政府指出其已经认识到这种情形会发生,却仍然声称"如此情况的发生虽然令人很遗憾,但是我们需要实现低收入人群利益与有利于实现英国数字经济的更广泛利益之间的平衡"②。在英国政府看来,牺牲低收入人群的利益是为了实现更广泛的利益,符合实现社会福利的目标。然而,英国政府的观点显然缺乏依据,在表明牺牲低收入人群的利益是为了实现更广泛利益的态度时,我们首先应该明确界定"更广泛的利益",才可能论证立法有助于实现社会福利。

为了支持影响评估,英国高等法院否决议会必须承担评估新立法的成本与收益的责任。英国高等法院认为,现行版权法已经实现了正确的平衡。法院此种观点倾向于认为,所有影响评估以及基于实证数据的立法都没有意义。法院甚至进一步指出,议会如果在影响评估中考虑社会福利损失,就会引起版权人的不满,将会因此置议会于艰难的政治处境。由此可见,在考虑版权立法的合理性时,法院顾虑的是维护权力机构的政治利益而非社会公共利益。

4.1.2 确保独立影响评估采用准确实证数据

在审查现行法律与立法建议时,立法者采取无效举措的原因除了可能因为没有进行独立影响评估之外,也有可能因为独立影响评估中采用的实证数据存在问题。其中,立法者片面依靠政府官方认同的版权行业提供的不准确经济损失数据的现象相当普遍。这类不准确经济损失数据通常都是虚报数据、未经证实的假设、错误因果关系的论证。版权行业之所以提供这类数据,原因在于最大限度地控制社会公众获取文化与知识,从而最大限度地赚取高额利润。在版权人强势鼓吹版权的重要性

① POLLOCK R. Open Shakespeare annotation sprint[EB/OL]. [2018 – 10 – 10]. http://rufu-spollock. org/tags/copyright/.

② KARAGANIS J. Media piracy in emerging economies[M]. Manhattan: Social Science Research Council,2011.

之后，立法者普遍认可强化版权保护并非是维护版权行业私人利益而是保护更广泛的经济利益。

　　然而，版权行业提供的这些数据通常是捏造的。以 2010 年 4 月美国国会委员会公布的一份有关未经授权的软件复制数据的研究报告为例，该报告中的相关数据均由商业软件联盟提供，数据显示南非 35% 的软件都是盗版软件。但是，这些数据并非由商业软件联盟调查南非实际软件复制情形后得出，而是由商业软件联盟捏造①。澳大利亚也有同样类似报告，报告中的数据由版权内容所有者提供，数据显示内容所有者每年因未经授权的作品复制会产生预估高达 9 亿的损失。然而，这些数据也是捏造的②。实质上，版权行业借助错误数据推动版权立法的行为不在少数，美国电影行业协会曾经也采取了同样的策略③。然而，基于错误数据推动的立法显然是不合理且无效的。因此，为了确保影响评估的有效性，立法者应该避免采用版权行业提供的错误数据。

　　此外，版权行业提供的数据即使真实可靠，也通常是只反映了版权行业的经济发展状况，并不代表整个社会的经济状况。而且，版权行业的经济损失并不一定造成整个国家的经济损失，反而可能有助于增加其他行业的收入（或者增加消费者的存储）。正如美国社会科学研究委员会所言："在一个经济范围之内，国内产品盗版是收入的转移而非损失。存储到消费者口袋的或者基于 CD、DVD 或者软件行业的金钱并不会消失，而是会被用于其他事情——家庭、食物或者其他娱乐行为、商业消费等。这些消费反过来会促进国家税收收入增长、增加新的就业机会、推动基础设施的投资等。"④而且，版权行业通常还以某类版权产品销量减少的数据推动立法者强化版权保护。然而，某类版权产品销量减少并不代表整个版权行业经济收入的状况，甚至可能有利于整个社会经济发展。比如，录音行业一直抱怨有超过 10 年时间 CD 销量都在下滑，这段

①　POLLOCK R. Open Shakespeare annotation sprint[EB/OL].[2018-10-10]. http://rufuspollock. org/tags/copyright/.

②　COCHRANE N. $900m piracy report author depends conclusions, Itnews for Australian business.[EB. OL].[2016-03-06] http://www. itnews. com. au/News/251527,900m-piracy-report-author-defends-conclusions. aspx.

③　KARAGANIS J. Media piracy in emerging economies[M]. Manhattan: Social Science Research Council,2011:63.

④　KARAGANIS J. Media piracy in emerging economies[M]. Manhattan: Social Science Research Council,2011:325.

时间的 CD 销量确实呈现下滑趋势,但是数字产品销量却显著增长①。CD 销量下滑与数字产品数量增长都与盗版无关,而是消费者消费方式变化所致。尽管录音行业从数字产品中的盈利可能无法同以往从 CD 销售中赚取的大量收入一样,此种现状有着更重要的积极社会利益:技术发展为消费者提供了自由选择商品的机会,消费者能够自由挑选与购买自己喜欢的产品。录音行业的损失带来的是更广义范围的社会利益,而这正是版权法理应实现的目的。因此,立法者还应该通过考察整个社会的经济发展状况得出准确的实证数据,确保独立影响评估的有效性。

4.2　区别对待具体技术及其发展阶段

　　鉴于本书研究的是版权法应对技术进步的策略,立法者与司法机构进行的独立影响评估首先理应讨论技术本身。从技术的社会塑造论视角来看,技术发展与社会变迁相互作用、相互影响。技术发展不仅受到社会因素的影响,也具有自身发展的内在规律,具体体现在技术具有"中立性"与"意识性"本质。反之,技术发展也会影响社会变迁,人类能够控制技术推动社会进步,同时,人类对技术的控制受到技术自身发展规律的制约,具体体现在技术变迁具有不确定性与可塑造性。在应对技术进步时,立法者与司法机构完善版权法理应明确技术的本质及其发展特征。针对具体技术的本质进行独立影响评估,区分具体技术的"中立性"与"意识性"本质,从而区别对待"中立性"技术与具有"意识性"的技术运用。针对具体技术不同发展阶段进行独立影响评估,区别对待影响版权产业发展的新兴技术与成熟技术,充分利用技术促进版权产业的繁荣。

4.2.1　区别对待具体技术的本质

　　技术的社会塑造论认为技术兼具"中立性"与"意识性"本质。技术"中立性"本质是指技术发展具有自身内在逻辑与规律,在某种程度上不受人类意识的控制,甚至是技术发明者可能都无法预料到该技术未来的用途与社会经济影响。具体到版权法领域,技术的"中立性"本质表明某

---

①　PARTY W. How to fix copyright[M]. New York:Oxford University Press,2011:115.

种情形下因技术引发的侵权并不涉及人类干预。因此,立法者与司法机构通常会以"技术中立"豁免新技术开发者与使用者的版权侵权责任。比如,美国联邦最高法院在审理 Universal City Studios,Inc. v. Sony Corp. of America. 案时引入"实质性非侵权用途",美国加利福尼亚北区地方法院在审理 Religious Technology Center v. Netcom On-Line Communication Services,Inc. 案时创设了"避风港"规则。技术"意识性"本质是指技术的产生、传播与广泛应用通常受到人类的干预而并非完全"中立"。具体到版权法领域,技术"意识性"本质表明新技术引发的侵权行为可能受到人类控制,而且在某些情形下,人类可以对新技术引发的版权侵权行为进行塑造,阻止侵权行为造成更严重的经济与社会影响,或者采取措施减少未来可能的侵权行为发生。版权制度之所以规范规避技术措施的行为,原因之一在于规避技术措施的技术呈现出的"意识性"本质,因为该技术正是开发者有意识地破解技术措施的结果。版权制度要求网络服务提供者承担侵权责任,也是认识到作为技术应用者的特定类型网络服务提供者具有一定程度地控制因技术引发的侵权行为的能力。

因为技术具有"中立性"与"意识性"的本质,立法者与司法机构在完善版权法以规范技术发展时理应针对受到法律规范的具体技术进行独立影响评估,在区分出该技术的"中立性"与"意识性"本质基础上,合理应对该技术。针对该技术的"中立性"本质,立法者与司法机构理应创设较为宽松的制度环境鼓励该技术发展,针对该技术使用的"意识性"本质,立法者与司法机构则需要制定较为严格的法律以规范人类利用技术的行为。

4.2.2 区别对待具体技术的不同发展阶段

每一次新技术的兴起都会引发版权人恐慌。版权人通常会以新技术引发盗版问题、为版权产业造成巨大的经济损失为由促使立法者与司法机构强化版权保护。然而,新技术引发的盗版问题能否由法律制度解决尚且不论,新技术在为版权产业带来挑战的同时,也会为版权产业发展创造新的机遇。首先,新技术的产生有助于新的版权产业部门的出现,摄影技术推动了摄影版权产业发展,广播技术促进了广播电视版权产业发展,数字与网络技术带来了软件与数据库版权产业的繁荣。新型版权产业生产与传播的作品通常更符合消费者需求,能够更有效地占领市场,为版权产业创造的收入也相当可观。其次,新技术为作品的创作与传播创造了新的方式与平台,传统版权产业充分利用新技术将有助于增加收益并增强市场竞争力。以无线电广播技术推动音乐产业发展为例,无线电广播技术出现之前,音乐产业的主要收入来自于唱片的销售,无线电广播技术出现之后,拒绝利用该技术的几家美国唱片公司销量损失高达 25%①。与之相反,充分利用无线电广播技术传播音乐作品的唱片公司,其唱片销量呈现出前所未有的景象。

因此,立法者与司法机构在完善版权法时有必要借助实证数据分析具体技术对版权产业的影响,在应对具体技术带来的挑战时,最为重要的是把握新技术为版权产业创造的机遇,推动版权产业领域的创新扩散,鼓励新型版权产业的发展,开发新的作品形态与作品传播新平台。具体体现在针对具体技术不同发展阶段进行独立影响评估,区别对待新兴技术与成熟技术,充分开发技术在版权产业中的价值。

(1)成熟技术与版权法的积极应对

本书所指的成熟技术是某种产生的经济与社会影响较为明确的技术。立法者与司法机构在应对成熟技术时,理应采取积极应对策略,充分开发该技术有助于社会进步的方面,遏制不利于社会进步的方面。在应对技术进步的过程中,立法者与司法机构有必要审视传统技术是否发展成熟,现行法律是否已经不适应技术发展的新阶段。

以复制技术为例,首部版权法《安妮法》颁布时,以印刷技术为代表的复制技术已经出现,复制技术发展至今已有 300 多年历史,其形态已经发生了翻天覆地的变化。基于印刷技术发展起来的传统版权制度之所以将控制复制与控制盗版联系起来,从而将复制权列为版权人最基础的权利,而且在传统的物理世界能够实现保护版权之目的,主要原因在于:①复制作品是一种有意识的行为,社会公众不可能在无意识的情形下复制整本图书;②复制作品是发行作品的前提,只有先制造出图书才有可能发行图书②。正因如此,在传统物理世界中,复制图书成为一种社会公众实施其他侵犯版权人权利行为的准确预兆,控制复制自然能够进一步控制社会公众其他侵犯版权人权利的行为,这是一种控制社会公众

---

① READ O,WELCH W. From tin foil to stereo. Evolution of the phonograph[M]. 2nd ed. Indianapolis:Howard W. Sams & Co,1976.

② 易建雄. 技术发展与版权扩张[M]. 北京:法律出版社,2009:129.

版权侵权行为的有效且便利的方式。此外,因为社会公众包括阅读在内的一般性使用作品的行为并不必然需要复制图书,所以控制复制也不会妨碍社会公众正常使用作品①。因此,立法者与司法机构在传统物理世界确立的控制复制的措施能够有效保护版权。然而,数字与网络环境下,复制技术产生的经济与社会影响已经发生变化,复制行为作为侵权预兆的功能大为降低。复制已经发展成为包括社会公众正常阅读和侵犯版权的行为在内的所有一切行为的前提,是一种数字网络时代社会公众正常使用作品所必需的技术。鉴于此,立法者与司法机构如果仍然借助传统版权制度控制复制的方式来保护版权,显然会对社会公众正常阅读作品产生不利影响。各国立法者与司法机构在应对复制技术的过程中,理应着重关注复制技术的新特征,以传统方式控制复制行为显然不合理。

(2)新兴技术与版权法的消极应对

本书所指的新兴技术是某种产生的经济与社会影响尚不明确的技术。鉴于该技术可能产生的影响尚不明确,或许是一种有益于经济发展与社会进步的技术,立法者与司法机构倘若依据现行规则或者甚至盲目创设新的法律规则解决该技术引发的问题,可能会阻碍该技术的发展最终妨碍社会进步。因此,立法者与司法机构在应对新兴技术时,有必要采取消极的应对策略。

技术发展具有不确定性特征,新兴技术肯定不是完美无缺的,而且通常情况下存在或多或少的缺陷。随着社会的发展,技术也会在自身拥有的材料、工具、知识等基础上逐步完善与发展。技术的发展往往受到社会环境的制约,各种社会因素的相互作用推动技术向前发展,许多发展都超出了技术发明者最初预期的方向。处于技术发展初期的新兴技术,未来的发展动态以及产生的经济与社会影响很难预测。很有可能,某项技术在刚出现时会损害版权人的利益,最终可能会发展成为版权人获取利润的重要工具。实质上,美国法院的许多做法都是消极应对新兴技术的体现,比如在解决新技术引发的版权侵权问题时,美国法院通常会延迟相关裁决,充分运用权力分离原则,将静电复印技术、家庭录像技术等新兴技术引发的版权侵权问题留待立法机构解决。

① 易建雄.技术发展与版权扩张[M].北京:法律出版社,2009:130.

4.3 遵循版权制度变迁的规律特征

法律制度变迁会呈现出规律性的特征。首先,在确定立法方案之前,立法者必须事先设定法律需要实现的具体目标,即确定立法目的,并在确定的立法目的基础上,制定能够实现立法目的的法律内容。版权法的制定在于实现促进文化的繁荣与发展之公共利益。在技术环境发生变化时,立法者对版权法的完善理应回归立法目的。其次,法律制度具有实现利益平衡之功能,立法者对法律制度的完善理应建立在动态实现利益平衡的基础上。长期以来,立法者在完善版权制度的过程中都试图实现最佳利益平衡,协调传统利益主体与新型利益主体之间的矛盾冲突。鉴于不同技术可能会对利益平衡状态产生不同影响,立法者在完善版权制度时理应根据具体情形采用综合性理论分析框架实现利益平衡。再次,法律制度变迁具有明显的路径依赖,沿着初始选择的路径或者方向进入特定发展轨道,在利益集团推动下逐步强化这一路径,或走向良性循环的发展轨道,或进入无效率的状态。鉴于初始选择存在缺陷以及版权利益集团不断强化版权保护,某些现行版权制度已经处于无效率的制度状态。立法者在完善版权制度时理应冲破路径依赖,推动版权制度创新。

4.3.1 回归立法目的审视版权制度的合理性

立法目的是立法的前提与基础,是法律制度理应实现的具体目标。立法者与司法机构在完善版权制度时理应围绕立法目的应对技术进步。美国知识产权与新兴信息基础设施委员会在针对数字环境下的版权制度进行独立影响评估时指出,"控制复制只是一种手段,在采用的手段无法很好地实现版权法的目的时,立法者应该回到立法目的重新思考这一手段是否合理的问题"①。威廉姆·艾斯康也认可回归立法目的应对新环境的重要性,"寻求法律的立法目的是吸引人的,因为法院能够借助这

---

① Committee on intellectual property rights and the emerging information infrastructure. The digital dilemma:intellectual property in the information age[EB/OL].[2018 - 10 - 10]. http://www.nap.edu/read/9601/chapter/1.

一方法分析新环境"①。因此,立法者在完善版权制度时理应回归到版权法的立法目的以审视版权制度的合理性。

（1）明确版权法的立法目的

版权法的立法目的具体体现在两个方面:一是保护作者的权利;二是确保公众获取作品的权利。两者都是手段,版权法的最终目的在于促进文化的繁荣与发展。在实现版权法的最终目的的两种手段中,现有实证数据并不能证明保护作者的权利有助于实现促进文化繁荣和发展的目的,甚至大量研究表明这种手段不能实现版权法的最终目的②。相反,确保社会公众获取作品的权利则是实现最终目的的有效方式。

因此,版权法的立法目的的具体内容至少应该包括两个方面:一是,明确确保公众获取作品的权利是实现版权法的目的的方式;二是,强调版权法的最终目的在于促进文化的繁荣和发展。鉴于不同的立法传统,以美国为代表的英美法系国家大多持有这种态度,而大陆法系国家则注重保护作者的权益。尽管如此,随着不同法系国家逐步加入版权国际公约,在新时代背景下越来越多的国家和地区倾向于将版权人的利益置于第二位。而且,考察不同法学派有关法律制度最高价值的观点可知,随着社会进步与发展,法学家普遍认同法的最高价值在于实现公共利益,公共利益高于个人利益,体现的是人们的社会共同福利③。版权法的完善也应该秉承这一原则,从实现社会公共利益的角度,促进知识传播与文化繁荣。由于公共利益这一概念本身的抽象与模糊性,立法者与司法机构通常很难对其进行界定。尽管如此,立法者与司法机构却能围绕明确版权的制定法而非普通法权利属性、鼓励复制、鼓励新作品创作、兼顾弱势群体自由使用版权作品等实现公共利益的具体方式进行独立影响评估,分析具体应对策略能否实现版权法的立法目的。在完善版权制度时,立法者理应针对现行版权制度或者立法建议进行独立影响评估,分

---

① SAWICKI L. RIAA v. diamond multimedia: can music copyright owners protect themselves from the RIO？ [J]. Jurimetrics,2000,40(4):428.

② FEATHER J. Publishing,piracy and politics—An historical study of copyright in britain[M]. London:Mansell Publishing Limited,1994;DEAZLEY R. On the origin of the right to copy—Charting the movement of copyright law in eighteen-century britain(1695 – 1775)[M]. Worcester:Hart Publishing,2004.

③ 严存生.西方法律思想史[M].北京:中国法制出版社,2012;陈金全.西方法律思想史[M].北京:人民出版社,2012;萨维尼.法学方法论笔记与格林笔记[M].杨代雄,译.北京:法律出版社,2008.

析现行版权制度或者立法建议能否实现公共利益,具体体现在是否有助于社会公众获取作品以及促进文化的繁荣与发展。

(2)回归立法目的解读版权隐喻

鉴于隐喻在版权法律概念系统中扮演着根本性的角色,借助不同价值定位的隐喻会引导人们沿着不同的方向思考版权相关行为,在选择隐喻的过程中,我们可以选择那些强调版权法的公共利益价值的隐喻,明确版权法维护公共利益的最终目的。立法者与司法机构之所以赋予版权人专有权,并非认可版权人的"自然权利",而是在于赋予其权利有助于实现公共利益。因此,在运用隐喻应对技术进步的过程中,我们有必要将"版权"描述为"特权"而非"财产权"。正如美国最高法院在处理Wheaton v. Peter 案中所言,法院强调美国国会基于宪法的相关规定制定的版权法,并不是建立在认可作者对其作品享有任何自然权利的基础上的,而是承认了其法定权利的属性,而且也只有明确这一前提条件,版权法才能服务于公共利益,从而实现其推动科学和有用的艺术的发展之目的①。

在解决尚未明确定性的问题时,选择弱化版权人权利的隐喻,可防止个人私利向公有领域扩张。《安妮法》之所以将书商请愿稿中的效力强大的"财产权"改为意义模糊的"复制原稿权",就是因为当时有关作者和书商权利的正当性仍处于争论当中,立法者与司法机构担心赋予作者和书商普通法上的财产权不适当。基于此,在尚未明确 P2P 文件共享行为是否侵犯版权时,我们不适合使用"盗窃"指代此类行为,因为"盗窃"极具消极含义,笼统定性将导致文件共享公有领域的作品也构成侵权。

在仍然沿用传统隐喻的情形下,我们可以根据社会环境的变化赋予这些隐喻新的含义,尤其是适当扩大版权限制制度相关隐喻的范围,以推动隐喻的运用更利于实现公共利益。美国法院审理"谷歌图书"案时针对"合理使用"隐喻的解读就是遵循该策略的结果。此案一审中,美国纽约南区联邦地方法院以谷歌公司的行为具有明显促进公共利益之功效裁决其属于合理使用②。二审中,美国最高法院也始终强调版权法的

---

① Wheaton v. Peters[EB/OL].[2018 - 10 - 10].https://supreme. justia. com/cases/federal/us/33/591/case. html.

② 王清,唐伶俐. 刍议网络信息聚合服务的版权问题[J]. 出版发行研究,2015(1):75.

公共利益以解释合理使用,以谷歌公司的行为有助于实现促进公共知识的最终目的为由裁决合理使用抗辩成立。

4.3.2 采用综合性理论分析框架实现利益平衡

考察版权法发展历史,版权人在新技术出现之后总会感到恐慌,声称其利益受到损害,新技术打破了传统的利益平衡状态,版权法需要进行修订以重塑利益平衡机制。鉴于版权利益集团的强大实力,立法者与司法机构通常会进行版权法的修订以满足版权人的利益,很少对现有的利益平衡状态进行独立影响评估,而且公共利益往往因为无人代表被忽视。版权法要想合理应对技术进步,理应针对利益平衡现状进行独立影响评估,采用综合性理论分析框架实现利益平衡。在版权法保护的传统利益没有受到威胁时,立法者与司法机构在运用版权法解决新技术引发的问题时应该遵循传统法律规则。反之,立法者与司法机构则应该更多地考虑现实环境背景以及法律的前瞻性,较少遵从传统规则与先例。

本书所指的综合性理论是综合运用"自由"方法与"保守"方法解释法律与技术关系的理论。在解释法律与技术之间的关系时,一些法律分析者使用一种灵活且具有前瞻性的方法,即亚瑟·科克菲尔德在《朝向法律和技术理论》一文中提出的自由方法[1]。自由方法考察法律如何最佳地保护受技术发展威胁的利益与价值,认识到技术发展与经济、政治、文化与社会环境相互作用,分析了技术发展所处的经济、政治、文化与社会背景。另有一些法律分析者在解释法律与技术之间的关系时没有过多地考虑法律与技术的互动可能会损害利益与价值,强调遵循传统法律规则,此种法律分析方法即为保守方法。保守方法认为技术发展是一种脱离于经济、政治、文化与社会的过程,与技术的社会塑造论关于技术与社会关系的认识不符。然而,保守方法旨在确保法律的一致性与确定性,具有一定的合理性。因为只有确保法律的一致性与确定性,社会公众才能在遵循法律预期的情形下计划活动。

与保守方法相比,在保护受到技术发展威胁的合法利益时,自由方法更具有创造性,而且更有助于维持法律内部关系的稳定,至少从长远来看如此。在技术进步的过程中,传统利益通常受到威胁,立法者与司法机构可以借由自由方法鉴别出现阶段受版权法保护的最重要利益,区

---

① COCKFIELD A. Towards a law and technology theory[J]. MAN. L. J. ,2004,30:383.

分出利益平衡侧重点。从某种程度上看,保守方法无法适当保护受到技术发展威胁的合法利益,导致立法者与司法机构试图完善法律以恢复初始平衡状态时面临严峻挑战。然而,自由方法并不是没有缺陷。比如,在英美法系国家,自由方法的使用可能造成传统判例失去有效性,目前或者未来司法实践活动无法遵循传统判例,从而削弱或者破坏遵循先例的普通法原则。自由方法应该仅仅适用于有实证数据显示技术变化可能或者将会损害传统合法利益的情形,即在此情形下,立法者与司法机构应该更多地考虑现实环境背景以及法律的前瞻性,较少遵从传统规则与先例。这种观点并不在于颠覆传统法律规则,而在于清晰明确地考察法律和技术之间的互动,并且认知到技术会对个人及其合法利益产生实质性影响,这种影响与其最初预期的用途没有多大关系。反之,在尚未明确技术发展是否损害传统合法利益时,立法者与司法机构理应基于保守方法,在运用版权法解决新技术引发的问题时应该遵循传统法律规则。

由此可见,自由方法与保守方法各有优劣,在技术环境发生变化的情形下,立法者与司法机构完善版权法的最佳方式是综合运用自由方法与保守方法,采用综合性理论分析框架实现利益平衡。

在综合性理论分析框架运用中,立法者与司法机构所面临的挑战是,如何将两种分析方法综合成一种分析理论,同时将两者区分开来适用。一方面,法律通常偏好遵循传统规则,以促进法律的确定性与一致性;另一方面,法律需要考虑新技术的影响以脱离传统规则的束缚,从而确保传统利益能够获得保护。综合性理论分析框架的运用具体体现为两个步骤:一是,鉴别出受法律保护的利益及其现状;二是,考虑现实环境背景以及法律的前瞻性应对利益失衡状态下的技术进步。

综合性理论分析方法的第一步骤是,鉴别出受法律保护的利益及其现状。主要包括两部分内容:首先,依靠传统法律规则识别出受法律保护的传统利益,基于自由方法与保守方法评估传统利益是否受到技术进步的严重破坏。其次,借助考察现实环境背景的自由方法分析出深受技术进步影响的包括传统利益与新型利益的具体利益类型。如果该步骤得出技术进步损害传统利益或者新型利益之结论,那么第二步骤就是借助自由方法恢复利益平衡:首先,考察技术进步的现实背景以及潜在的不曾预料到的对传统利益以及其他的法律寻求保护的利益产生的不利结果;其次,借助较少遵从传统规则和先例的方法保护传统利益。反之,立法者则应借助保守方法维持利益平衡。

4.3.3　实现冲破路径依赖的版权制度创新

并非最优的版权制度之所以长期存在,而且很难进行彻底改革,很大程度上与版权制度的路径依赖密切相关。本书第3.1节阐述的版权制度路径依赖主要表现为包括论证版权正当性基本理论与版权相关概念在内初始理论选择的缺陷、版权利益集团推动存在缺陷的初始制度逐步强化,版权保护范围逐步扩张,社会公共利益遭受侵蚀,版权制度有效性缺失。

随着新技术的出现,某些传统版权制度已经无法适应现实社会环境与技术条件。鉴于版权制度变迁存在路径依赖,为了有效应对技术进步,立法者理应冲破版权制度的路径依赖,实现版权制度创新。目前,不少学者均提议彻底改革现行版权制度以应对数字与网络技术。杰西卡·里特曼建议构建基于“商业利用权”模式的版权制度,摒弃现行版权法将复制权作为基础权利的权利分类体系[1]。简·金斯伯格主张采用两种不同模式分别应对数字环境与传统环境,构建基于“接触控制权”的版权体系应对数字环境,仍然保留传统环境下以复制权为基础的版权体系[2]。

许多国家立法与司法实践活动也在推动版权制度创新,试图冲破传统版权制度路径依赖,以更好地应对数字与网络技术。

随着世界各国逐步意识到政府在促进版权信息获取中的重要性,立法者开始重新考虑版权登记制度的重要性。美国版权局在公布的《版权费生效的计划建议与分析》中指出,“推动社会公众参与自愿登记与备案制度是国家试图实现的目标之一”[3]。基于版权登记制度,汇聚版权归属信息的公共数据库在为版权人提供服务的同时,也会服务于版权材料使用者,从而促进版权市场交易、鼓励基于版权保护的创新商业模式发展。

---

① LITMAN J. Digital copyright[M]. Amherst:Prometheus Books,2001.

② GINSBURG J. Can copyright become user-friendly? [EB/OL]. [2018 – 10 – 10]. http://papers. ssrn. com/abstract =288240.

③ United States Copyright Office. Proposed schedule and analysis of copyright fees to go into effect on or about April 1,2014[EB/OL]. [2018 – 10 – 10]. http://www. copyright. gov/docs/newfees/USCOFeeStudy-Nov13. pdf.

此外,版权登记制度还有助于国家图书馆馆藏资源建设,从而推动国家文化的繁荣与发展。同时,对于作者获取司法救济而言,版权登记制度也是必不可少且相当重要的。美国版权局在有关孤儿作品的立法建议中也主张,在确定合理补偿时允许法院考虑因登记为作品带来的价值①。该主张旨在鼓励版权登记,奖励已经在版权局登记的版权人。欧盟委员会就欧盟版权规则展开的审查也关注了版权登记的问题。长期以来,欧盟版权法改革均没有讨论过版权登记问题,因为欧盟签订的相关国际条约禁止将登记作为版权保护的前提。然而,这种禁止也并不是绝对的。随着版权保护期逐步延长、数字技术为作品的使用创造了前所未有的机遇,在目前的技术环境下,欧盟立法者逐步认识到重新审视版权登记制度优缺点的重要性。为了保障孤儿作品的使用,欧盟内部市场协调局(Office for Harmonisation of the Internal Market)创建了一个可以公开访问的在线数据库,以鼓励孤儿作品登记②。

另外,许多国家与地区版权法改革都试图冲破本国传统的封闭式合理使用制度,积极探索引入开放式合理使用制度的可能性。随着基于新技术的使用作品新方式的不断出现,封闭式合理使用制度在衡量这些新方式的使用作品的行为是否为合理使用时的缺陷日益浮现。因此,许多采用封闭式合理使用制度的国家正在积极探讨是否引入开放式合理使用制度。近年来,韩国作为先行者,率先冲破传统封闭式合理使用制度,引入开放式合理使用制度。与此同时,欧盟委员会也将开放式合理使用制度作为构建更具有弹性的版权例外的备选方案③。爱尔兰与澳大利亚的版权法改革也在讨论是否以开放式合理使用制度替代现行列举式版权例外。

---

① United States Copyright Office. Orphan works and mass digitization: a report of the register of copyrights. [EB/OL]. [2018 - 10 - 10]. http://copyright. gov/orphan/reports/orphan-works2015. pdf.

② The European Commission. Public consultation on the review of EU copyright rules[EB/OL]. [2018 - 10 - 10]. http://ec. europa. eu/internal_market/consultations/2013/copyright-rules/docs/consultation-document_en. pdf.

③ 王清,唐伶俐. 国际版权法律改革动态概览[J]. 电子知识产权,2014(5):58.

4.4 关注社会公众的法律遵守意识

本书第 3.2 节与 3.3 节分别研究了版权制度在应对技术进步过程中失灵与异化的两种情形:①忽视社会公众版权法认知偏误;②威慑执法措施调整社会规范的无效性与反作用。得出的结论是:社会公众版权法认知与立法者、法律专家存在不同,版权法实施之所以未能实现预期目的,主要原因在于社会公众认知存在的这种偏误,最终导致立法者与司法机构在忽视这种偏误的情形下基于威慑措施强化版权执法的策略可能是无效的。

实质上,许多学者针对其他领域法律的相关研究也表明,威慑执法措施最多只会对社会公众行为产生微弱影响。而且,调查研究发现,社会公众的法律遵守意识主要受到两种因素影响:一是道德,即社会公众关于事物对错的观念;二是合法性,即社会公众关于法律遵守义务的观念①。道德与合法性是社会公众自觉遵守法律的重要因素,即社会公众的行为方式主要受到自身观念的影响,包括有关事物对错的认知以及是否有遵守法律与法律权威机构义务的认知。尽管大多数此类调查研究探讨的是有关犯罪的问题,与版权法有关的调查研究同样有着相同结论。以艾琳和克里斯坦森有关非法使用软件行为的调查研究为例,该调查研究发现,参与者关于非法使用软件的结果判断会影响非法使用频率。然而,影响参与者行为的更重要的因素在于参与者有关非法使用软

---

① TYLER T. Compliance with intellectual property laws: a psychological perspective [J]. New York University journal of international law and politics, 1997 (29): 219 – 236; TAYLOR G, SHIM G. A comparative examination of attitudes toward software piracy among business professionals and executives [J]. HUM. REL. , 1993, 46: 419 – 430; NAGIN D, PATERNOSTER R. The preventive effects of the perceived risk of arrest: testing and expanded conception of deterrence [J]. CRIMINOLOGY, 1991, 29 (81): 561 – 580; PATERNOSTER R. Decisions to participate in and desist from four types of common delinquency: deterrence and the rational choice perspective [J]. LAW & SOC'Y REV. , 1989, 23 (7): 37; GRASMICK H, GREEN D. Legal punishment, social disapproval and internalization as inhibitors of illegal behavior [J]. J. CRIM. L. & CRIMINOLOGY, 1908, 71 (31): 325 – 329; GRASMICK H, BURSIK R. Conscience, significant others, and rational choice: extending the deterrence model [J]. LAW & SOC'Y REV. , 1990, 24: 837.

件的道德意识①。

因此,在完善版权法以应对技术进步时,立法者与司法机构理应关注社会公众的法律遵守意识,防止因社会公众版权法认知偏误导致版权法改革的无效性。事实上,许多学者也强调,法律要想获得社会公众的尊重、确保实施的有效性,必须与社会公众的观念相契合②。

4.4.1　关注社会公众的道德意识

与违法行为的成本—收益因素相比,道德意识才是影响社会公众行为的更重要的因素,即社会公众倾向于做其认为正确的事情。调查研究发现,在版权法领域,如果社会公众普遍存在违反版权法并非错事的道德意识,那么在这种道德意识引导下,社会公众就没有任何理由遵守版权法③。因此,立法者理应针对技术进步与社会公众道德意识之间的关系开展独立影响评估。如果社会公众的现行道德意识仍然与技术发展相适应,那么版权法的完善理应建立在遵守社会公众的现行道德意识基础上。如果社会公众的现行道德意识已经滞后于技术发展,那么立法者在完善版权制度时理应根据制定的法律重塑社会公众的道德意识。只有密切关注版权法与社会公众道德意识之间的关系,立法者才可能采取有效性应对技术进步的策略。

首先,在社会公众的现行道德意识与技术发展相适应的情形下,立法者在完善版权法时理应遵守社会公众的现行道德意识,体现在制定与社会公众的公正认知相一致的法律。如果法律与社会公众的公正认知相一致,法律才能发挥其重要的象征性功能,社会公众才有可能自觉遵守法律④。反之,如果法律与社会公众的公正认知背道而驰,法律就无法实现这种功能,社会公众更有可能从事违法行为。正如罗宾逊和达利在《公正、责任和归责:社会观念和刑法》一书中所言:"社会公众最有可能在法律背离其有关公正的看法时从事非法行为。"⑤在版权法领域,关于

---

① EINING M,CHRISTENSEN A. A psychosocial model of software piracy:the development and test of a model[J]. Ethical issues in information systems,1990,19:152.

② LITMAN J. Digital copyright[M]. Amherst,N. Y. :Prometheus Books,2001.

③ TAYLOR S,SHIM J. A comparative examination of attitudes toward software piracy among business professionals and executives[J]. HUM. REL. ,1993,46:429.

④ TYLER T. Why people obey the law[M]. Princeton:Princeton University Press,2006.

⑤ ROBINSON P,DARLEY J. Justice,liability and blame:community views and the criminal law [M]. San Francisco:WestviewRobinson,1995:628.

社会公众的合理使用认知的研究最能证明这一策略的重要性。社会公众拥有一套自己的合理使用标准,相信某些类型的使用作品的行为可以被接受,而另外一些行为则不能被接受。比如,社会公众普遍认为,他们只需为某些作品支付一次费用,而这种标准与版权法的某些规定显然存在冲突。随着数字与网络技术的发展,这种冲突更加明显。比如,社会公众的计算机软件合理使用认知与版权法相关规定就存在明显差别①,导致版权法相关规定很难符合社会公众的现行道德意识。

其次,在社会公众的现行道德意识已经滞后于技术发展的情形下,立法者在完善版权制度时理应根据制定的法律重塑社会公众的道德意识,体现为开展道德教育。在版权法领域,许多立法者与司法机构都忽视这种方法,更青睐于采用威慑方法,主要原因在于:威慑方法看起来是一种比较简单的方式,立法者通过增加惩罚力度威慑社会公众,从而改变社会公众的行为习惯。然而,本书第3.2节阐述的该措施实施效果已经表明,现阶段立法者与司法机构采取的威慑方法是无效的甚至会产生反作用。除了威慑方法之外,立法者与司法机构可以采用开展道德教育的方法。然而,与威慑措施相比,这一方法的实施较为复杂,而且通常需要经历很长时间才可能达到预期效果。因为这种策略需要经历社会化过程,在创建一种道德环境的基础上逐步实现促进社会公众自觉遵守法律的预期目的。尽管存在不少困难,与威慑方法相比,道德教育却能对社会公众行为产生明显的效果。关于如何开展道德教育,笔者认为可以借鉴艾琳和克里斯坦森的观点,"支持涉及道德困境讨论的教育项目"②。艾琳和克里斯坦森在研究中论证了这种道德教育方式能够培养社会公众道德意识,从而改变社会公众行为。在他们看来,立法者与司法机构除了需要完善法律制度之外,还需要通过开展道德教育培养社会公众遵守法律的道德意识,尤其是社会公众遵守版权法律规则的原因的意识,从而为创建有助于法律实施的良好道德环境奠定基础。

4.4.2 关注社会公众的法律合法性认知

除了道德意识之外,还存在另外一种引导社会公众遵守法律的力

---

① LITMAN J. Copyright as myth[J]. U. Pitt. L. Rev. ,1991,53:235.

② EINING M,CHRISTENSEN A. A psychosocial model of software piracy:the development and test of a model[J]. Ethical issues in information systems,1990,19:152.

量——社会公众的法律合法性认知,即社会公众关于法律遵守义务的观念。与道德意识相比,社会公众的合法性认知是一种更加全面地促使社会公众遵守法律的因素。当社会公众认为法律具有合法性时,他们就会形成一种"应该遵守"所有法律的观念,而不只是遵守与他们的道德意识相一致的那部分法律。当社会公众认为法律权威机构具有合法性时,他们一般都会接受法律权威机构创设的法律规则,无论这些规则的具体内容是什么①。

汤姆·泰勒的研究发现,近年来,美国公民对法律与法律权威机构的尊重呈现逐步下滑趋势,对美国的法律制度普遍不满。在1972—1987年间,只有30%—40%的美国公民对美国联邦最高法院充满信心②。社会公众对法律权威机构合法性产生怀疑引发了许多问题,最明显的就是社会公众不接受司法机构的判决结果与立法者制定的法律。反而,社会公众开始支持限制权力机构立法与司法活动的自发运动。因此,在应对技术进步的过程中,立法者与司法机构有必要针对社会公众的法律合法性认知开展独立影响评估,版权法的完善理应建立在符合社会公众合法性认知基础上。

相关研究发现,重塑社会公众合法性认知的关键在于明确社会公众关于法律权威机构制定法律规则程序的判断③。社会公众之所以遵守法律规则,主要原因在于他们对这些规则如何制定问题的判断,而不是对这些规则内容的判断,社会公众更在乎做出某种法律决定的过程而非结果,更希望遵守基于公正程序制定的法律、创建的法律权威机构④。实质上,大量有关法律制度的研究均论证了社会公众遵守法律的重要原因在于认可法律与法律权威机构的程序公正,体现在乔纳森·卡斯珀、阿

① TYLER T. Why people obey the law[M]. New Jersey:Princeton University Press,2006:40 – 68.
② TYLER T. Why people obey the law[M]. New Jersey:Princeton University Press,2006:13.
③ TYLER T. Compliance with intellectual property laws:a psychological perspective[J]. New York University journal of international law and politics,1997,29:219 – 236.
④ LIND E,TYLER T. The social psychology of procedural justice[M]. New York:Springer Science & Business Media,1988:65 – 66.

兰·林德、汤姆·泰勒等人关于审判程序的相关研究①以及汤姆·泰勒等人关于法律、政治权威机构决定的一般性研究②中。

　　鉴于社会公众重视程序公正，立法者在完善版权法时就有必要明确社会公众有关程序公正的理解，以确保版权法的修订与完善符合社会公众的程序公正认知。社会公众普遍认为的程序公正主要涉及两种情形：社会公众参与立法；法律权威机构制定的法律有考虑社会公众利益。相关研究表明，社会公众更有可能自觉遵守符合这两种情形的法律③。因此，在完善版权制度时，立法者有必要吸纳最广泛的社会公众参与其中，同时需要确保社会公众相信法律权威机构制定的法律规则在于服务合理的社会目的，而不是为特定利益集团创造收益，从而促使社会公众更容易接受并自觉遵守版权法。

①　CASPER J. Procedural justice in felony cases[J]. LAW & SOC'Y REV. ,1988,22:483;LIND E. Individual and corporative dispute resolution:using procedural fairness as a decision heuristic[J]. ADMIN. SCI. Q. ,1993,38:224;TYLER T. Maintaining allegiance toward political authorities:the role of prior attitudes and the use of fair procedurals[J]. AM. J. POL. SCI. , 1989,33:629;TYLER T. The role of perceived injustice in defendants' Evaluations of their courtroom experience[J]. LAW & SOC'Y REV. ,1984,18:51.

②　TYLER T. Governing amid diversity:the effect of fair decision-making procedurals on the legitimacy of government[J]. LAW & SOC'Y REV. ,1994,28:701;TYLER T. The influence of perceived injustice on the endorsement of political leaders[J]. J. APPLIED SOC. PSYCHOL. , 1985,15(21):700.

③　SARAT A. Studying american legal culture:an assessment of survey evidence[J]. Law & Society Review,1977,11(3):427 –488.

5 我国第三次版权法修订中的基本方略运用评析

2011 年 7 月 13 日,我国开始进行版权法第三次修订。与前两次修法不同,此次修法为公开立法,向相关权利人、权利人组织、产业界、法律界以及其他社会各界人士广泛征求意见与建议。2012 年 3 月 31 日,根据三家国内版权法领域颇具影响力的科研机构分别起草的《著作权法》修订专家意见稿,国家版权局出具一份向社会各界公开征求意见的《修改草案》。在向社会公众广泛征求意见并展开讨论之后,国家版权局先后形成《修改草案第二稿》《修改草案第三稿》,其中,《修改草案第三稿》并未向社会公布。2012 年 12 月 18 日,《送审稿》呈报国务院法制办。目前,《送审稿》正由国务院法制办审议。

考察我国此次版权法修订的具体内容,立法者调整现行版权法应对技术进步的努力不言而喻。具体体现在:①调整版权法的立法宗旨;②解释相关概念;③修订作品范围;④调整权利类型;⑤修改版权限制制度;⑥完善著作权集体管理制度;⑦新增网络服务提供者的侵权责任;⑧调整损害赔偿额度等。详见表 5 – 1。

表 5 – 1　我国第三次版权法修订的主要内容汇总表

序号	修订范围	具体内容
1	调整版权法的立法宗旨	将"与作者有关的权益"改为"传播者的相关权",将"促进社会主义文化和科学事业的发展与繁荣"改为"促进社会主义文化、科学和经济的发展与繁荣"
2	相关概念的界定	解释包括"作品""时事新闻"在内的模糊概念
3	修订受版权保护的作品范围	将"计算机软件"改为"计算机程序"等,将"电影作品和以类似摄制电影的方法创作的作品""录像制品"统一规定为"视听作品"

续表

序号	修订范围	具体内容
4	调整权利类型	将"修改权"整合入"保护作品完整权",修改署名权的定义,将"表明作者身份,在作品上署名的权利"修改为"决定是否表明作者身份以及如何表明作者身份的权利",扩大复制权范围,将数字化等任何方式纳入版权法中的"复制"范围,增设"追续权"等
5	修改版权限制制度	将"三步检验法"加入合理使用条款中作为判定要件,增设制作录音制品的法定许可等
6	完善著作权集体管理制度	增设"延伸性集体管理制度"
7	新增网络服务提供者的侵权责任	对网络服务提供者、网络用户的侵权责任做出规定,同时排除提供纯技术服务的网络服务者的审查义务
8	调整损害赔偿额度	将侵犯版权行为的法定赔偿最高额提高到 100 万元,引入版权侵权惩罚性赔偿制度等

　　尽管立法者积极修法应对技术进步的努力值得称赞,此次修法能否实现立法者预期目的却有待商榷。实质上,社会各界对此次修法迄今褒贬不一:有学者高度赞扬此次修法是"一次主动、全面的修法"①,是"应对时代的挑战和国情的巨变"②的必然要求,"对由于技术发展而衍生出的利用作品的新方式、新商业模式等带来的挑战做出了回应……是合乎现实要求与世界潮流的"③"客观上有利于在推动作品广泛传播的同时保护著作权人的权益"④"相对于我国现行《著作权法》是一个很大的进步"⑤。也有学者指出此次修法存在的明显缺陷与不足:"'修改草案'第

① 徐炎.《著作权法》第三次修改草案第二稿评析[J].知识产权,2013(7):65.
② 刘春田.《著作权法》第三次修改是国情巨变的要求[J].知识产权,2012(5):7.
③ 张艳冰."孤儿作品"著作权保护研究——以《著作权法》第三次修改为视角[J].邵阳学院学报(社会科学版),2013(5):46.
④ 马明飞,周华伟.报刊转载法定许可的困境与出路——以著作权法第三次修改为视角[J].编辑之友,2014(2):88.
⑤ 苌文玲.论著作权法中的"广播权"与"信息网络传播权"——以著作权法第三次修改为背景[J].知识经济,2014(3):21.

46 条设立的'报备'制度并不能起到利益平衡的有效作用"①"由于种种原因,著作权法第三次修改草案(第二稿)的问题依旧多于成绩"②"仍有必要进一步修改和完善草案的相关规定,以实现促进作品传播并保护著作权人报酬利益的立法本意"③。

本章通过评析第四章归纳总结的版权法应对技术进步的基本方略在我国的应用,指出我国版权法修订中的合理之处以及存在的不足,完善我国版权法以成功应对技术进步。

5.1 采用基于实证数据的政策制定方法运用评析

本书第4.1节指出,版权法应对技术进步的基本方略之一是采用基于实证数据的政策制定方法。考察版权法的发展历史,许多情形下的版权制度完善都不是建立在分析实证数据的基础上,而是建立在利益集团主观论断的基础上,而利益集团出于维护自身利益之目的做出的主观论断不具有真实可靠性,最终导致版权制度可能无法实现预期目的。因此,立法者基于实证数据完善版权法是实现公共利益、防止版权制度偏离正确发展轨道的前提。

我国此次版权法修订完全是基于主观论断分析现行法律是否需要修订或者废除,采用的是基于证据的政策制定方法。然而,此次修订采用的证据均来自于我国《著作权法》颁布至今20多年来的实践经验或者国外相关立法经验,并非来自实证数据。因此,此次修订没有采用基于实证数据的政策制定方法,自然就不存在针对现行法律与立法建议进行的独立影响评估,也不会涉及确保独立影响评估采用准确实证数据的运用。

5.1.1 针对现行法律与立法建议进行独立影响评估运用评析

为了确保版权制度的有效性,立法者理应针对现行法律与立法建议

---

① 张春艳. 反思与重构:制作录音制品的法定许可——兼评《著作权法》(修正草案)第46条[J]. 当代法学,2013(2):98.

② 徐炎.《著作权法》第三次修改草案第二稿评析[J]. 知识产权,2013(7):65–70.

③ 马明飞,周华伟. 报刊转载法定许可的困境与出路——以著作权法第三次修改为视角[J]. 编辑之友,2014(2):88–91.

进行独立影响评估。一方面,立法者需要审查现行版权法,以确定是否需要修订或者废除现行法律。另一方面,立法者还需要审查新的立法建议,以确保立法建议能够实现预期目的。不仅如此,立法者进行的独立影响评估还必须采用严格实证数据分析标准,确保获取的实证数据与预期实现的目标相匹配,防止独立影响评估报告因受到利益集团或者权力机构的控制而丧失有效性。

我国此次版权法修订并没有针对现行法律与立法建议进行独立影响评估,在分析现行法律是否需要修订或者废除时,国家版权局公布的结论完全基于主观论断,针对现行法律的修订则建立在吸收借鉴国内实践经验与国外相关立法经验的基础上。

2012 年 3 月,国家版权局公布的关于《修改草案》的简要说明①指出修改我国版权法的必要性,分别从现行版权制度存在缺陷、技术环境与国际形势发生改变、知识产权制度的完善、社会公众的呼吁等方面阐述修改现行版权法的客观需要。该说明显示出我国此次修法考察了多方面的客观需要,这些客观需要也确实存在。然而,这些客观需要只是主观论断,并没有实证数据支撑,而且也只是从宏观角度阐述了版权法修订的必要性,并没有探讨现行版权法的具体内容。

在完善版权法的具体内容时,立法者也没有收集实证数据,主要采用基于我国国内实践经验的政策制定方法与采用基于国外立法经验的政策制定方法。基于我国国内实践经验,《送审稿》将实践证明行之有效的司法解释相关规定上升到版权法中,具体体现在第八条规定的版权和相关权登记、第二十一条规定的委托作品的使用等。借鉴国外版权立法经验,《送审稿》采用国际社会较普遍的法律规定。《送审稿》第五条将"电影作品和以类似摄制电影的方法创作的作品""录像制品"统一规定为国际社会普遍采用的"视听作品"。第十三条借鉴日本、德国等版权法的规定将"修改权"和"保护作品完整权"合并为"保护作品完整权",同时根据《世界知识产权组织版权条约》第七条,出租权客体增加了包含作品的录音制品。为了与《世界知识产权组织表演和录音制品条约》第九条相一致,第三十四条增加了表演者出租权的规定,同时为了与该条约第十五条相一致,《送审稿》增加了关于表演者和录音制作者获酬权的规

---

① 国家版权局.关于《中华人民共和国著作权法》(修改草案)的简要说明[EB/OL].[2018 - 10 - 10].http://www.law-lib.com/fzdt/newshtml/fzjd/20120331202211.htm.

定。借鉴欧洲和德国等版权法,第四十六条增加了计算机程序反向工程相关规定。借鉴北欧国家版权集体管理制度,第六十三条增加了延伸性集体管理制度。然而,我国国内实践经验与国外立法经验能否有效应对新技术环境仍有待商榷。

因此,立法者在修订版权法之前,理应基于实证数据开展多方面的独立影响评估,内容至少包括:关于版权法规范的相关技术尤其是数字技术与网络技术的本质及其应用的实证研究,分析不同技术所特有的"中立性"和"意识性"的本质,考察不同技术目前所处的阶段性特征及其成熟度,关注这些技术发展的可塑造程度等;借助实证数据审视版权法的立法目的及其实现方式的正确性;分析版权具体制度的设定是否有助于实现利益平衡,以及新技术环境下这种利益平衡状态是否需要重新规范;明确社会公众认知版权法的观念,考察基于威慑方法强化版权保护的措施是否有效等。在独立影响评估基础上,公布独立影响报告,以确定现行版权法是否需要予以修订甚至废除,同时在审查新的立法建议基础上明确立法建议是否符合我国经济水平与技术条件,从而确保新立法的有效性。

此外,为了确保独立影响评估的有效性,立法者必须确保获取的实证数据能够与版权法预期实现的目标相匹配。鉴于版权法与技术进步、经济发展的密切关系,从相关机构设置来看,此次修法有必要将经济学家、心理学家、技术专家纳入相关机构的设置中,从而确保实证数据与目标的匹配分析更为全面。考察版权法的制定与修改历史,政府机构以及相关利益集团发挥了主要作用,社会公众尤其是那些与版权法修订相关的经济、心理、技术专家很少参与其中。因此,立法机构将这些专家纳入相关机构将有助于确保独立影响评估的有效性。笔者建议,此次修法中相关机构的专家设置有必要包括经济学家、心理学家、技术专家,以此针对现行版权法与版权立法建议的实施效果进行经济分析、社会公众心理探讨以及技术方面的研究。美国版权原则项目组提出的改革美国版权法的相关建议就强调了美国国家版权局应该新增首席经济学家与首席技术专家两个职位,负责对版权法的实施效果进行经济分析,研究版权法律制度的变化对技术进步产生的影响[1]。

---

① SAMUELSON P. The copyright principles project:directions for reform[J]. BTLJ,2010,25:1175,1198.

5.1.2 确保独立影响评估采用准确实证数据运用评析

为了确保版权制度的有效性,除了针对现行法律与立法建议进行独立影响评估之外,立法者还应当采用准确实证数据确保独立影响评估的有效性。立法者针对现行版权法与版权立法建议的独立影响评估通常采用版权行业提供的数据,而这些数据的真实可靠性较低,即使数据真实,也可能只是反应版权行业而非整个社会的经济发展状况。因此,本书所指的准确实证数据是关于整个社会经济发展状况的数据。

我国此次版权法修订没有进行独立影响评估,自然也没有采用涉及整个社会经济发展状况的准确实证数据。以增加关于表演者和录音制作者获酬权为例,《送审稿》如此规定的理由在于我国音乐产业界的强力呼吁。近年来,以唱片公司为代表的音乐产业界认为,数字与网络技术的发展导致唱片行业通过发行有形唱片的传统商业模式几近消亡,因此赋予录音制作者播放权是音乐产业可持续发展的迫切要求。我国此次版权法修订听取了音乐产业界的呼吁,增加了关于表演者和录音制作者获酬权的规定。然而,作为版权利益集团,音乐产业界的观点明显具有维护自身利益的倾向,立法者单纯依靠音乐产业界的片面观点就扩张版权的态度不可取。新技术环境下,唱片行业的传统商业模式已经滞后于市场需求无疑,这种现象是否阻碍了音乐产业的发展却不得而知,至少音乐产业界没有提供相关实证数据。因此,此次修法至少需要针对音乐产业发展现状进行独立影响评估,分析整个社会经济发展状况,确定增加关于表演者和录音制作者获酬权等条款是否有效可行。

5.2 区别对待具体技术及其发展阶段运用评析

本书第4.2节指出,版权法应对技术进步的基本方略之二是区别对待具体技术及其发展阶段。技术兼具"中立性"与"意识性"本质,版权侵权行为可能会涉及技术的两种不同本质,对于前者,立法者理应采取较为宽松的政策以鼓励技术发展,对于后者,立法者则可以采取严格的政策以规范人类有意识地利用技术的行为。具体技术在不同发展阶段会呈现出不同经济与社会影响,新兴技术呈现出的影响通常不明确,成熟技术则呈现出较为明确的影响。针对前者,立法者理应消极应对以避免阻碍技术发展与社会进步,针对后者,立法者理应积极应对以充分利用新技术促进版权产业的繁荣与发展。因此,立法者针对具体技术及其发展阶段进行独立影响评估才能确保现行法律与立法建议能够有效应对具体技术。

我国此次版权法修订尽管没有针对具体技术及其发展阶段进行独立影响评估,但相关条款体现了立法者区别对待具体技术及其发展阶段的考虑。然而,正因缺少独立影响评估,此次修法在某些方面仍然有待完善。具体体现在:此次修法理应进一步明确具体技术的本质,尤其是网络技术"中立性"本质,将《信息网络传播权保护条例》中的"避风港"规则上升为法律;此次修法理应进一步明确具体技术不同发展阶段,尤其是临时复制的阶段性,清晰界定版权法控制的临时复制及其例外,同时明确网络技术的发展阶段,确保有关孤儿作品利用的条款能够实现促进孤儿作品传播之目的。

5.2.1 区别对待具体技术的本质运用评析

立法者对版权法的完善理应建立在区分具体技术"中立性"与"意识性"本质基础上。如果版权侵权行为涉及具体技术"中立性"本质,立法者就有必要创设较为宽松的制度环境鼓励技术发展。如果版权侵权行为涉及具体技术"意识性"本质,立法者则需要制定较为严格的法律以规范人类利用技术的行为。

我国此次版权法修订区别对待了具体技术的本质,将《信息网络传播权保护条例》中关于网络服务提供者责任的部分内容上升至法律,确保规范网络服务提供者行为的效力。《送审稿》第七十三条第(一)款不要求网络服务提供者承担事先审查的义务,基于技术"中立性"本质为网络服务提供者自由经营创设了一定自由空间。《送审稿》第七十三条第(二)款则基于技术"意识性"本质要求网络服务提供者承担相应的义务,包括履行"通知—删除"义务等,否则就有可能需要承担共同侵权责任。《送审稿》第七十三条第(三)(四)款还规定了网络服务提供者在"明知"或者"应知"以及教唆或者帮助他人侵犯版权或者相关权的情形下也应该承担间接侵权责任。由此可见,此次修订在规范网络服务提供者行为时,遵循了区分具体技术"中立性"与"意识性"本质的策略。

然而,《送审稿》只是将《信息网络传播权保护条例》中的部分内容上升至法律,关于豁免网络服务提供者侵权责任的重要规则——"避风港"规则仍然留待法律效力较弱的《信息网络传播权保护条例》解决,缺乏规范网络接入服务提供者、网络传输服务提供者、信息存储空间服务提供者、搜索与链接服务提供者的内容。为了进一步明确网络技术的"中立性"本质,立法者有必要将"避风港"规则纳入《著作权法》。

5.2.2　区别对待具体技术的不同发展阶段运用评析

新技术为版权产业带来挑战的同时,也会创造新的机遇。在应对具体技术过程中,立法者理应基于实证数据考察新技术对版权产业的影响,把握新技术创造的机遇,从而充分利用新技术促进版权产业的发展,具体体现在针对适用于具体技术的版权法是否适应该技术发展进程进行独立影响评估,以此采取不同的完善版权制度的策略。立法者理应针对某种社会影响较为明确的成熟技术采取积极应对策略,针对某种社会影响尚不明确的新兴技术采取消极应对策略,从而保障版权产业的技术创新扩散。

我国此次版权法修订尽管没有针对具体技术不同发展阶段进行独立影响评估,立法者却并没有忽视具体技术的发展动态,尤其体现在对新型复制技术的重视。复制技术作为版权法最先控制的技术类型,在经历三次技术革命之后,其特征已经发生了明显变化。在计算机技术出现之后,临时复制作为一种新的复制形式出现。起初,人们在使用计算机时产生的临时复制行为具体表现在两个方面,一是文件由计算机硬盘调入计算机内存时会产生临时复制;二是文件由计算机内存传送至计算机显示屏时也会产生临时复制[①]。当时,这两种临时复制并没有被纳入受版权控制的复制权范畴,主要原因在于:①临时复制文本存在的时间相当短暂,会随着新内容复制的产生而自动被删除;②大多数情形下计算机使用者并没有意识到这两种临时复制行为的存在;③计算机的主要使用者是科学研究人员,而临时复制是计算机使用者阅读文件之必须,控制临时复制将阻碍科学研究。因此,在计算机技术刚刚出现之时,版权制度并没有将临时复制纳入复制权范畴。随着数字与网络技术的逐步发展,欧盟等将临时复制纳入版权控制范围,同时规定了特定类型的临

---

① 易建雄. 技术发展与版权扩张[M]. 北京:法律出版社,2009:115.

时复制例外。考察我国此次版权法修订发现,《送审稿》第十三条重新解释了"复制权",即"以印刷、复印、录制、翻拍以及数字化等方式将作品固定在有形载体上的权利",通过重新解释复制权,将以数字化方式的复制行为纳入版权人控制的复制权范畴,临时复制自然属于复制权范围。然而,我国此次版权法修订在关注新型复制技术时存在的不足也相当明显,尤其是针对特定类型的成熟复制技术缺乏明确的态度。以因用户浏览网页导致的电脑屏幕与计算机缓存对作品的临时复制为例,这种类型的临时复制行为源于搜索引擎技术、网络信息聚合技术、云计算技术等新传播技术的兴起,用户在使用这些新技术的过程中会在电脑或者计算机缓存中产生临时复制[1]。我国此次版权法修订将临时复制纳入版权控制范围,却没能为临时复制创设例外,导致此种特定类型的临时复制明显属于侵权行为。然而,欧盟法院已经认定此种临时复制不构成侵权,最重要的原因在于此种临时复制属于一种网络传播的必要过程而理应被认定为社会影响明确的行为,应该属于例外范畴[2]。因此,我国此次版权法修订至少应该为此种类型的临时复制创设例外。

我国此次版权法修订考察新技术对版权产业的影响还体现为规范以数字化形式利用孤儿作品的行为。孤儿作品引发的版权保护问题源于网络技术的发展,出于推动版权产业开发与利用孤儿作品之目的,《送审稿》第五十一条规定了可以使用孤儿作品的情形,使用者必须满足的条件是:履行勤勉查找义务、向指定机构提出申请并提存使用费、以数字化形式使用。《送审稿》有关孤儿作品的规定有利于社会公众以数字化形式利用作品,是一种鼓励利用网络技术充分开发孤儿作品版权价值的体现。然而,有关孤儿作品的立法并没有向社会公布基于实证数据的影响评估报告,一批专家学者基于国外立法实践起草了相关建议。因此,相关规定能否实现预期目的缺乏实证数据支撑,目前就有学者认为相关规定中"以数字化形式"的表述并不合理[3]。

尽管此次修法遵循区别对待具体技术不同发展阶段的策略,相关立法措施的制定却理应基于实证数据的独立影响评估。考察欧美版权制

---

① 王清,唐伶俐. 国际版权法律改革动态概览[J]. 电子知识产权,2014(5):58.

② Case C-360/13, Public Relations Consultants Association Limited v. The Newspaper Licensing Agency Limited and Others.

③ 赵锐. 论孤儿作品的版权利用——兼论《著作权法》(修改草案)第 25 条[J]. 知识产权,2012(6):59.

度较为发达国家的近期动态,欧盟与美国对待孤儿作品的不同态度呈现出双方对实证数据的重视程度不同。欧盟于 2012 年 10 月通过了《2012年 10 月 25 日欧盟议会和理事会关于允许某些孤儿作品使用行为的第2012/28/EU 号指令》,然而,该指令的通过并没有充分实证数据支撑,导致社会各界对该指令的有效性产生广泛质疑,尤其是该指令要求使用者通过勤勉搜索定位权利人的问题,许多机构都认为这一规定将会耗费大量时间与金钱,从而不利于作品的传播。美国分别于 2006 年和 2008 年试图通过孤儿作品立法,在针对孤儿作品使用进行经济与社会影响分析之后,两次立法建议最终均未获得通过。2014 年,美国版权局再次针对孤儿作品问题展开讨论,公布《孤儿作品和大数据》[①]的影响报告,针对各国政府应对孤儿作品问题采取的策略、国内孤儿作品使用现状进行独立影响评估,试图据此找到解决孤儿作品问题的方法。由此可见,在处理孤儿作品利用问题上,美国相较于欧盟更加重视实证数据搜集的重要性。我国也有必要借鉴美国的立法实践经验,此次修法理应针对孤儿作品利用进行独立影响评估,确保有关规定能够实现预期目的。

5.3 遵循版权制度变迁的规律特征运用评析

本书第 4.3 节指出,版权法应对技术进步的基本方略之三是遵循版权制度变迁的规律特征。从版权制度变迁的规律特征来看,版权法的修订理应遵循围绕立法目的完善版权制度、采用综合性理论分析框架实现利益平衡、实现冲破路径依赖的版权制度创新。

我国此次版权法修订针对立法目的进行了重新调整,着重关注了现行版权制度的利益平衡机制,在某些方面也实现了版权制度创新。然而,相关举措仍然存在不符合版权制度变迁规律特征的情形,主要体现在颠倒版权法的立法目的与手段、缺少基于自由方法分析利益平衡状态、未能冲破版权制度的路径依赖。

---

① United States Copyright Office. Orphan works and mass digitization:a report of the register of copyrights. [EB/OL]. [2018 – 10 – 10]. http://copyright.gov/orphan/reports/orphan-works2015.pdf.

5.3.1　回归立法目的审视版权制度的合理性运用评析

鉴于版权法的立法目的体现了版权法立法的价值追求,版权法整个法律文本的设置与完善都是围绕立法目的进行,审视立法目的有助于明确我国立法者对版权立法的态度是否符合标准。版权法的立法目的在于实现公共利益,具体体现在有助于社会公众获取作品的权利以及促进文化的繁荣与发展。其中,保护版权人个人利益只是实现目的的手段。

为了有效应对新技术环境,我国此次版权法修订针对立法目的进行了调整,体现在我国《著作权法》立法宗旨的修订中。然而,此次修订仍然存在颠倒版权立法目的与手段的严重缺陷。

我国现行版权法是在 1990 年通过的版权法基础上经过两次小修小补而成①。当时,我国版权法的制定广泛借鉴了德国版权法的内容,具有浓厚的大陆法系国家版权立法的痕迹。如前文所述,大陆法系国家的版权立法首先强调保护作者的权利,随后才是维护公共利益。我国现行版权法和我国此次版权法修订中的各种修订稿版本的立法宗旨之表述均体现了这一传统。根据我国现行版权法规定,我国版权法首先保护作者的版权以及与版权有关的权益,再鼓励作品创作与传播、促进文化与科学发展等最终目的,至少从文字表述的逻辑结构来看如此。我国此次版权法修订仍然沿袭这一传统,首先保护的均是作者版权以及传播者的相关权。

然而,这种保护策略颠倒版权法的立法目的与手段。随着不同法系国家逐步加入版权国际公约,在新时代背景下越来越多的国家与地区倾向于将版权人的利益置于第二位,将公共利益置于首位。考察我国此次版权法修订发现,立法者仍然没有明确强调此点。因此,我国版权法的立法宗旨的描述有必要借鉴美国宪法关于版权相关条款的表述,"通过确保在有限的时间内赋予作者……的作品……专有权,以促进科学……的发展",明确实现公共利益的最终目的,而保护作者与传播者的权利只是手段。立法者可以将立法宗旨的语言表述修改为"通过保护……版权……以促进……发展与繁荣"。

---

① 刘春田.《著作权法》第三次修改是国情巨变的要求[J].知识产权,2012(5):7.

5.3.2 采用综合性理论分析框架实现利益平衡运用评析

版权法要想合理应对技术进步,理应借助综合性理论关注利益平衡。在版权法保护的传统利益没有受到威胁的情形下,立法者和司法机构在运用版权法解决新技术引发的问题时应该遵循传统规则和先例。反之,立法者和司法机构则应该更多地考虑现实环境背景,少些遵从传统规则和先例。我国此次版权法修订尽管注重利益平衡的重要性,但在利益平衡分析中却存在忽视现实环境背景的情形。

我国此次版权法修订注重实现利益平衡的重要性,在强调维护版权人利益的同时,也考虑到网络服务提供者和社会公众的利益。

此次修订强调维护版权人的利益,进一步扩大版权保护范围。增加版权保护客体,将实用艺术作品、立体作品纳入版权法规范的范畴。调整现有权利规定,扩张版权权利范围,将数字化等任何方式纳入可受版权人控制的"复制"范围等,"发行权"的范围不仅包括"出售、赠与",还包括以其他转让所有权的方式向公众提供作品的原件或者复制件的权利,出租权的范围扩张至有偿许可他人临时使用"包含作品的录音制品的原件或者复制件的权利",表演权扩张至"通过技术设备向公众传播作品"。增设新型权利类型,将"追续权"纳入版权保护范围。此外,此次修订维护版权人利益还体现在规范孤儿作品利用、明确技术保护措施和权利管理信息相关规定、将《信息网络传播权保护条例》中有关技术措施的规定上升至法律。

此次修订也关注了网络服务提供者与社会公众的利益,主要体现在关于网络服务提供者的相关规定以及版权限制制度中。《送审稿》将《信息网络传播权保护条例》中关于网络服务提供者的部分规定上升至法律,确保规范网络服务提供者的部分规定具有更高的法律效力。第四十三条将"三步检验法"加入合理使用条款中作为判定要件,为新技术的发展创造了较为自由的空间,第四十四条专门针对计算机程序的合理使用做出规定,体现出充分保障社会公众利用计算机程序的自由。

然而,我国此次版权法修订在分析利益平衡现状时却存在忽视我国所处的现实环境背景之情形。数字与网络时代,我国现行版权限制制度已经滞后于技术与社会变化。新技术的出现为作品传播、科学研究、社会公众学习与获取知识创造了前所未有的潜在机遇,而滞后的版权限制制度却阻碍了潜在机遇的充分开发,每一种新型复制行为都有可能遭受版权人控制。尽管我国此次版权法修订对版权限制范围进行了些微调整,一定程度上为社会公众自由获取作品提供了可能,具体条款的设置仍然更加侧重版权人权利保护,试图为版权人权利扩张提供充足空间。考察我国此次版权法修订,版权法确保的社会公众自由使用作品的权利范围逐步缩小,具体体现在相关条款的限制性语言表述中。比如,在总述部分,《送审稿》增加了社会公众合理使用作品的前提条件,社会公众自由使用作品不仅应该指明作者姓名、作品名称,还应该指明作品出处。在第四十三条第(一)款中,《送审稿》缩小了出于个人使用之目的的合理使用例外范围,删除了豁免出于个人欣赏之目的的使用他人已经发表的作品的行为的侵权责任的规定,同时,以"作品的片段"替代"作品"来表述允许复制的对象,也表明立法者强调复制的作品数量只有符合"作品的片段"之要求才能构成合理使用。在第四十三条第(二)款中,《送审稿》增加了出于介绍、评论或者说明某一问题而合理引用作品的范围,增加规定"引用部分不得构成引用人作品的主要或者实质部分"。在第四十三条第(九)款中,《送审稿》缩小免费表演已经发表的作品的合理使用范围至包括同时"未以其他方式获得经济利益"的行为。此外,《送审稿》删除现行版权法第三十九条"制作录音制品的法定许可"的内容也是强化版权人权利保护的典型体现。实质上《修改草案》第四十六条对"制作录音制品的法定许可"的内容进行了修改,尤其是删除现行版权法规定的"版权人声明不许使用的不得使用",扩大了社会公众自由使用作品的权利。然而,鉴于版权利益集团对此项条款的强烈反对,《修改草案第二稿》及后续修改版本即删除此条。尽管保护作者版权是否有助于激励创新存在质疑,毫无疑问的是,过度保护版权人控制作品的权利肯定不利于作品传播,导致版权法促进文化繁荣与发展的最终目的难以实现。因此,我国此次版权法修订理应重视扩展版权限制制度范围,充分利用新技术为作品传播创造的新机遇。

5.3.3 实现冲破路径依赖的版权制度创新运用评析

制度变迁存在的路径依赖导致现行版权法无法有效应对技术进步。为了重塑版权制度的有效性,立法者理应冲破制度的路径依赖缺陷,积极探索版权制度创新。

我国此次版权法修订也有版权制度创新的举措。针对篇章结构进行调整,尤其是将"权利的限制"从现行版权法第二章抽取出来单独成章。此次修订也考虑到版权登记制度的重要性,《送审稿》第八条针对版权登记相关事宜做出规定。第四十三条关于合理使用制度的规定借鉴了《伯尔尼公约》《与贸易有关的知识产权协议》等国际版权条约的立法模式,采用具体列举结合抽象概括的合理使用制度,第(一)款至第(十二)款列举了属于合理使用的 12 种具体情形,增设第(十三)款"其他情形",并引入"三步检验法",冲破传统版权制度单纯的列举式封闭合理使用制度立法模式,为豁免未来新技术引发的版权侵权责任提供了可能。《送审稿》还借鉴国外立法经验,引入包括追续权制度、孤儿作品制度、延伸性集体管理制度在内的新型版权制度,均为冲破传统版权制度路径依赖的表现。尽管相关举措因缺乏独立影响评估而无法确保有效性,对版权登记制度的重视程度明显不够,而且追续权制度、孤儿作品制度的完善还需要相关行政法规的补充,此次修法积极探索制度创新的态度值得肯定。

此外,我国此次版权法修订仍然存在路径依赖问题。《送审稿》第十五条保留了有关法人作品的规定,而作为我国计划经济体制产物的法人作品在市场经济体制环境下没有存在的必要,我国此次版权法修订理应删除相关规定。尽管此次修订认识到现行版权法有关法人作品的规定存在缺陷,《送审稿》增加了判断法人作品的要件,试图清晰界定法人作品,此种小修小补无法解决实践中法人作品引发的问题纠纷。深受计划经济时代行政机构主导一切的观念影响,加上版权法制定时糅合采用不同法系国家立法内容,我国版权法除规定职务作品还规定了法人作品,试图借助两种类型的作品充分保障单位利益,反而造成司法实践中准确区分两者相当困难①。从规定法人作品的立法理由来看,立法者出于鼓励投资与集体创作之目的主张保护法人作品。鉴于鼓励投资是保护特殊类型职务作品之立法理由,法人作品与特殊类型职务作品判断之混淆在所难免。出于集体创作之目的主张保护法人作品也存在问题,因为假若依据该理由保护作品,版权法有关合作作品规定就足以。综合考虑多种因素,我国此次版权法修订仍然理应冲破路径依赖,删除有关法人作品的规定。

---

① 董菽荣.论我国法人作品立法的问题及其解决[D].南京:南京大学,2013:5.

5.4 关注社会公众的法律遵守意识运用评析

本书第4.4节指出,版权法应对技术进步的基本方略之四是关注社会公众的法律遵守意识。立法者修订版权法的举措之所以无效的重要原因之一在于忽视社会公众版权法与版权法律权威机构认知偏误。鉴于社会公众自觉遵守法律的行为主要受到自身观念的影响,主要包括道德意识与法律合法性认知,立法者在完善版权法时理应关注社会公众的观念,确保版权法与版权法律权威机构能够获得社会公众的尊重,推动版权法的有效实施。首先,关注社会公众的道德意识。考察社会公众的现行道德意识与技术发展之间的关系,在两者相互适应的情形下,立法者理应制定符合现行道德意识的法律制度,在两者存在矛盾冲突的情形下,立法者理应在完善版权法的同时重塑社会公众的道德意识。其次,关注社会公众的法律合法性认知,考察社会公众的合法性认知,立法者理应制定符合社会公众合法性认知的法律制度,从而确保社会公众自觉遵守法律。

我国此次版权法修订有关注社会公众的法律遵守意识,具体体现在关注社会公众的法律合法性认知,注重程序公正。然而,此次修订没有针对社会公众道德意识与法律合法性认知开展独立影响评估,因此导致相关法律制度是否符合社会公众道德意识、关注法律合法性的举措是否真实可靠存疑。

5.4.1 关注社会公众的道德意识运用评析

社会公众普遍倾向于做符合自己道德观念的事情。只有在违反版权法为错误行为的道德意识引导下,社会公众才可能自觉遵守版权法。因此,立法者在完善版权制度时理应针对技术进步与社会公众道德意识之间的关系开展独立影响评估,在两者相互适应的情形下,立法者理应制定符合社会公众现行道德意识的法律,即符合社会公众现行公正认知的版权法。在两者存在矛盾冲突时,立法者在完善版权制度时重塑社会公众的道德意识,主要包括威慑方法与道德教育两种方式,后者为最有效的方式。

我国此次版权法修订尚未针对技术进步与社会公众道德意识之间的关系开展独立影响评估,导致相关法律制度是否符合社会公众的道德意识存疑。而且,从国外已有实证研究结果来看,我国此次版权法修订存在明显不符合社会公众道德意识的情形。

社会公众有关版权法是否公正的道德意识主要体现为合理使用是否是公正的认知。只有在认为合理使用制定的修订与完善是公正的情形下,社会公众才愿意自觉遵守版权制度。然而,我国此次版权法合理使用制度的修订存在明显不符合社会公众公正观念的条款,必然导致社会公众依据自身道德意识很难理解版权法的具体内容并自觉遵守版权法。以《送审稿》第四十三条第(一)款为例,送审稿删除了出于欣赏目的的个人使用可能很难获得社会公众的理解。长期以来,社会公众普遍存在的观点是,出于个人目的使用他人作品的行为不构成侵权,鉴于传统版权法规定出于欣赏目的之个人使用乃合理使用,社会公众更加确信这种使用应该纳入合理使用范畴。然而,《送审稿》相关规定却与社会公众普遍存在的这种道德意识相违背。在此情形下,立法者要想社会公众自觉遵守版权法肯定比较困难。鉴于此,立法者理应针对这一合理使用规定是否适应新技术环境开展独立影响评估,确定社会公众道德意识是否与技术发展相符合,从而调整该规定的具体内容。

我国此次版权法修订注重重塑社会公众道德意识的重要性,采取了威慑执法措施,具体体现在提高版权侵权损害赔偿额度、严厉惩罚版权重复侵权行为等增强惩罚力度的措施。《送审稿》第七十六条第(一)款调整了版权侵权损害赔偿额度,将版权侵权行为的法定赔偿最高额提高到 100 万元。第七十六条第(二)款增加了严厉惩罚版权重复侵权行为的规定,对于两次以上故意侵犯版权的行为,人民法院可以处以二至三倍的损害赔偿额度。第七十七、七十八条明确了相关行为损害赔偿额度,包括可处以"非法经营额一倍以上五倍以下的罚款""二十五万元以下的罚款"[①]。然而,本书第 3.2 节已经阐述了此种强化版权保护的执法措施通常是无效的,甚至还可能导致社会公众对版权法以及法律权威机构产生反感。因此,立法者在完善版权法时单纯依靠威慑措施可能并不可行,至少需要配合开展相应的道德教育,培养社会公众自觉遵守法律

---

① 李静之.《著作权法》征求意见稿(2014.6.6)与现行《著作权法》对照表[EB/OL].[2018 -
10 - 10]. http://www.iprlawyers.com/ipr_Html/30/2014-7/9/20140709113315467.html.

的道德意识,尤其是要让社会公众认同立法者制定此种法律制度的原因,从而确保版权制度的有效实施。

5.4.2 关注社会公众的法律合法性认知运用评析

法律合法性认知是促进社会公众自觉遵守法律的另外一种因素,其重要性甚至高于社会公众的道德意识。在认为法律与法律权威机构具有合法性时,社会公众普遍存在理应自觉遵守法律的意识。因此,立法者在完善版权制度时理应针对社会公众法律合法性认知开展独立影响评估,制定符合社会公众合法性认知的法律,即符合社会公众有关程序公正认知的版权法,最有效的方式在于吸纳最广泛的社会公众参与版权法的修订与完善、确保社会公众相信立法者与司法机构制定的法律在于服务社会公众的利益。

我国此次版权法修订强调立法的公开与公正,试图符合社会公众有关程序公正的认知,体现了重视社会公众法律合法性认知的态度。在《修订草案》起草过程中,国家版权局积极吸纳社会公众参与版权法修订。为了获取社会公众有关版权法修订的基本态度,国家版权局向近200家单位与个人广泛收集版权法修订的意见,这些单位与个人主要来自行政单位、司法部门、科研机构、社会团体、产业界以及专家学者等。为了明确版权法领域的专家与学者关于版权法修订的观点,国家版权局委托国内三家版权领域颇具影响力的教学科研机构——中国人民大学知识产权学院、中国社会科学院法学所知识产权研究中心、中南财经政法大学知识产权研究中心分别起草了专家建议稿。为了听取来自社会各界不同利益主体的声音,国家版权局成立专家委员会,委员会的30位成员分别是来自立法机构、司法部门、行政单位、实务界、产业界以及权利人组织等领域的代表,他们针对专家意见稿进行讨论并最终形成《修改草案》向社会公开征求意见。在吸纳并分析收集到的意见基础上,《修改草案》经过多次修改,最终的定型文本一共有三稿。其中,《修改草案》与《修改草案第二稿》分别借助网络方式向社会公众公开征求意见,以书面形式向立法机构、司法部门、行政单位、权利人组织征求意见。此外,国家版权局还以座谈会形式针对《修改草案第二稿》专门向相关主管部门以及相关利益主体征求意见①。

　　然而,考察我国此次版权法修订,普通消费者作为版权法规范的主要对象,并没有广泛参与版权法的修订与完善,可能导致社会公众质疑此次修法是否真正实现了程序公正。此外,此次修法理应向社会公布的征求意见稿原本有三稿,而国家版权局只公布了前两稿,便于2012年12月18日向国务院正式提交了《送审稿》,并未公布《修改草案第三稿》,明显呈现出此次修法形式民主多于实质民主。因此,我国此次修法理应积极吸纳普通消费者参与版权立法,至少有必要考察普通消费者版权与版权法认知,制定符合社会公众有关程序公正认知的版权法。

　　从具体条款来看,我国此次版权法修订也没有关注社会公众法律合法性认知,许多条款明显过度保护版权利益集团的利益,无法让社会公众相信此次修订在于服务社会公众的利益。比如,此次修订中涉及报刊转载或者刊登法定许可的问题就是忽视社会公众法律合法性认知、过度保护报刊出版者利益的体现。《送审稿》第四十八条第(二)款在现行版权法基础上为报刊出版者增设一项权利,文字作品的首发报刊有权控制其他报刊转载、刊登该文字作品的权利,只要在其出版报刊的显著位置做出了不得转载、刊登的声明,那么其他报刊则不得转载、刊登。然而,《送审稿》第四十八条是有关报刊转载或者刊登法定许可的条款,立法者设定该条款的目的在于允许文字作品使用者在未经许可且支付报酬时能够自由使用该作品,是服务于社会公众利益的体现,具体体现在《送审稿》第四十八条第(一)款中。鉴于第四十八条第(二)款规定的声明程序过于简洁,享有专有出版权的报刊社更有可能会出于自身利益之考虑做出此项声明,导致第(一)款规定形同虚设,最终将不利于此项条款预设的实现社会公众利益的目的。因此,出于确保社会公众相信版权法的修订在于服务社会公众的利益,制定符合社会公众有关程序公正认知的版权法,《送审稿》理应删除第四十八条第(二)款的规定。

---

① 国家版权局.关于《中华人民共和国著作权法》(修改草案)的简要说明[EB/OL].[2018-10-10].http://www.law-lib.com/fzdt/newshtml/fzjd/20120331202211.htm.

6 研究总结与展望

6.1 研究总结

党的十九大报告明确提出,倡导创新文化,强化知识产权创造、保护与运用,为我国版权事业的发展指明了方向。大数据、云计算、人工智能和物联网等新一代信息技术的发展,使得作品的创作、获取、存储、传播和消费均发生了翻天覆地的变化。一方面,新技术为作品创作者、生产者和消费者创造了新的机遇,作品的创作与传播更加便捷和迅速,更能满足消费者日益增长的个性化需求,作品种类更加丰富多样,推动了文化多样性发展,我国网络版权市场迎来了从流量经济向内容经济的结构性转变,版权产业生机勃勃。另一方面,数字经济助推版权产业迅猛发展的同时,新技术带来的挑战更是史无前例。基于新技术的新载体、新业态不断出现,诱发的版权侵权行为也呈现出隐蔽程度高、侵权主体众多、侵权范围广等诸多特点,传统版权产业的维权难度加大,传统版权制度在应对新技术时弊端日益明显。不仅如此,为了解决版权侵权问题,传统版权产业不仅积极游说政府,针对消费者和盗版内容的提供者采取强有力的执法措施,还借助技术保护措施弥补版权制度无法规范的漏洞。然而,这些反盗版措施并没有达到预期效果,不仅在某些方面阻碍了新技术的发展,甚至还违背了版权法的立法目的,使得版权正当性广受质疑,最终将不利于版权作品的创作与传播。因此,厘清技术进步与版权制度变迁的关系,并推进我国版权制度的完善实为必要。

本书基于考察技术进步与版权制度变迁的关系,在理论层面,讨论技术进步与版权制度之间的内在联系和一般规律,并提出版权制度应对技术进步的基本方略,包括采用基于实证数据的政策制定方法、区别对待具体技术及其发展阶段、遵循版权制度变迁的规律特征、关注社会公众的法律遵守意识。在实证层面,审视我国版权制度发展现状以及存在的问题,并分别考察我国第三次版权法修订对优化政策制定方法、遵循制度变迁规律、认清技术本质及发展阶段特征、关注法律遵守意识四个层面的运用情况,并有针对性地提出完善建议。在优化政策制定方法层面,分别对基于实证数据开展多方面的独立影响评估、采用涉及社会经济发展状况的数据确保评估有效性进行分析。在认清技术本质及发展阶段特征层面,对区别对待具体技术的本质及其不同发展阶段进行分析。在遵循制度变迁规律层面,对区分版权法的立法手段与立法目的、结合现实环境背景关注利益平衡、冲破制度的路径依赖缺陷等进行分析。在关注法律遵守意识层面,对制定符合社会公众现行道德意识的版权法、制定符合社会公众合法性认知的版权法进行分析。

通过考察技术进步与版权制度变迁历史,借鉴国外版权制度改革的经验,结合我国现状,基于多个层面评析我国版权法第三次修订,以期为我国版权制度的完善提供建议。

6.2　研究展望

鉴于研究条件和个人能力等多方因素的制约,本书仍然存在一些不足之处。受到个人语言能力的限制,笔者有关国外文献的调研局限于英文文献,对德语、法语、日语等文献的查阅不够,在检索到德语、法语、日语文献和案例时,笔者都没能够进行深入研究,相关研究欠缺,导致本书的分析难免不够全面。本书中分析最为全面的还是英语语系国家和地区的版权制度变迁情况,如美国、加拿大、英国以及欧盟等,而有关韩国、日本等的研究相对较少,相关资料主要参考的是二手文献,因此这些国家的版权制度变迁有待进一步深入研究。

此外,新技术总会不断推陈出新,本书涉及的大数据、云计算、人工智能等新技术,在未来的发展过程中也会呈现出不同的阶段特征,引发的版权侵权问题也会有所不同。本书尽管从多个方面考察了技术进步与版权制度变迁之间的关系,并分析了技术的本质和发展阶段特征,鉴于具体技术本身仍然有其特殊性,其在每个发展阶段也会呈现出不同特点,由此引发的版权侵权问题本书也无法穷尽。因此,在未来的研究中,笔者将紧跟技术发展步伐,继续关注大数据、云计算、人工智能等新技术带来的新型版权问题,抓住该领域新兴的学术前沿和热点问题,展开更为详细、全面、系统和深入的研究,从而为我国版权制度的完善提供更多的有效建议。

最后,鉴于本书研究的主要内容在于版权保护,而版权制度的完善与发展除了加强版权保护之外,还需要推进版权管理和版权运营,从而实现版权产业的经济效益和社会效益。因此,后续将基于本书形成的技术进步与版权制度变迁关系理论,分别深入研究大数据、云计算、人工智能等新技术环境下深受技术进步影响的产业(比如"互联网产业""网络文学产业""数字游戏产业""数字动漫产业""数据库产业"等)之版权问题,提出合理利用新技术与版权制度推进产业发展的方案。

参考文献

著作

［1］VOLTI R. Society and technological change［M］. 7 ed. New York：Worth Publishers，
2014.

［2］SZOKA B，MARCUS A. The next digital decades：essays on the future of the internet
［M］. Washington：TechFreedom，2010.

［3］GOLDSTEIN P. Copyright's highway：from gutenberg to the celestial jukebox［M］. Cal-
ifornia：Stanford University Press，2003.

［4］LESSIG L. The future of ideas［M］. New York：Random House，2001.

［5］LITMAN J. Digital copyright［M］. Amherst：Prometheus Books，2001.

［6］GOLDSTEIN P. International copyright：principles，law，and practice［M］. New York：
Oxford University Press，2001.

［7］ATKINSON B. The true history of copyright：the australian experience 1905 – 2005
［M］. Sydney：Sydney University Press，2007.

［8］BIJKER W，HUGHES T，PINCH T. The social construction of technological systems
［M］. Cambridge，Massachusetts：MIT Press，1993.

［9］OJEDA A. Technology and society：opposing viewpoints［M］. California：Greenhaven
Press，2002.

［10］DEAZLEY R，KRETSCHMER M，BENTLY L. Privilege and property：essays on the
history of copyright［M］. Cambridge，UK：Open Book Publishers CIC Ltd，2010.

［11］BAIER M. Social and legal norms：towards a socio-legal understanding of normativity
［M］. Lund：Ashgate Publishing，2013.

［12］LARSSON S. Metaphors and norms-understanding copyright law in a digital society
［M］. Lund：Lund University，2011.

［13］PARTY W. How to fix copyright［M］. New York：Oxford University Press，2011.

［14］TYLER T. Why people obey the law［M］. New Jersey：Princeton University
Press，2006.

［15］埃因霍恩. 媒体、技术和版权：经济与法律的融合［M］. 赵启杉，译. 北京：北京

大学出版社,2012.

[16] 莱斯格.代码2.0:网络空间中的法律[M].李旭,沈伟伟,译.北京:清华大学出版社,2009.

[17] 冈次,罗彻斯特.数字时代盗版无罪?[M].周晓琪,译.北京:法律出版社,2008.

[18] 克莱曼.科学技术在社会中——从生物技术到互联网[M].张郭敏,译,北京:商务印书馆,2009.

[19] 兰德斯,波斯纳.知识产权法的经济结构[M].金海军,译.北京:北京大学出版社,2005.

[20] 斯密尔斯,斯海恩尔德.抛弃版权:文化产业的未来[M].刘金海,译.北京:知识产权出版社,2010.

[21] 霍文,维克特.信息技术与道德哲学[M].赵迎欢,宋吉鑫,张勤,译.北京:科学出版社,2014.

[22] 戈斯汀.著作权之道:从古登堡到数字点播机[M].金海军,译,北京:北京大学出版社,2008.

[23] 费舍尔.说话算数——技术、法律以及娱乐的未来[M].李旭,译.上海:上海三联书店,2013.

[24] 墨杰斯,迈乃尔,莱姆利,等.新技术时代的知识产权[M].齐筠,张清,彭霞,等,译.北京:中国政法大学出版社,2003.

[25] 雷炳德.著作权法[M].张恩民,译.北京:法律出版社,2005.

[26] 郑成思.著作权法[M].北京:中国人民大学出版社,1990.

[27] 郑成思.知识产权法[M].北京:法律出版社,2003.

[28] 王迁.版权法对技术措施的保护与规制研究[M].北京:中国人民大学出版社,2018.

[29] 陶鑫良,袁真富.知识产权法总论[M].北京:知识产权出版社,2005.

[30] 冯晓青,胡梦云.动态平衡中的著作权法[M].北京:中国政法大学出版社,2011.

[31] 李杨.知识产权的合理性、危机及其未来模式[M].北京:法律出版社,2003.

[32] 丛立先.国际著作权制度发展趋向与我国著作权法的修改[M].北京:知识产权出版社,2012.

[33] 吴伟光.著作权法研究——国际条约、中国立法与司法实践[M].北京:清华大学出版社,2013.

[34] 张玉瑞.互联网上知识产权——诉讼与法律[M].北京:中国人民大学出版社,2000.

[35] 黄海峰.知识产权的话语与现实[M].武汉:华中科技大学出版社,2011.

［36］齐爱民.捍卫信息社会中的财产:信息财产法原理［M］.北京:北京大学出版社,2009.

［37］薛虹.网络时代的知识产权法［M］.北京:法律出版社,2000.

［38］薛虹.十字路口的国际知识产权法［M］.北京:法律出版社,2012.

［39］吴汉东.知识产权法［M］.北京:中国政法大学出版社,2004.

［40］知识产权组织.知识产权指南——政策、法律及应用［M］.北京:知识产权出版社,2012.

［41］王迁.中欧网络版权保护比较研究［M］.北京:法律出版社,2008.

［42］王迁.网络环境中的著作权保护研究［M］.北京:法律出版社,2011.

［43］宋海燕.中国版权新问题:网络侵权责任、Google图书馆案、比赛转播权［M］.北京:商务印书馆,2011.

［44］李明德,管育鹰,唐广良.《著作权法》专家建议稿说明［M］.北京:法律出版社,2012.

［45］彭辉.版权保护制度理论与实证研究［M］.上海:上海社会科学院出版社,2012.

［46］王清.著作权限制制度比较研究［M］.北京:人民出版社,2007.

［47］段瑞林.知识产权概论［M］.北京:光明日报出版社,1998.

［48］吴伟光.数字技术环境下的版权法——危机与对策［M］.北京:知识产权出版社,2008.

［49］江向东.版权制度下的数字信息与公共传播［M］.北京:北京图书馆出版社,2005.

［50］张玉瑞.互联网上的知识产权诉讼与法律［M］.北京:中国人民大学出版社,2000.

［51］熊琦.著作权激励机制的法律构造［M］.北京:中国人民大学出版社,2011.

［52］刘茂林.知识产权法的经济分析［M］.北京:法律出版社,1996.

［53］冯晓青.知识产权法哲学［M］.北京:人民公安出版社,2003.

［54］张今.版权法中私人复制问题研究［M］.北京:中国政法大学出版社,2009.

［55］吴汉东.著作权合理使用制度［M］.北京:中国政法大学出版社,1996.

［56］曲三强.知识产权法原理［M］.北京:中国检察出版社,2004.

［57］王迁.知识产权法教程［M］.北京:中国人民大学出版社,2011.

［58］吕炳斌.网络时代版权制度的变革与创新［M］.北京:中国民主法制出版社,2012.

［59］易建雄.技术发展与版权扩张［M］.北京:法律出版社,2009.

［60］杨红军.版权许可制度论［M］.北京:知识产权出版社,2013.

论文

［1］LITMAN J. Copyright legislation and technological change［J］. Or. L. Rev. ,1989,68

(2):275 – 361.

[2] CLIFFORD R. Technology drives the law: a foreword to trends and issues in technology & the law[J]. University of massachusetts law review,2012,7:2 – 8.

[3] GINSBURG J. Copyright and control over new technologies of dissemination[J]. Columbia law review,2001,101:613.

[4] TROSOW S. Law and technology theory: bringing in some economic analysis[J]. Bulletin of science,technology & society,2010,30(1):30 – 32.

[5] SMITH B. Technology and intellectual property: out of sync or hope for the future? [J]. Fordham Intell. Prop. Media & Ent. L. J. ,2013,23:619 – 643.

[6] GÓMEZ-AROSTEGUI H. What history teaches us about copyright injunctions and the inadequate-remedy-at-law requirement[J]. Southern California law review,2008,81: 1196 – 1280.

[7] CORAZZA G,VANELLI-CORALLI A,PEDONE R. Technology as a need: trends in the evolving information society[J]. Advances in electronics and telecommunications, 2010,1(1):124 – 132.

[8] GORDON R. Critical legal histories[J]. Stanford law review,1984,36:57 – 125.

[9] MACHAY H,GILLESPIE G. Extending the social shaping of technology approach: ideology and appropriation[J]. Social studies of science,1992,22:685 – 716.

[10] DEMSETZ H. Toward a theory of property rights[J]. The American economic review, 1967,57(2):347 – 359.

[11] WELLER T,BAWDEN D. The social and technological origins of the information society: an analysis of the crisis of control in england[J]. Journal of documentation, 2005,61(6):777 – 802.

[12] BENTLY L. Copyright and the victorian internet: telegraphic property laws in colonial australia[J]. Loyola of Los Angeles law review,2004,38:71 – 176.

[13] MERGES R. One hundred years of solicitude: intellectual property law,1900 – 2000 [J]. California law review,2000,88(6):2187 – 2240.

[14] DEPOORTER B. Technology and uncertainty: the shaping effect on copyright law [J]. University of Pennsylvania law review,2001,157:1831 – 1868.

[15] GORDON W. A property right in self-expression: equality and individualism in the natural law of intellectual property[J]. Yale law journal,1993,102:1533.

[16] KLINE S. What is technology? Bulletin of science technology & society,1985,1:215 – 218.

[17] FUCHS C. Information and communication technologies and society: a contribution to the critique of the political economy of the internet[J]. European journal of commu-

nication,2009,24(1):69 – 87.

[18] LITMAN J. Copyright, compromise and legislative history[J]. Cornell law review, 1987,72:857 – 904.

[19] COCKFIELD A,PRIDMORE J. A synthetic theory of law and technology[J]. MINN. J. L. SCI. & TECH. ,2007,8(2):475 – 513.

[20] MANDEL G. History lessons for a general theory of law and technology[J]. MINN. J. L. SCI. & TECH. ,2007,8(2):551 – 570.

[21] MOSES L. Why have a theory of law and technological change? [J]. MINN. J. L. SCI. & TECH. ,2007,8(2):589 – 606.

[22] TRANTER K. Nomology, ontology, and phenomenology of law and technology[J]. MINN. J. L. SCI. & TECH. ,2007,8(2):449 – 474.

[23] PASQUALE F. Technology, competition, and values[J]. Minn. J. L. Sci. & Tech. , 2007,8:607 – 617.

[24] BERNSTEIN G. Symposium toward a general theory of law and technology:introduc-tion[J]. MINN. J. L. SCI. & TECH. ,2007,8(2):441 – 447.

[25] BRACHA O. Copyright history as history of technology[J]. The WIPO journal,2013, 5(1):45 – 53.

[26] KLEPPER S,SIMONS K. Technological extinctions of industrial firms:an inquiry into their nature and causes [J]. Industrial and corporate change, 1997, 6(2):379 – 460.

[27] JENKINS J. In ambiguous battle:the promise (and pathos) of public domain day [J]. Duke law & technology review,2013,12(1):1 – 24.

[28] KHAN B. A page of history:patents,prizes and technological innovation[J]. The WI-PO journal,2013,5(1):17 – 24.

[29] FLEISCHER R. Protecting the musicians and/or the record industry? [J]. On the history of 'neighbouring rights' and the role of fascist italy. Queen Mary journal of intellectual property,2015,5(3):327 – 343.

[30] LARSSON S. Metaphors, law and digital phenomena:the swedish pirate bay court case[J]. International journal of law and information technology,2013,21(4):354 – 378.

[31] FRYE B. IP as metaphor[J]. Chapman law review,2015,18(3):735 – 758.

[32] LARSSON S. What "the copyright wars" tell us about creativity, social change and normative conflicts in the digital society [J]. Societal studies, 2012, 4(3):1009 – 1030.

[33] HERMAN B. Breaking and entering my own computer:the contest of copyright meta-

phors[J]. Communication law and policy,2008,13:1 – 58.

[34] TYLER T. Compliance with intellectual property laws: a psychological perspective [J]. New York University journal of international law and politics,1997,29:219 –236.

[35] TAYLOR G,SHIM J. A comparative examination of attitudes toward software piracy among business professionals and executives[J]. HUM. REL. ,1993,46:419,430.

[36] 高富平. 寻求数字时代的版权法生存法则[J]. 知识产权,2011(2):10 – 16.

[37] 乔生. 网络版权保护的趋势与发展——兼论合理使用的抗争[J]. 法学杂志, 2009(2):46 – 49.

[38] 王迁. P2P 软件最终用户版权侵权问题研究[J]. 知识产权,2004(5):9 – 13.

[39] 曹世华. 论数字时代技术创新与著作权集体管理制度的互动[J]. 法学评论, 2006(1):38 – 46.

[40] 张平. 网络环境下著作权许可模式的变革[J]. 华东政法大学学报,2007(4): 121 – 127.

[41] 张今. 版权法上技术中立的反思与评析[J]. 知识产权,2008(1):72 – 76.

[42] 熊琦. 著作权间接责任制度的扩张与限制——美国判例的启示[J]. 知识产权, 2009(6):36 – 41.

[43] 李明德. 网络环境中的版权保护[J]. 环球法律评论,2001(1):9 – 13.

[44] 王迁. 发达国家网络版权司法保护的现状与趋势[J]. 法律适用,2009(12): 58 – 62.

[45] 李雨峰. 著作权制度的反思与改组[J]. 法学论坛,2008(2):79 – 83.

[46] 李扬. 知识产权法定主义及其适用——兼与梁慧星、易继明教授商榷[J]. 法学研究,2006(2):3 – 16.

[47] 叶姗. 著作权保护的现代发展:从侵权限止到交易励进[J]. 河北法学,2009 (4):141 – 145.

[48] 李凤莲. 试析数字技术给中国版权制度带来的挑战[J]. 中国出版,2010(20): 74 – 76.

[49] 刘银良. 论版权法中的功能原则:以美国的立法和司法实践为视角[J]. 电子知识产权,2010(12):68 – 73.

[50] 张春艳. 反思与重构:制作录音制品的法定许可——兼评《著作权法》(修正草案)第46 条[J]. 当代法学,2013(2):98 – 104.

[51] 苌文玲. 论著作权法中的"广播权"与"信息网络传播权"——以著作权法第三次修改为背景[J]. 知识经济,2014(3):21 – 22.

[52] 芮松艳. 网络著作权案件综述[J]. 电子知识产权,2010(1):24 – 27.

[53] 冯晓青. 著作权扩张及其缘由透视[J]. 政法论坛,2006(6):18 – 21.

[54] 王忠诚.著作权客体制度的现实反思与未来变革[J].电子知识产权,2009(5):51-53.

[55] 宋慧献.意义与缺憾:《著作权法》二修之管见[J].电子知识产权,2010(4):90-91.

[56] 王迁."模型作品"定义重构[J].华东政法大学学报,2011(3):16-24.

[57] 王迁.WTO"中美知识产权争端":美国赢得了什么?——评专家组对我国《著作权法》第4条的裁决[J].华东政法大学学报,2009(4):23-31.

[58] 吴汉东.设计未来:中国发展与知识产权[J].西北政法大学学报,2011(4):196-200.

[59] 肖志远.版权制度的政策蕴含及其启示[J].法学,2009(1):21-25.

[60] 高松元.高校著作权争议及其解决[J].河北法学,2010(5):134-140.

[61] 熊文聪.后现代主义视角下的著作权的正当性及其边界——从个体权利到基于商谈的共识[J].政治与法律,2010(6):70-79.

[62] 许光耀.著作权拒绝许可行为的竞争法分析——欧洲法院IMS案判决研究[J].环球法律评论,2007(6):110-118.

[63] 刘云.信息商品盗版现象的经济学分析与对策[J].经济学动态,2003(10):33-35.

[64] 袁真富.知识产权与公共领域在反隐性市场上的利益平衡[J].法学,2009(9):120-129.

[65] 张耕,施鹏鹏.法国著作权法的最新重大改革及评论[J].比较法研究,2008(2):120-129.

[66] 张今.数字环境下的版权补偿金制度[J].政法论坛,2010(1):80-87.

[67] 余敏友,廖丽,褚童.知识产权边境保护——现状、趋势与对策[J].法学评论,2010(1):20-28.

[68] 张今.网络上第三人版权责任的构成要件[J].华东政法大学学报,2007(4):115-121.

[69] 张平,程艳.计算机字库产业发展与字体的版权保护[J].电子知识产权,2011(4):65-70.

[70] 张平.网络环境下著作权许可模式的变革[J].华东政法大学学报,2007(4):93-102.

[71] 赵庆菊.论数据库的著作权法保护及合理使用[J].情报杂志,2004(11):76-77.

[72] 饶爱民.论知识产权保护与信息资源共享[J].现代情报,2006(5):222-224.

[73] 齐爱民.论民法基本原则在知识产权法上的应用[J].电子知识产权,2011(1):45-49.

[74] 李雨峰.版权制度的困境[J].比较法研究,2006(3):21-26.

[75] 吴汉东.论网络服务提供者的著作权侵权责任[J].中国法学,2011(2):38-47.

[76] 杨辉忠.我国知识产权刑事立法之检讨[J].政治与法律,2008(7):45-47.

[77] 张耕.论民间文学艺术版权主体制度之构建[J].中国法学,2008(3):55-64.

[78] 郑成思,朱谢群.信息与知识产权的基本概念[J].知识产权研究,2004(2):41-49.

[79] 郑友德.德国知识产权法的演进[J].电子知识产权,2010(10):56-58.

[80] 冯晓青,刘淑华.试论知识产权的私权属性及其公权化趋向[J].中国法学,2004(1):61-68.

[81] 王太平,杨峰.知识产权法中的公共领域[J].法学研究,2008(1):17-29.

[82] 王迁.视频分享网站著作权侵权问题再研究[J].法商研究,2011(1):85-94.

[83] 潘风焕,明黎.网上著作权法律保护探讨[J]电子知识产权,2005(12):25-28.

[84] 肖少启.民间文学艺术著作权保护路径分析[J].河北法学,2010(4):21-24.

[85] 宋杰.从知识产权条约的解释路径来反思中美知识产权案[J].电子知识产权,2011(3):84-88.

[86] 苏平.知识产权变动模式研究[J].法商研究,2011(2):96-103.

[87] 刘铁光.著作权正当性的危机与出路[J].法制与社会发展,2010(2):25-35.

[88] 李雨峰.未经批准的境外作品的保护——兼评我国《著作权法》第4条第1款[J].电子知识产权,2010(1):60-63.

[89] 刘润涛.数字时代著作权授权方式研究[J].知识产权,2005(5):35-40.

[90] 梁志文.政治学理论中的隐喻在知识产权制度调适中的运用[J].政治与法律,2010(7):32-35.

[91] 熊文聪.数字技术与版权制度的未来[J].东方法学,2011(1):81-90.

[92] 熊琦.网络时代著作权法与合同法的冲突与协调[J].法商研究,2008(2):75-80.

[93] 徐炎.《著作权法》第三次修改草案第二稿评析[J].知识产权,2013(7):65-70.

[94] 阎晓宏.《著作权法》第三次修改的几个问题[J].知识产权,2012(5):3-6.

[95] 刘春田.《著作权法》第三次修改是国情巨变的要求[J].知识产权,2012(5):7-12.

[96] 罗娇,冯晓青.《著作权法》第三次修改中的相关权评析[J].法学杂志,2014(10):131-140.

[97] 张春艳.反思与重构:制作录音制品的法定许可——兼评《著作权法》(修正草案)第46条[J].当代法学,2013(2):98-104.

[98] 湛茜.技术措施保护的国际条约义务研究——兼论我国《著作权法》第三次修改[J].暨南学报(哲学社会科学版),2014(9):24-36.

[99] 袁博.论《著作权法(修改草案)》对"时事新闻"的新定义[J].中国出版,2015(8):49-52.

[100] 赵锐.论孤儿作品的版权利用——兼论《著作权法》(修改草案)第25条[J].知识产权,2012(6):58-62.

[101] 徐小奔.论视力障碍者的作品获取权——兼论《马拉喀什条约》在我国著作权法中的适用[J].知识产权,2014(3):61-66.

[102] 马忠法,孟爱华.论我国《著作权法》立法宗旨的修改——以促进文化产业发展为视角[J].同济大学学报(社会科学版),2013(3):103-116.

[103] 马明飞,周华伟.报刊转载法定许可的困境与出路——以著作权法第三次修改为视角[J].编辑之友,2014(2):88-91.

[104] 万勇.美国版权法改革方案述评[J].知识产权,2014(1):78-87.

[105] 蒋林森.浅议著作权法第三次修订视野下的网络著作权保护[J].法制博览,2015(9):79-80.

[106] 管育鹰.实用艺术品法律保护路径探析——兼论《著作权法》的修改[J].知识产权,2012(7):55-63.

[107] 宫士友.我国著作权法律制度面临的困惑——写在著作权法修订之际[J].知识产权,2012(2):69-73.

[108] 张维胜.延伸著作权集体管理的规定应当取消——音乐人对著作权法修改草案的若干意见[J].编辑之友,2012(10):21-24.

[109] 贾丽萍.影视作品二次获酬合理性及可行性分析——兼评《著作权法(修订草案送审稿)》第19、37条[J].中国出版,2015(2):50-53.

[110] 华鹰.著作权法定许可制度的反思与重构——以著作权法第三次修改为视角[J].中国版权,2014(6):18-29.

[111] 黄汇.著作权法上公共领域理论的误读及其批判[J].知识产权,2014(8):37-40.

[112] 李国泉,凌宗亮.著作权法时事新闻条款的审视、适用与追问——兼谈《著作权法》的第三次修改[J].科技与法律,2012(1):24-27.

[113] 梁志文.著作权合理使用的类型化[J].华东政法大学学报,2012(3):34-45.

[114] 郑媛媛.作品概念不清造成的理论和实践问题——兼评《著作权法》修改草案第三稿第3条[J].知识产权,2014(2):46-50.

[115] 孙宁.著作权法对香水气味的保护——荷兰最高法院对法国Lancôme香水诉荷兰Kecofa香水侵犯著作权案判决评析[J].河北法学,2009(3):124-127.

[116] 宋廷徽,郭禾.对版权保护扩张趋势的反思[J].法学家,2010(6):164-178.

[117] 杨贝.法律的隐喻:表征还是真谛?[J].政法论坛,2013(5):87-95.

[118] 吴伟光.数字技术环境下的版权法——危机与对策[D].北京:中国社会科学院,2008.

[119] 张晓秦.论信息化时代著作权的演进与法律保护[D].北京:对外经济贸易大学,2007.

[120] 郑晓红.知识产权保护对企业跨国经营的影响效应研究[D].长沙:湖南大学,2013.

[121] 刘汉波.著作权司法实践中的文学观念批判——以文学剽窃的认定为中心的考察[D].上海:华东师范大学,2008.

[122] 牛巍.网络环境下信息共享与著作权保护的利益平衡机制研究[D].北京:中国科学技术大学,2013.

[123] 朱理.著作权的边界——信息社会著作权的限制与例外研究[D].北京:北京大学,2006.

[124] 郭虹.网络环境下著作权合理使用问题研究[D].北京:中国人民大学,2009.

[125] 韩景峰.我国著作权集体管理制度及其完善研究[D].北京:中国人民大学,2012.

[126] 熊琦.著作权激励机制的法律构造[D].北京:中国人民大学,2010.

[127] 张春艳.视听作品著作权研究——以参与利益分配的主体为视角[D].重庆:西南政法大学,2014.

[128] 彭立静.知识产权伦理研究[D].长沙:中南大学,2009.

[129] 孔嘉.网络环境下著作权制度面临的挑战[D].北京:中国人民大学,2009.

[130] 王燕玲.网络著作权犯罪研究[D].北京:北京师范大学,2011.

[131] 刘劭君.数字技术下著作权权利限制制度之重构——以合理使用制度的变革为视角[D].北京:中国人民大学,2012.

[132] 曹伟.计算机软件知识产权保护的反思与超越[D].重庆:西南政法大学,2007.

[133] 肖尤丹.著作权模式确立的历史解读[D].北京:中国人民大学,2008.

[134] 杨华权.中国语境下著作权观念的演进[D].北京:北京大学,2012.

[135] 王婷.互联网服务业创新模式与知识产权保护问题研究[D].合肥:中国科学技术大学,2012.

[136] 谭玥.著作权法语境下作品的符号学分析[D].北京:中国人民大学,2009.

[137] 姜福晓.数字网络技术背景下著作权法的困境与出路[D].北京:对外经济贸易大学,2014.

[138] 马宁.著作权制度与作者历史地位的变迁[D].北京:中国人民大学,2010.

[139] 史学清.论著作权制度中的三步检验标准[D].北京:中国人民大学,2010.

[140] 李祖明.互联网上的版权保护与限制[D].北京:中国社会科学院,2002.

[141] 何贵忠.论版权保护与表达自由的关系[D].北京:中国人民大学,2008.

[142] 郑媛媛.论著作权法的价值选择——以作者的法律地位为视角[D].北京:中国人民大学,2011.

[143] 王素玉.版权法的经济分析[D].长春:吉林大学,2009.

[144] 孙兴春.图书盗版现象及反盗版政策研究——以江苏省为个案的分析[D].南京:南京大学,2008.

[145] 冯晓青.利益平衡论——知识产权法的一种认知模式[D].北京:北京大学,2003.

[146] 徐鹏.论传播技术发展视野下的著作权合理使用制度[D].长春:吉林大学,2011.

[147] 王圣礼.技术发展与版权扩张[D].重庆:西南政法大学,2008.

[148] 黄汇.版权法上的公共领域研究[D].重庆:西南政法大学,2009.

[149] 朱慧.激励与接入:版权制度的经济学研究[D].杭州:浙江大学,2007.

[150] 徐俊.版权侵权判定——以独创性表达的保护为中心[D].上海:复旦大学,2011.

[151] 陈明涛.著作权主体身份确认与权利归属研究[D].北京:中国人民大学,2011.

[152] 李正生.中国版权制度与版权经济发展关系研究[D].武汉:华中科技大学,2010.

[153] 陈传夫.后 TRIPS 时代国际版权制度研究[D].武汉:武汉大学,2001.

[154] 段维.网络时代版权法律保护问题研究[D].武汉:华中师范大学,2003.

[155] 宋廷徽.对版权保护扩张趋势的反思[D].北京:中国人民大学,2010.

[156] 沈明.版权制度与文化生产[D].北京:北京大学,2006.

[157] 彭辉.基于文化产业发展的版权保护优化研究[D].上海:同济大学,2011.

[158] 邢怀滨.社会建构论的技术观[D].沈阳:东北大学,2002:32.

[159] 王迁.论人工智能生成的内容在著作权法中的定性[J].法律科学(西北政法大学学报)2017,35(05):148-155.

[160] 张耕.民间文学艺术的知识产权保护研究[D].重庆:西南政法大学,2007.

[161] 朱晓寒.P2P技术环境下网络服务提供者的版权侵权责任问题研究[D].上海:华东政法大学,2015.

[162] 梁志文.论版权法改革的方向与原则[J].法学,2017(12):133-144.

[163] 巩姗姗.Viacom International Inc. v. YouTube,Inc.案最新判决评析——以网络服务商过错判断标准为视角[J].知识产权,2014(1):88-94.

[164] 张大伟,于成."谷歌侵权案"判决中的"合理使用":新技术、新市场与利益再

平衡[J].新闻大学,2016(6):117-152.

[165] 李伟民.视听作品著作权主体与归属制度研究[J].中国政法大学学报,2017(6):87-160.

[166] 彭桂兵.网络文学版权保护:侵权形态与司法认定——兼评近期的几个案例[J].出版科学,2018(4):23-27.

后　　记

长期以来,技术进步与版权保护之间的互动关系错综复杂,学术界和实务界从不同角度展开了深入讨论。随着大数据、云计算、人工智能等新技术的兴起,新一轮版权争议不断,对研究者们提出了更大的挑战。笔者在该领域进行了探索与钻研,希望能在这方面有些许贡献。

在本书的写作过程中,许多跨领域跨学科专家、学者给了我极大的支持和帮助,知识产权领域专家王清教授为本书典型案例选取、版权法方案修订等内容提出了宝贵意见,计算机科学与技术领域专家熊盛武教授对本书准确把握技术本质、阶段性特征进行了指导,数字出版与传播领域专家贺子岳教授、刘永坚教授、白立华副编审为本书后续研究工作提出了诸多建议。在提交国家社科基金后期资助项目鉴定申请之后,匿名评审专家也为本书的完善提出了宝贵意见。在本书的最后定稿阶段,多位研究生也给了我很大帮助,宋文文、王玉燕对全书文字内容进行了通读和校对,蔡敬羽、刘萌对文章格式进行了统一核对与整理。希娜吉、单晓婕、可天浩、周文斌、张蒙、张子纬等也参与了前期市场调研、文献资料搜集和全文校对工作。感谢他们的付出和帮助!最后,我也要感谢我的家人。感谢我的父母对我家庭的照顾,感谢我的丈夫和儿子给我坚强的依靠。承蒙时光不弃,感谢一切给予。

本书聚焦于技术与版权领域的学术前沿和热点、难点问题,鉴于该领域的新现象层出不穷,未来笔者还会不断修正和升级自己的认识。本书写作结束也正是下一步研究的开始,未来的研究之路有待不懈探索。

唐伶俐

2019 年 4 月 15 日于武汉